中国林业研究及循环经济发展探索

刘丽丽　冯金元　蒋志成　著

北京工业大学出版社

图书在版编目（CIP）数据

中国林业研究及循环经济发展探索 / 刘丽丽，冯金元，蒋志成著. — 北京 ：北京工业大学出版社，2021.10重印

ISBN 978-7-5639-7152-7

Ⅰ. ①中… Ⅱ. ①刘… ②冯… ③蒋… Ⅲ. ①林业经济—循环经济—经济发展—研究—中国 Ⅳ. ① F326.23

中国版本图书馆 CIP 数据核字（2019）第 272084 号

中国林业研究及循环经济发展探索

著　　者：刘丽丽　冯金元　蒋志成
责任编辑：邓梅菡
封面设计：点墨轩阁
出版发行：北京工业大学出版社
（北京市朝阳区平乐园 100 号　邮编：100124）
010-67391722（传真）　bgdcbs@sina.com
经销单位：全国各地新华书店
承印单位：三河市元兴印务有限公司
开　　本：787 毫米 ×1092 毫米　1/16
印　　张：11.25
字　　数：225 千字
版　　次：2021 年 10 月第 1 版
印　　次：2021 年10月第 2 次印刷
标准书号：ISBN 978-7-5639-7152-7
定　　价：58.00 元

前　言

森林资源是我国重要的资源之一，利用好森林资源对于我国林业经济的健康、可持续发展具有巨大的促进作用，也符合科学发展观的基本要求。林业经济的发展涉及多个因素，是一个全面的系统性工程。因此，促进林业经济的发展需要多方的大力配合。

随着经济的发展，我国对资源和人才的需求也在不断增多，同时对资源的破坏速度也在直线增长，但人们通常在对资源进行过度开采，并破坏了环境后，由于范围内的自我调节能力不能有效补足缺失内容时，才会认识到它存在的价值。林业发展的滞后性对我国农业、水利等相关方面的发展带来了影响，同时，也会对生物的数量、种类等造成了一定的影响。一旦林业发展不能满足生物需求或者整体的循环生态环境受到了破坏，也会随之产生对应问题，并不断加深。为此，国内进行的林业循环经济发展不仅对我国农业、环境、社会、人文、经济等起着推动效果，也是保障人们生活质量和水平的核心。

本书立足于中国林业和林业循环经济发展两个方面，首先概述了我国林业的发展，分析了中国林业与循环经济的关系，以及发展林业循环经济的必要性，然后讲解了中国林业循环经济标准化及其模式，以及中国林业循环经济发展现状和对策，最后对中国林业剩余物综合利用以及废弃木质材料的循环利用进行了总结和探索。

由于撰者水平有限，对林业和循环经济的发展研究有一定的不足之处，敬请见谅。另外，在撰写书稿的过程中撰者参考和借鉴了大量的研究成果，在此向各位作者、专家表示衷心的感谢。

目　录

第一章　我国林业的发展概述

第一节　林业的概述

一、林业概念及特点

林业界对林业概念的论述比较多，比较有代表性的论述有：

联合国粮农组织和国际林业研究组织联盟联合编写的《林业科技辞典》中的“林业”定义包涵三层含义：一是指林业是一种职业，即从事营造、保护和经营森林和林地的科学、业务和技术的职业，为了对森林资源、林产品和其他效益的永续利用。二是指林木的培育或对林地内固有资源的有效开发利用。三是为了人类的利益，对林地上和与之有关的天然资源进行经营利用的科学、技术和实践。

《苏联百科词典》认为“林业”是社会生产的一个部门，它从事保护、利用和更新森林，以满足人类对木材和其他林产品的需要，同时，还要从事森林培育，更广泛地利用森林各种有益人类的特性。

《不列颠百科全书》对“林业”的定义为：经营林地及有关的荒地和水面，为人类谋利益的事业。主要目标通常是木材永续利用，但是有关土壤、水和野生动物资源保护及游憩相关的活动的重要性在日益增强。

陈锡文等定义的“林业”的含义为：国民经济的产业部门，其任务是培育、采伐和利用森林，并发挥森林的多种效益，其目的是实现对国土的整治、修复与利用，保障农业稳产高产，改善人民生活条件，提高人民生活水平。

江泽慧将“现代林业”定义为：“现代林业是充分利用现代科学技术和手段，全社会广泛参与保护和培育森林资源，高效发挥森林的多种功能和多重价值，以满足人类日益增长的生态、经济和社会需求的林业。”

中共中央、国务院在2003年6月25日颁布的《关于加快林业发展的决定》中写道：“林业是一项重要的公益事业和基础产业，承担着生态建设和林产品供给的重要任务。林业不仅要满足社会对林木等林产品的多样化需要，更要满足改善生态状况、保障国家生态安全的需要，生态需求已成为社会对林业的第一需要。”

由以上各方对林业概念的论述可以看出，不管是把林业定义为职业、产业，或者是事业，其中都有一个本质共同点，那就是都是围绕着人类与森林之间发生的关系进行阐述的。据此，对林业的定义可以表述为：林业是人类与森林之间的关系总和，林业的内涵随着人类对森林的不同需求变化而变化。

为了正确理解林业，掌握林业的发展规律，应认真研究林业的特点，主要包括以下方面：

①林业生产周期的长期性。森林资源主体森林的目的为培育林木，从种苗开始，到造林、抚育、管护直至成材，按经济成熟期算，少则需五六年、十几年，多则需要几十年。林业的资金从投入到回收需要漫长的时间。这一特点是工业、农业所不可比拟的。

②森林资源的生物性产品具有再生性。森林资源中的生物性产品如各种林木、植物、动物等，它们借助自然力可以繁衍生息。如果加上人的劳动，像人工造林、人工养殖就可能收到更为理想的效果。

③林业生产经营活动的风险性。森林中那些有生命的生物资源除具有生物性特点所决定的季节性、地域性外，在其生长发育过程中，还会受到各种自然灾害、社会因素和人为因素的破坏和干扰，再加之林木经营周期漫长，使得林业生产经营活动的风险性更加突出。

④林业效应的社会性。林业既能够像其他产业一样向社会提供经济发展所需要的各类产品，如木材、木工产品、林化产品、林果产品及林副产品等，也能够对生态环境，如气候、温度、湿度、土壤、雨雪、风沙以及景观、野生动植物的生存和繁衍产生重要影响。林业对社会经济，特别是对城市以外的乡镇、山区、林区的经济发展有重要的促进作用，如人们可以依靠林业创业、就业、脱贫、致富等，相反，林业的滞后会直接或间接地对社会经济及人类文明产生负面效应。

二、林业是涉及国民经济第一、第二和第三产业的产业

林业是一个涉及国民经济第一、第二和第三产业多个门类，涵盖范围广、产业链条长、产品种类多的复合产业群体，是国民经济的重要组成部分，在维护国家生态安全，促进农民就业、带动农民增收、繁荣农村经济等方面，有着非常重要和十分特殊的作用。

从国家标准《国民经济行业分类》（GB/T 4754-2011）的规定（表 1-1）可见，林业横跨了国民经济第一、第二和第三产业。其中林业第一产业包括林木的培育和种植业、木竹材采运业、木竹材林产品采集业、非木竹材林产品采集业、花卉种植业、陆生野生动物繁育与利用业等；林业第二产业包括木材、非木材加工及相关制品制造业等；林业第三产业包括森林旅游、休闲服务等。

表 1-1　《国民经济行业分类》（GB/T4754—2011）中的林业三大产业及其分类

大类	中类	小类
第一产业	林业	
	林木育种和育苗	林木育种
		林木育苗
	造林和更新	
	森林经营和管护	
	木材和竹材采运	木材采运
		竹材采运
	林产品采集	木竹材林产品采集
		非木竹材林产品采集
第二产业	木材加工和木、竹、藤、棕、草制品业	
	木材加工	锯材加工
		木片加工
		单板加工
		其他木材加工
	人造板制造	胶合板制造
		纤维板制造
		刨花板制造
		其他人造板制造
	木制品制造	建筑用木料及木材组件加工
		木门窗、楼梯制造
		地板制造
		木制容器制造
		软木制品及其他木制品制造
	竹、藤、棕、草等制品制造	竹制品制造
		藤制品制造
		棕制品制造
		草及其他制品制造
	家具制造业	木质家具制造
		竹、藤家具制造
		其他家具制造
	造纸和纸制品业	
	纸浆制造	木竹浆制造
		非木竹浆制造

续 表

大类	中类	小类
第二产业	造纸	机制纸及纸板制造
		手工纸制造
	纸制品制造	加工纸制造
		纸和纸板容器制造
		其他纸制品制造
	林产化学产品制造	
第三产业	农、林、牧、渔服务业	
	林业服务业	林业有害生物防治服务
		森林防火服务
		林产品初级加工服务
		其他林业服务
	科技推广和应用服务业	
	技术推广服务	农业技术推广服务
		生物技术推广服务
		新材料技术推广服务
		节能技术推广服务
		其他技术推广服务
	科技中介服务	其他科技推广和应用服务业
	生态保护	自然保护区管理
		野生动物保护
		野生植物保护
		其他自然保护
	绿化管理	
	公园和游览景区管理	公园管理
		游览景区管理

三、林业的地位和作用

随着人类社会现代文明的发展与进步，世界各国特别是经济发达国家均把发达的林业作为国家繁荣、社会进步、民族兴旺的重要标志之一。1992 年在联合国环境与发展大会上通过的《里约环境与发展宣言》《21 世纪议程》《关于森林问题的原则声明》等重要文件中，“赋予林业以首位地位”。人们在总结历史的经验教训之后，形成了这样的共识：森林资源对于社会发展和全球环境保护是至关重要的。林业肩负着优化环境与促进发展的双重历史使命，在实现社会可持续发展中，始终处于极其重要的基础和主体地位，发挥着无可替代的保障和支撑作用。林业的地位、作用可从以下两个方面加以论述。

（一）林业在国土安全和改善生态环境中的地位、作用

1. 调节气候，缓解地球升温

据资料介绍，森林比同一纬度相同面积的海洋所蒸发的水分还多 50%。在通常情况下，森林上空及其附近的空气湿度要比无林地区高 15% ~ 25%。科学家测定，地球大气中 CO_2 浓度升高将引起地球升温。如果大气中 CO_2 浓度再增加 1 倍，地球温度将升高 1.5 ～ 4.5℃，由此会引起海面上升 0.3 ～ 1.0 米，这将迫使地球 30% 的人口进行迁移。而森林具有吸收 CO_2 的功能，据测定，林木每生长 1 立方米可吸收 350 千克 CO_2。在森林地区上空 500 米范围内，森林地区要比无林地区的气温低 10℃左右。

2. 防风固沙，防治荒漠化

风经过森林时，由于树干和枝叶的阻挡，风速会减低，风力逐渐削弱。研究表明，大范围的绿化工程可以改变原始风沙结构，迫使沙尘在垂直高度（0 ～ 60 厘米）上的分布趋于均匀，林网内的沙尘会减少 80%，绿化区的降尘量比未开发的荒漠区降低 40%，大气混浊度降低 35%。

3. 涵养水源，保持水土

据资料介绍：在有林地区，林冠可以截留降雨量的 10% ～ 23%，降雨量的 50% ～ 80% 可以渗入地下。实验表明，每亩林地比无林地最少能多蓄水 20 立方米。34 公顷森林所含的水量相当于一个容量为 100 万立方米的小型水库。据相关研究资料介绍，有林地泥沙流失量为 0.05 吨 / 公顷，无林地为 2.22 吨 / 公顷，比有林地高出 40 多倍。

4. 保护生物多样性

据统计，我国现有兽类约 499 种，鸟类 1186 种，两栖类 279 种，爬行类 376 种，这些物种有 50% 以上在各类栖息地繁衍。保存、管护好现有森林，积极维持和恢复其原有的生态环境就是直接保护了野生动植物的家园。我国政府在保护生物多样性方面做了大量卓有成效的工作，截至 2007 年底，在全国已建成 961 个自然保护区，建立了 810 处森林公园，230 处野生动物人工繁殖场等，使珍稀动植物野外种群明显增加。

（二）林业在国民经济和社会发展中的地位、作用

①提供丰富的林产品，满足国家经济建设多方面的需要。据资料统计：截至 2000 年，全国累计生产木材 2161 亿立方米、竹材 83.93 亿根、锯材 6.19 亿立方米、胶合板 5914 万立方米、纤维板 3721 万立方米、刨花板 2740 万立方米、松香 1282 万吨，这些林产品为国民经济建设做出了重要贡献。1995 年我国林业总产值达 184 亿元人民币，其中经济林产值达 500 亿元人民币，木材及木制品出口创汇 32.5 亿美元，这些已成为我国山区综合

开发和帮助贫困地区脱贫致富的新的经济增长点。

②提供以木本粮油为主的非木质林产品，给 21 世纪的食物安全提供了有力保障。丰富的森林资源是人类未来养殖业饲料供应的重要基地。我国现有木本粮食林面积 26.7 万公顷，产量 17 亿千克，其中主要有板栗、柿子、枣等。木本饲料的开发同样具有广阔的前景。利用森林资源中的树叶、树皮、树根、花、种子以及木材加工剩余物，加工处理出的饲料营养价值很高。如刺槐叶氨基酸中的赖氨酸含量达 2.89%，比玉米、高粱高出 12 倍。据专家预测，我国木本粮油及野生植物、森林果菜、食用菌等具有很大的利用价值和开发潜力，总产量折合粮食可达 200 亿千克，相当于扩大耕地面积 53 万公顷。此外，农林复合经营也是增产粮食的重要途径。

③以林为突破口，综合开发山区、沙区，帮助贫困地区脱贫致富。在全国农村贫困人口中有 90% 以上的人生活在生态环境比较恶劣的山区、沙区。这些贫困地区的经济发展，多数是靠林果业为主要突破口。由国家林业局（现为国家林业和草原局，下同）承担重点帮扶任务的黔桂九万大山地区 5 个地（州）、18 个贫困县，通过以市场为导向，发展森林资源，发挥山区优势，创建了以林果为主的支柱产业。9 年来共造林 80 多万公顷，比 1986 年增长 64.01%；人均占有粮食增加到 339 千克，人均纯收入增加了 367 元；减少贫困人口 224.1 万人；17 个贫困县农业总产值由 15.8 亿元提高到了 56.6 亿元。“九五”期间，全国规划建设了 10 个经济林开发区、100 个示范点、500 个基地县，通过山区林业综合开发，山区农民人均收入增加了 300 元左右，带动和促进近了 500 个山区贫困县和 1000 个国有林场脱贫致富。

④提供就业机会，促进区域经济发展。据测算，以林为主的山区综合开发，5 年内可吸收山区剩余劳动力 1500 万人，占农村剩余劳动力的 10% 左右。平原、半平原地区 918 个县，已有 700 个县实现了林网化。由于林业的发展不仅改善了农业生产条件，也增加了就业机会。我国现有国有林场 4200 多个，职工 55.8 万人；国有苗圃 2283 个，职工 4.8 万人；乡村林场 15 万人；林业工作站 5 万多个。此外还有一大批林业企业。全国林业职工总数已达 250 多万人，加上乡村林场的其他农村集体林业，可提供就业的机会就更多了。

综上所述，林业在生态环境建设方面发挥着主体作用，同时，对促进社会经济发展也具有广泛的不可替代的作用。进入 21 世纪后，我国林业正在由主要是一项产业向主要是一项社会公益事业转变。可以说，可持续发展战略赋予了林业重要的地位，生态建设赋予了林业首要的地位。

第二节　中国林业发展现状

中国林业产业发展已经进入了新阶段。根据国家林业局《2015 年中国林业发展报告》，2014 年我国林业产业继续保持快速增长，产业规模不断扩大，总产值达到了 5.40 万亿元。

经济林产品的种植与采集业、木材加工及木、竹制品制造业、森林旅游业持续作为林业第一、第二、第三产业的主要组成部分和增长拉动点，各类经济林产品的种植与采集业产值达到了 10728.04 亿元。木材利用行业中，木材产量比 2013 年减少了 205.2 万立方米，锯材、木片产量持续增长，人造板产量保持增长，木竹地板保持两位数增长。林业旅游与休闲产业保持较快的发展态势，2014 年全国森林旅游游客量达到了 9 亿人次，比 2013 年增长了 18%，森林旅游直接收入 860 亿元。

一、林业产业总产值不断增长

2014 年，全年实现林业产业总产值 5.40 万亿元，比 2013 年增长了 14.20%。若分产业看，第一产业产值为 18559.46 亿元，占全部林业产业总产值的 34.35%，同比增长 14.75%；第二产业产值为 28088.04 亿元，占全部林业产业总产值的 51.98%，同比增长 12.46%；第三产业产值为 7385.44 亿元，占全部林业产业总产值的 13.67%，同比增长 19.80%。

若分地区看，东部地区林业产业总产值为 26456.97 亿元；中部地区林业产业总产值为 11593.394 亿元；西部地区林业产业总产值为 11211.39 亿元；东北地区林业产业总产值为 4770.65 亿元。西部地区受干鲜果品产业和森林旅游业快速发展影响，林业产业总产值增长最快，增速超过了 20%。林业产业总产值超过 3000 亿元的省（自治区）共有 6 个，分别是广东、山东、福建、江苏、广西和浙江。

二、产业结构不断优化

林业三次产业的产值结构已由“十一五”末期的 39 ∶ 52 ∶ 9 调整为了 2014 年的 34 ∶ 52 ∶ 14。第一、第二产业比重持续下降，第三产业比重稳步上升。以林业旅游与休闲为主的林业服务业所占比重逐渐增大，产业结构逐步优化。2014 年，经济林产品种植与采集业和木材加工及木竹制品制造业成了两个超万亿元的林业支柱产业。

①经济林产品的种植与采集业是林业第一产业的支柱，产值占林业第一产业的 57.80%。2014 年，在全国林业总产值中，包括干鲜果品、茶、中药材以及森林食品等在内的经济林产品的种植与采集业的产值达到了 10728.04 亿元，比 2013 年增长了 16.1%，占林业第一产业的 57.8%。竹产业产值为 1845 亿元。花卉种植业的产值为 1855 亿元。各类经济林产品总量达 1.58 亿吨，比 2013 年增长了 6.81%。竹材产量为 22.24 亿根，比 2013 年增长了 18.52%。花卉种植面积 102.21 万公顷，切花切叶 176 亿枝，盆栽植物 45 亿盆，观赏苗木 111 亿株，草坪 3.79 亿平方米。

②木材加工及木、竹制品制造业为林业第二产业的支柱。2014 年，木材加工及木、竹制品制造业产值达到了 11028.95 亿元，占林业第二产业比重的 39.27%。其他主要产业按比重排依次为木、竹、苇浆造纸业，产值为 5197.43 亿元，占林业第二产业比重的 20.81%；木质、竹藤家具制造业产值为 3736.13 亿元，比重占 14.96%；以木本油料、

茶及果蔬饮料等加工制造为主的非木质林产品加工制造业产值为 3422.40 亿元，比重占 13.70%。

③林业旅游与休闲服务业为林业第三产业的主体。2014 年，林业旅游与休闲服务业产值达到了 5321.24 亿元，占林业第三产业的比重为 72.05%。其他主要产业按比重依次为：以林业行政管理、林业公安和林业行政监督检查机构为主的林业公共管理服务业，产值为 465.40 亿元，比重占 7.80%；林业生态服务产值为 457.73 亿元，比重占 7.67%；林业专业技术服务产值为 153.22 亿元，比重占 2.57%。

三、经济林、竹、油茶及花卉产业发展速度的提高

2014 年，在全国林业总产值中，包括干鲜果品、茶、中药材以及森林食品等在内的经济林产品的种植与采集业的产值达到了 10728.04 亿元，比 2013 年增长了 16.10%，占林业第一产业的 57.80%。竹产业产值为 1845 亿元。花卉种植业的产值为 1855 亿元。

2014 年，新造经济林面积 113.92 万公顷，比 2013 年降低了 7.66%。各类经济林产品总量达到了 1.58 亿吨。水果产量为 1.35 亿吨，比 2013 年增长了 5.39%；干果产量为 1148 万吨，比 2013 年增长了 5.39%；林产饮料产品的产量为 210 万吨，比 2013 年增长了 13.65%；林产调料产品的产量为 65 万吨，比 2013 年增长了 8.36%；林产工业原料产量为 187 万吨；木本油料产量为 212 万吨；竹笋干、食用菌等森林食品产量为 340 万吨；木本药材的产量为 171 万吨。

2014 年，竹材产量为 22.24 亿根，比 2013 年增长了 18.52%，其中毛竹 13.08 亿根，其他直径在 5 厘米以上的大径竹 9.16 亿根。村及村以下各级组织和农民生产竹材占全部竹材产量的 68.37%。

2014 年，油茶籽产量为 202.34 万吨，比 2013 年增长了 31.62%。油茶产业产值达 553 亿元，比 2013 年增长了 31.62%。

2014 年，花卉种植面积 102.21 万公顷，切花切叶 176 亿支；盆栽植物 45 亿盆；观赏苗木 111 亿株；草坪 3.79 亿平方米。具有一定规模的花卉市场近 4472 个，花卉企业 4.92 万个，其中大中型花卉企业 9000 多个；花卉从业人员 490 万人，花农 136 万户；控温温室面积和日光温室面积分别为 6585 方平方米和 16813 万平方米。

四、木材生产及林产工业

（一）木材产量略有下降

2014 年，全国商品材总产量为 8233.30 万立方米，比 2013 年减少了 205.2 万立方米。从木材产品结构看，原木产量为 7553.46 万立方米，薪材产量为 679.84 万平方米。东北、内蒙古国有林区木材产量比 2013 年减少了 82.21 万立方米，商品材产量持续调减。全国

农民自用材采伐量为 773.11 万立方米，农民烧柴采伐量为 2127.40 万立方米。

（二）锯材、木片、人造板产量持续增长

全年锯材产量为 6836.98 万立方米，比 2013 年增长了 8.56%。木片、木粒加工产品 4314.09 万实积立方米，比 2013 年增长了 9.61%。

人造板产量保持增长。全年人造板总产量为 27371.79 万立方米，比 2013 年增长了 7.09%。在全部人造板中，胶合板产量为 14970.03 万立方米，比 2013 年增长了 9.07%，占全部人造板产量的 54.69%；纤维板产量为 6462.63 万立方米，与 2013 年基本持平，占全部人造板产量的 23.61%，其中中密度纤维板产量为 5682.57 万立方米；刨花板产量为 2087.53 万立方米，比 2013 年增长了 10.75%，占全部人造板产量的 7.63%；其他人造板的产量为 3851.60 万立方米（细木工板占 62%），比 2013 年增长 8.57%，占全部人造板产量的 14.07%。

从分省情况看，人造板生产主要集中在东、中部地区，山东、江苏、广西、安徽、河南、河北 6 省（自治区）产量均超过 1000 万立方米，6 省（自治区）人造板产量共计 18773.87 万立方米，占全国人造板总产量的 73.45%。

（三）木竹地板产量保持两位数增长

2014 年，全部木竹地板产量为 7.60 亿平方米，比 2013 年增长了 10.30%。在木竹地板中，实木地板的产量为 1.50 亿平方米，占全部木竹地板产量的 19.74%；实木复合地板的产量为 2.43 亿平方米，占全部木竹地板产量的 31.97%；强化木地板（浸渍纸层压木质地板）的产量为 2.47 亿平方米，占全部木竹地板产量的 32.5%；竹地板的产量为 1.02 亿平方米，占全部木竹地板产量的 13.42%；包括软木地板、集成材地板等在内的其他木地板的产量为 0.18 亿平方米。木竹地板产量最大的省份是江苏省，产量达到了 1.69 亿平方米。

（四）木制家具产量

2014 年，全国木制家具总产量为 26345.01 万件，比 2013 年增长了 11.41%。

（五）木浆产量

2014 年，纸和纸板总产量为 10470 万吨，比 2013 年增长了 3.56%；纸浆产量为 7906 万吨，比 2013 年增长了 3.33%，其中木浆产量为 962 万吨，比 2013 年增长了 9.07%。

（六）林产化工产品有增有减

2013—2014 年，全国松香类产品产量为 170.07 万吨，比 2013 年增长了 3.56%，松节油类产品产量为 23.08 万吨，比 2013 年下降了 13.41%；栲胶产量为 5031 吨，紫胶产量为 4645 吨。

五、产业基地建设加速

（一）国家木材战略储备林基地建设

2013 年，《全国木材战略储备生产基地建设规划（2013—2020 年）》颁布实施，明确提出到 2020 年，在全国 25 个省（自治区）6 大区域 18 片基地，建设木材战略储备基地 2.1 亿亩，通过采取科学经营，着力培育珍稀大径级用材林，构建结构优化的木材后备资源体系。基地建成后，预计每年可增加木材供应能力 9500 万立方米，初步缓解国内木材供需矛盾。2013 年，建设木材战略储备基地 35.3 万公顷，启动国家储备林建设试点，在 7 个试点省（自治区）优选 30 个重点国有林场，首批试点划定 5.83 万公顷。

2014 年，国家储备林基地建设共落实中央投资 7 亿元，建设面积为 550 万亩。在 15 个省（自治区、直辖市）划定国家储备林 1555 万亩，蓄积量 13220 万立方米。以契约管理、代储代管、轮换动用和动态监测为核心，初步构建了国家储备林制度框架。制定了《国家储备林树种目录》《国家储备林划定办法》《国家储备林管理办法》《国家储备林责任书》《国家储备林建设合同》《全国木材战略储备生产基地建设档案管理办法（试行）》《全国木材战略储备生产基地建设年度实施工作设计管理办法（试行）》《全国木材战略储备生产基地建设种苗管理办法（试行）》《全国木材战略储备生产基地建设检查验收办法（试行）》《全国木材战略储备生产基地建设管理办法（试行）》等办法与文件。

（二）速生丰产用材林基地建设

2013 年，速生丰产用材林基地建设共完成各地类造林 38.98 万公顷，其中荒山荒地造林 26.96 万公顷，更新造林 8.64 万公顷，非林业用地造林 3.38 万公顷。完成改培面积 1.87 万公顷。

六、中国林产工业发展特点

从 20 世纪 60 年代发展至今，我国林产工业经历了从原始初级产品加工向规模化、产品系列化、现代化生产的跨越式发展。林产工业品的种类也从单一锯材的加工逐步扩大发展为涵盖“木材、锯材、防腐木与阻燃木材、人造板、木地板、木质装饰材料、强化木、木家具、工程木构件、木结构建筑、木竹产品、木制工艺品（如木雕等）及其他木制品等”的综合工业，其产业面覆盖“人造板制造业、木材生产及木制品生产业和家具制造业等”国民经济产业，其应用也广泛深入到建筑、轻工、装修、交通、采矿以及化工等领域。

自 2010 年起，我国木材工业产业中木制品、人造板、木地板和木家具制造业连续位居世界第一位。2014 年我国林业产业的总产值达 5.4 万亿元，使得林产工业规模不断扩大。我国已经发展为了世界第一木材工业大国，锯材、木材、人造板产品和木质家具是木材工业的主要产品，自 2010 年以来，我国人造板，木地板和木家具年产量位居世界第一，木材工业的总体发展以人造板产业发展为特征（表 1-2）。2012 年全国人造板的产量达 2.86 亿立方米，同比增长 19.72%，锯材和木材产量分别为 5000 万立方米和 8000 万立方米，木地板、木家具等行业发展稳步提升，总体提升程度趋于平缓。

我国人造板、木地板、家具产量位列世界第一，木材消耗量为世界第二。

表 1-2 我国历年主要林产工业产品产量[1]

年份	木材（万立方米）	锯材（万立方米）	竹材（万根）	胶合板（万立方米）	纤维板（万立方米）	刨花板（万立方米）	木竹地板（万立方米）
1981	4942.31	1301.06	8656	35.11	56.83	7.67	—
1982	5041.25	1360.85	10183	39.41	66.99	10.27	—
1983	5232.32	1394.48	9601	45.48	73.45	12.74	—
1984	6384.81	1508.59	9117	48.97	73.59	16.48	—
1985	6323.44	1590.76	5641	53.87	89.5	18.21	—
1986	6502.42	1505.2	7716	61.08	102.7	21，03	—
1987	6407.86	1471.91	11855	77.63	120.65	37.78	—
1988	6217.6	1468.4	26211	82.69	148.41	48.31	—
1989	5801.8	1393.3	15238	72.78	144.27	44.2	—
1990	5571	1284.9	18714	75.87	117.24	42.8	—
1991	5807.3	1141.5	29173	105.4	117.43	61.38	—
1992	6173.6	1118.7	40430	156.47	144.45	115.85	375.05
1993	6392.2	1401.3	43356	212.45	180.97	157.13	483.15
1994	6615.1	1294.3	50430	260.62	193.03	168.2	696.63
1995	6766.9	4183.8	44792	759.26	216.4	435.1	1256.64
1996	6710.27	2442.4	42175	490.32	205.5	338.28	2293.7
1997	6394.79	2012.4	44921	758.45	275.92	360.44	1894.39
1998	5966.2	1787.6	69253	446.52	219.51	266.3	2643.17
1999	5236.8	1585.94	53921	727.64	390.59	240.96	3204.58
2000	4723.97	634.44	56183	992.54	514.43	286.77	3319.25
2001	4552.03	763.83	58146	904.51	570.11	344.53	4849.06
2002	4436.07	851.61	66811	1135.21	767.42	369.31	4976.99
2003	4758.87	1126.87	96867	2102.35	1128.33	547.41	8642.46
2004	5197.33	1532.54	109846	2098.62	1560.46	642.92	12300.47
2005	5560.31	1790.29	115174	2514.97	2060.56	576.08	17322.79
2006	6611.78	2486.46	131176	2728.78	2466.6	843.26	23398.99
2007	6976.65	2829.1	139761	3561.56	2729.85	829.07	34343.25
2008	8108.34	2840.95	126220	3540.86	2906.56	1142.23	37689.43

[1] 数据来源于《2015 中国林业发展报告》。

续 表

年份	木材（万立方米）	锯材（万立方米）	竹材（万根）	胶合板（万立方米）	纤维板（万立方米）	刨花板（万立方米）	木竹地板（万立方米）
2009	7068.29	3229.77	135650	4451.24	3488.56	1431	37753.2
2010	8089.62	3722.63	143008	7139.66	4354.54	1264	47917.15
2011	8145.92	4460.25	153929	9869.63	5562.12	2559.39	62908.25
2012	8174.87	5568.19	164412	10981.17	5800.35	2349.55	60430.54
2013	8438.5	6297.6	187685	13725.19	6402.1	1884.95	68925.68
2014	8233.3	6836.98	222440	14970.03	6462.63	2087.53	76022.4

七、林业发展中存在的问题与对策

相对于我国人口数量来说，我国的森林资源极度匮乏，与我国当前快速发展的经济不相协调。但是，随着我国林业科学技术水平的不断提高，我国林业正慢慢向着支柱型产业的方向发展。现阶段，为了进一步提高对我国森林资源的有效利用，促进我国森林资源以及林业的稳步前进，要重视林业技术的改革与创新，通过林业技术进一步实现我国林业的可持续发展。

林业是一个国家国民经济增长的基础性产业，林业不但能支持各项基本建设，而且对于改善人们的生活环境、对于人们的生态文明建设也有着积极的意义。但是，就我国当前的林业发展状况来说，我国的森林资源相对匮乏，林业发展也相对缓慢，这与当前我国高速增长的经济发展速度不相适应。同时，现今不断提升的科学技术水平对于我国林业的发展有着重要的意义。

科学技术是将生产力有效转化为经济增长的坚实桥梁与其础，其对于促进当前我国林业的快速、稳定发展有着重要的作用。现今，我国林业的技术水平已经逐渐接近于世界水平，这不仅提高了我国森林资源的有效利用率，对于我国林业经济的可持续发展也有着重要的意义。因此，要根据我国当前的林业发展状况制定有力的措施，促进我国林业技术的改革与创新，从而实现我国林业的可持续发展。

当前我国林业的发展状况。从我国的森林资源总量来说，我国的森林资源丰富，且木材种类繁多，呈现着多元化的发展趋势。但是，由于我国人口数量众多，丰富的森林资源总量相较于我国的人口数量来说，人均占有的森林资源还是比较贫乏的。同时，当前我国的林业发展中还存在着许多不容忽视的问题。

（一）存在的问题

①森林资源支持能力弱。尽管我国森林资源总量丰富，但是用总量除以我国总人口数量后，森林资源就相对不足了。同时，当前我国森林中树木的质量也在下降，其各项指标都低于世界平均水平。虽然我国森林呈现着多元化的发展趋势，但是还不足以支持当前我

国快速发展的经济水平。我国林业发展缓慢，使得当前我国林业中人工林树种单一，其稳定性较差，这又进一步制约了我国林业的发展。

②林业体制机制不够健全。从当前我国林业的管理体制来看，不但管理模式落后，并且运行机制也不够健全，从而使得我国的林业企业经营能力不足，发展缓慢。

③资金投入过少。现阶段，我国在发展林业时，并未投入大量的资金，这使得林业发展远远达不到应有的要求。比如资金过少，所有相关的管理设备无法购买或引进，尤其是优秀的林业管理人才流失严重，因此无论是在林业建设方面，还是在林业管理人员的数量方面，迟迟都没有得到有效的缓解，使得我国的林业产品质量不高，造成了严重的浪费。基于此，林业发展对我国的外部经济几乎没有任何的带动作用，不但使得我国的整体经济发展速度下降了，而且林业产业也迟迟得不到快速的发展，林业经济增长十分缓慢。

④没有明确的管理定位。这是现代林业发展中存在的比较严重的问题，林业发展水平与林业管理部门的管理水平有着密切的关系。正常情况下，林业管理部门重点管理的部分应该是林业生产以及经营，但是我国的林业管理部门所承担的责任远不止这些，几乎所有的林业产业涉及的所有工作都需要进行管理；管理内容太多，而且没有明确的界定，有些管理责任即使不属于该部门管理的范围，但是依然会插手管理，这造成的直接后果就是管理责任不清晰，管理混乱。经过大量的走访调查研究发现，之所以会产生这种普遍的现象，主要是因为管理部门没有明确的林业产业管理定位，所以使得一些林业管理人员没有明确自己的职责，进而导致了管理缺位现象或者越位管理现象的出现。

⑤管理方式不符合发展要求。林业发展中包含的内容比较多，营林生产就是其中之一，也是决定林业产业发展水平的重要因素。从整体上看，我国的营林生产在管理方面还存在着非常大的问题，其中典型的表现就是成本意识淡薄，过多地重视林业建设，而忽视了成木，有些林业投资并不合时宜，但是却盲目投资，这在造成了大量浪费的同时，甚至会造成林业发展的退步，几乎没有取得任何的实际效益。

⑥法制建设不健全。现代林业的管理与发展离不开法制建设，我国现有的关于林业管理方面的法制法规有《中华人民共和国森林法》《森林防火条例》等，这些法律法规都对森林做出了保护，要求相关部门以及社会公民要保护森林，不能随意破坏。这些法律法规的办法与实施为林业发展创造了良好的法律条件，但由于社会的迅速发展，这些法律法规已实施的有一段时间了，现在已经无法与林业发展的实际情况相适应，无法为林业发展创造法律条件，所以亟待修改。

（二）优化对策

①增加林业产业投入。由于政府对林业产业的投入程度低，导致林业产业中管理人才力量薄弱，从而影响了林业的发展速度。为加快林业发展速度，解决这一问题，政府应加大对林业的资金投入，以及加深对林业的重视程度，帮助林业产业改变经济发展模式，向增加社会效益的方向转型。改变经营模式并不是简单的编排经营方案就可以解决的，这需

要政府大力扶持，给予有力的多方面的支持，尤其是在资金投入方面不断加大力度，只有这样，林业产业部门才有能力引进先进的设备，培训优秀人才，从而使林业发展摆脱恶性循环的怪圈，获得良性发展。

②相关部门需要明确管理定位。由于林业管理部门对于各部门之间分工不明，部门之间管理界限模糊不清，因此易产生管理混乱的现象。为解决这一现象，相关部门应该对各部门之间的管理职责进行明确，让管理人员明白自己的职责范围，避免管理越位的行为发生。同时在组织内建立赏罚分明的激励体制，进一步提高管理人员对于严格执法的积极性。号外，管理部门还需要对管理人员进行必要的管理培训，保证管理人员对管理责任的进一步理解。

③创新林业管理方式，引进竞争机制。建立促进林业发展需要的市场机制，去掉墨守成规的管理方式，在林业管理部门内建立严格的监督体制，保证管理人员严格遵守，规范施工。公开管理部门执行事务，以公平公正的原则执行管理章程或规定，增加群众对林业管理部门的信任，并建立赏罚体制，为表现优秀的管理人员提供奖励，为违反规范的管理人员施以处罚，从而促进林业管理良性发展，起到促进林业发展的作用。

④加强林业法制建设。林业政策是林业战略理论的实践，林业法规则是林业政策的具体应用。因而，林业政策法规建设只有在先进的林业战略理论指导下，才能使林业活动符合林业客观规律，实现林业高速发展。针对我国现有的森林法中一些冗杂而没有实际意义的法律条例进行简化清理，并结合当前林业建设发展的需求制定符合实际林业发展需求的法律法规。对森林法实施条例修订，细化林业许可制度，细化林业调查规划管理、林业工程建设管理监督、林业职工岗位责任制管理与监督等条文，增加森林公园、自然保护区管理内容，将所有的森林公园和所有类型的自然保护区纳入林业管理。

⑤积极运用高新技术建设现代化林业。在社会发展，时代进步的过程中，林业管理部门应该不断引进先进的林业发展技术，并采用先进的林业技术优化林业管理，增快林业发展速度。与时俱进，将先进的生物科技、信息科技等技术合理应用到林业生产中，全面提高林业生产力和发展速度，加快林业向现代电子化管理迈进。

⑥深化改革，加强林业基础设施建设。首先我们要通过深化林业的相关改革促进林业的快速发展，使林业逐步走向体系化的发展，运用这样的改革促进林业生产力的显著提高，从而能够更好地体现林业的经济特点以及林业经济管理体制和运行机制。与此同时，加强林业的基础性工作也是整个林业建设的重要部分，这是实现林业可持续发展的重要保障，所以我们必须加强林业的基础设施建设，使我们的林业生产活动具备相应的林火阻隔、救火救灾设施，以及防虫防病害的物质设施和技术装备等各种基本设施建设，从而适应现代林业更大发展的新要求。

第三节　中国林业的产业结构

一、调整林业经济产业结构的基本构想

我国林业经济和产业的调整，在总体设计上要打破原有营林生产、木材生产、林产工业、多种经营的框架，按照市场经济理论和规模效益的要求，实施森林分类经营，调整林区经济发展战略，平稳推进林业经济向市场经济过渡。林业在可持续发展战略上，应划分成林业生态体系产业和林业经济体系产业。

林业生态体系产业主要是建立以森林植被为主体的国土生态安全体系，建设山川秀美的生态文明社会。林业经济体系产业要根据森工企业和地方林业的不同特点，按照基础产业、主导产业、替代产业、新兴产业的结构，配置社会资源和森林资源；按林业资源功能确定资源配置比例，确定经营方向，发展规模、效益经济，变单纯速度拉动型为速度、效益双重驱动型，走增量与存量调整相结合的发展道路。

（一）生态体系产业

根据国家和社会对林业的需求，按照森林分类经营区划，构建多元化、多方位、多层次生态型生产经营模式。依据森林的功能和作用，遵循生物的自我调节和再生规律，通过灵活的经营模式，实现森林资源量的积累。

1. 建立以天然林为主体的保护经营区

天然林是陆地森林生态系统循环的主干流，对气候、水分、土壤的自然调控功能较强，有利于调节气候、涵养水源、抗御灾害、改善环境效果。根据国土保护要求，按生态环境特点及生物物种分布，通过不同的规划单元和分类区划，实行保护性经营，加快种内物种多样性及生态系统的变异速度，提高区域内生物物种的数量和质量，满足人类社会和经济的发展。在天然林保护区内，按不同类型将其划分成各类自然保护区。我国各类保护区的建设要按生态系统保护区、物种保护区、遗传多样性保护区等三类自然保护区结构比例相宜的原则，使各种各类的保护区健康有序地发展。

2. 建立以江河湖泊防护林为主干的生态经营防护区

21 世纪，中国大部分地区进入了水资源危机阶段。水是地球生物圈的命脉，而水的命脉又维系于森林。森林是“绿色水库”“空中水库”，能有效地防止水土流失、增加降水、涵养水源、保护水质、减少泥沙含量、防治河流盐碱化和湖泊富氧化，治水之本在于治林，因此，遵照治源治流相结合、相协调的原则，实行保护生态为主，加强江河湖泊水源涵养林、水土保持林建设和保护的经营模式，形成以大江、大河为框架，湖泊、水库为

联点的生态防护网。

3. 建立以湿地保护和流域治理为主的经营区

森林是陆地的肺，而湿地就是陆地的肾。湿地中生物物种极为丰富，涵养水源、调节气候功能最强，它是孕育森林和其他生物的摇篮。保护湿地就等于保护了森林，保护了生物物种的多样性。湿地一般与江河流域相连，林、水、土之间相互依存，互相制约，构成了一个整体，保持着生态系统的平衡。流域作为一个相对完整的生态和地理单元，其上、中、下游是息息相关的。如果森林遭受破坏，土地和河流也会跟着受害，乃至使生态系统解体。建立以湿地保护为主的经营模式，从流域整体出发，从流域各级生态组织完善功能整合入手，进行综合治理，以实现流域资源的高效利用，使生态关系和谐，经济发展永续。

（二）林业经济体系产业

1. 基础产业

为满足国家保安需要，将森林资源按照地域特点，规划适度规模用于商品经济开发的基地，面向市场需求，发展规模性的生产经营项目，利用高新技术手段，实行定向培育，集约经营，增加林产品科技含量和高附加值，追求最大的经济利益。

建立大径级工业原料用材林基地经营模式。依据森林起源和林分构成，为适宜培育市场需要的大径级用材划定一般用材林经营区域，针对林分龄组的不同，采取相应的培育措施，提高林地单位面积产量，创造最佳经济效益。

建立专业工业原材料经营模式。依据林地立地条件较好、土壤肥沃，交通便利的特点，对林分进行改造更新，建立纸浆、刨花板、纤维板等工业原材料林生产经营基地，以及市场需求的各种木制品生产基地。这种模式随着专业化、定向培育和市场需求而不断调节规模。通过采取集约经营，缩短经营周期，按照工艺成熟和经济成熟的原则，适时采伐利用，创造最大经济价值。

建立高效经济林经营模式。选择经济价值大、科技含量高，具有一定开发潜力的乔木、灌木及藤本植物，利用生物技术和无性繁殖技术，在商品经济区内建立高效经济林生产基地。以开发符合林木、木木粮油、果材兼用和速生丰产林等市场需求的林产品，追求最大经济效益。

建立名特优经济动植物经营模式。根据森林资源所需的不同生态环境、土壤条件，开发林下灌木、草类及其他资源，建立野生动植物、菌类等名特优林副产品经营区，满足市场和人民生产、生活的需求。

基础产业应以建立森林生态经济林业生产方式为主，在保护、培育林木资源的基础上，培育林中的其他生物产品资源，增加生物品种和数量，利用生物的再生特点，不断获取限量的生物产品和经济效益。

2. 主导产业

天然林停伐后，人工林也将严格限量采伐，木材产量应逐年下调。以单一木材生产为主的产业将逐渐转移，并由优化配置的多产业代替。森林经济生产的木材，以及产生的“剩物”，将成为林产工业精细加工的主要原料。过去遗弃在山场的梢头枝丫、小杆小棒，将是林产品加工工业原料的主要来源。而为林产工业匹配定向培育的专业原料林将成为新的原料来源主渠道。随着对森林资源的保护和培育，主导产业将通过科技投入，使生物资源良性循环、永续利用，成为林业经济的支柱产业。

3. 替代产业

森工企业和地方林业经济基本支撑点，或经济新增长点，应该放在替代产业上，要摆脱林业经济对森林资源的依赖。在林区开发矿产开掘业、建筑业、安装业、邮电通讯业、交通运输业、商业、饮食业、物资供销和仓储业；农牧副渔业、农村小水电的开发；综合技术服务业、咨询服务业、居民服务业、公用事业及房地产开发业；教育、文化、广播电视、科学研究、卫生、体育和社会福利事业。森林无论是可投入的资产存量潜力，还是可开发的资源潜力、经营管理潜力、人才资源潜力和科学技术进步潜力都很大。林业企业只要把握住机遇和时机，就能够真正走向市场，形成对基础产业、主导产业的效益替补能力，使林业企业依赖木材生产的概念彻底消失。

4. 新兴产业

森林旅游业、劳务输出等是近些年来林区出现的新兴产业。依附于森林资源建立的自然保护区，森林旅游业已粗具规模。但景区景线、景点缺少网络配套，缺少服务设施配套，应增加必要的资金投入，进行布局调整。应把劳务输出产业办成支柱性产业。此外，还应瞄准国内外科学技术发展的前沿，开发生物工程、电子技术、信息技术和新材料、新能源等高新技术产业。按照产业梯度配置社会资源，实行最佳组合的产业群体优势，使林业企业真正走向市场。

二、林业经济产业结构的模式

林业经济产业目的是通过构建崭新的经营模式来实现林业的可持续发展的。从我国的森林资源分布状况、林地利用率、林分质量分析，建立生态经济林业模式，这也是今后林业发展的基本趋势。除国家重点林区外，大部分山区要靠建立生态经济林业模式，遵照自然规律和经济规律，才能实现林业可持续发展。

建立生态经济林业模式，必须坚持统筹规划，突出重点，量力而行，分步实施，优先抓住有影响的重点区域，力争在短时期内有所突破；坚持按客观规律办事，从实际出发，因地制宜，讲求实效，采取生物、工程、农艺等相结合的措施，科学配置社会资源，发挥综合效益；坚持依法保护和治理生态环境，依靠科技进步加快建设进程，建立法律法规保障体系和科技支撑体系，使生态环境的保护和建设法制化，生产经营管理科学化；坚持以预防为主，治理与保护、建设与管理并重，除害与兴利并举，实行“边建设、边保护”，使之发挥长期效益，坚持把生态环境建设与产业开发、农民脱贫致富、区域经济发展相结合；坚持依靠广大群众，广泛动员社会力量共同参与，建立多元化的投入机制。

（一）建立保护地生物物种多层分级轮换利用模式

按照人们对某些生物产品的可利用的目的，对森林和生物资源实行小区域保护，人为调控其种类、数量、质量、利用的时间。例如：山区的野生菜类、菌类的采集；中草药的采集；山区野生经济动物的利用等，可以利用生物种类的不同繁衍特点和生长规律，分期分批保护，分期分批开发利用。

（二）建立山区综合保护开发经营模式

保护和利用山区林业用地资源和植物资源，进行林、灌、草、菌类的立体开发，复合式经营，提高林地利用率和生产力水平，创造较好的经济效益。

（三）建立生物引种、驯化、扩张生产经营模式

对于珍稀或名特优动植物，进行人工引种、驯化、扩繁，建立多种形式的繁殖生产基地，开发珍稀或名特优动植物医药、保健、食品、饮料等产品，形成一定的生产经营规模，满足社会需求。

（四）建立粮、林、果、鱼循环生产经营模式

利用生物具有多种转化形式的特点，进行多次能量转化，把各种废物的能量转化成可利用能量，使各种生产环节相互依附、相互联系、相互协调，形成粮、林、果、鱼比例均衡的模式，达到相互促进和发展的目的。

（五）建立种、养、加循环生产经营模式

利用山区生物资源优势，按照生态优先的原则，适度发展种植业和养殖业，使其相互促进，相互依存。种、养业的结构和比例适当，可形成两者之间的高效循环，有机结合，并带动加工业的形成与发展。

（六）建立林、牧、果、药循环生产模式

利用林草资源，在保证生态环境良性循环的前提下，发展围栏式圈养牧业；或开发林下浆果、中草药；林源经济植物，依附林地或林内环境，使确立开发的项目价值不断增值，实现高效的经济循环模式。生态经济林业模式，必须是一不破坏资源，二不污染环境。通过掌握森林资源再生规律，对森林资源进行培育和积累，并进行适度利用开发，形成有区域特点的林业经济结构。

三、林业经济产业结构的运行

林业产业结构的调整应符合国家对生态环境的需要，适应社会主义市场经济的发展。森工企业和地方林业的管理体制、生产规模不同，在产业调整上要采取与之配套的操作性较强的政策措施，以实现调整后林业产业运行的良性循环。

（一）调整林业经济和社会发展经营方向

按照党的十八大精神，紧紧围绕生态建设、生态文明、生态文化调整林业长远规划和近期计划。国家把林业定位为社会公益事业，林业在产业结构调整上，应形成新的林业发展思路，适应社会主义市场经济的发展。《森林法》明确规定："林业建设实行以营林为基础，普遍护林，大力造林，采育结合，永续利用的方针。"这一方针，不仅是党和国家赋予林业的使命，也是全国人民对林业发展提出的新要求。在实施国民经济和社会可持续发展战略过程中，林业承担着改善生态环境，维护中华民族生存和发展的根本任务。在深化林业经济体制改革过程中，要切实调整林业经营方向，明确提出以营林为基础的林业发展战略目标和发展速度，确定新的林业可持续发展的战略思想、战略目标、战略步骤和战略措施。

（二）实行政企体制分开

全国相当一部分林区实行政企合一的管理体制已有多年的历史。当前，已经对林业企业建立市场经济体制起到了束缚和制约的作用。政企分开实质上就是按照社会发展和经济建设要求，划分政府各部门与企业之间的职能，各在其位，各司其职，各负其责。

1. 按经济和社会事业发展需要划分政企职能

从当前的状况看，森工企业所承担的政府行政管理职能有植树造林、封山育林、森林资源管理、林政管理、森林防火等检查监督，还承担着文化、教育、卫生等社会服务性职能。而地方林业，在县（市、区）所属林场中也承担着与森工企业林场相应的职能。政企分开就是按照行政区域，建立政府的营林资源宏观管理体制，由省、市、县人民政府的林业行政主管部门承担植树造林、封山育林、森林防火和森林资源保护，以及林业政策法规的制订执行等监管职能。而林场作为营林生产的事业性经营单位，具体负责辖区内的生产经营活动。林区的文化、教育、卫生、社区服务等工作，可由当地政府纳入经济和社会的整体规划中进行管理。

2. 按政企分开后的职能划分财产及债权债务

政企职能分开后，本着财产随职能转移的原则重新配置国有资产比较合理。在财产归属的同时，对原有形成的债权债务，依财产划归确定由谁承担。林业投资和积累的财产都属于国有资产，只是区别于国家和地方的权属。所以，在国有资产和债权债务的划分上，要坚持有利于森林资源培育和保护，有利于林业企业的发展，克服本位主义和部门利益的倾向，按照需求进行国有资产的重新配置。

3. 按照政企分开后的职能改革机构

改革现行林业管理机构是实现政企职能分开的重要措施。省、市、县人民政府设立的林业行政主管部门，应依据国家法律和法规，设置内部以营林资源管理为主体的办事机构，兼容过去属于事业单位行使的行政管理职能。凡是单独行使行政执法的事业单位，除国家明令保留的部门外，一律撤销或转换成服务性单位。林业的场应确定为森林经营的事业性单位，只从事森林培育、保护和生产性经营活动。乡村林业站应确定为乡镇政府的内设机构，从事行政执法和管理工作。原有的企业性生产经营产业项目，应彻底剥离分开，按照企业经营方式进入市场。带有服务性职能或管理经营正常收入的职能应予以保留。本着精兵简政，提高办事效率的原则，建立小政府大社会的新的体制。政企分开以后，对于林业企业，除了国家需要宏观调控的重大法规、政策的执行以外，凡是企业内部的一切生产经营活动，都应由企业按照社会主义市场经济规律，自主经营，自负盈亏，自我积累，自我发展。

第四节　中国林果业的发展

林果业是我国第三产业的重要分支，是继粮食和蔬菜之后发展起来的新型种植产业，也是劳动和技术密集型产业。近年来，我国林果业发展一直比较平稳，国际竞争力不断增强，为我国农民增收、促进农村经济发展和我国国民经济发展做出了重要的贡献。林果业（包括树林、同林、果木、花卉）是农业产业结构的重要组成部分，也是实现生态效益和经济效益并重的产业。现代社会中，人们常把发达的林果业视为国家富足、民族繁荣和社会文明的标志之一。

一、中国林果业发展概述

生态系统重建是当今世界关注的热点。植被恢复与重建是 21 世纪世界性生态环境建设的主题，现代林木遗传育种、先进实用造林技术、综合森林保护等，是解决国内外规模化森林植被恢复、重大森林有害生物的生态安全控制的关键技术问题。良好的生态系统是减少和控制气候变化的强大物质基础。保护生态就是保护和发展生产力，特别是在我国干旱半干旱地区尤为关键。国土安全、生态安全，攸关民族发展和国防稳定，必须高度重视，夯实基础，加快发展，确保安全，以利于永久性可持续发展。天蓝、山青、水秀、人富，这是梦想，也是方向。

种质资源基因库是生物领域科技创新的物质基础。世界各国十分重视林果种质资源的收集保护与可持续利用。我国果树有 10000 余品种，西北半干旱区特有的林果种质资源亦极为丰富，但与发达国家相比，在收集数量、保存技术与产业开发方面仍有较大差距。夯实林果业可持续发展的科技基础具有重要现实和长远意义。种质资源的保存与开发是农业生物资源可持续发展的基础战略，稳定基础、持之以恒、学习先进、竞争前行是一个长青的命题。学习型经济，联盟式发展；资源互补，利益共享不失为“走出去”与“请进来”的新发展格局。

现代生物技术的发展将林果新品种选育推向了新水平。国内外发达国家和地区已建立了比较完整的组织培养再生系统、高效遗传转化系统，获得了抗虫、抗病、抗除草剂的转基因新植株。应用 RAPD、SCAR 等分子标记技术进行了系谱分析，提供演化、物种与品种亲缘关系和分类依据。以现代生物技术为标志的先进技术手段为此推出的一系列现代高技术产品，趋于垄断地位，把控核心技术、智慧产权和超额利润。一草一叶彰显着各自的科技含量，一粒种子可以改变一个世界，这将成为一种新趋势、新常态。技术融合、文化融合、产业融合，展示出了新的魅力和新的威力。

自育品种、专用品种是各国品种培育的大趋势。为了谋求国际上高新技术垄断的超额利益，世界大宗林果业品种更新步伐加快，一些标志性的，有区域特色的品种技术遥遥领先，我国缺乏具有国际市场竞争力的优育品种，为此，必须引起高度重视。发挥优势，扬长补短。要不断地追求，不断地升级换代，这是大趋势，也是大目标。科技无国界，产品通用化将是新的一轮林果生物革命的竞争点。

林果产品生产技术体系向优质、安全、标准化方向发展。国外普遍推行果品综合生产制度（IFP），其基本目标是生产绿色无公害果品。我国在环境污染、农药残留量、化肥污染等方面进行了研究。我国在绿色、无公害优质苹果生产技术的配套、集成方面系统提出了果园规范化管理技术体系。但与国际先进水平相比，尚未形成与国际接轨的质量标准体系，果品储藏保鲜尚处于跟踪和模仿阶段，产后商品化处理落后，缺乏适于加工的专用品种，需要结合优势区域生态条件，建立适合我国林果产业发展的绿色果品生产模式，任重道远，尚需继续鼓劲。

森林植物资源加工利用呈现多元化态势。发展食物替代战略、强调森林是粮食和环境安全保证的观点已日益受到重视。研究功能性油脂、天然药物的林产化学工业，开发高附加值新产品，将是森林植物资源开发利用的新领域。生物资源的多元化是个大战略，充分挖掘生物资源的多功能作用具有基础性战略地位。鼓励多样化的技术创新方能适应世界多样化的需求。放宽眼界，面向需求；精心未来，长期探索；积累实力，迎接竞争是当务之急。

（一）存在问题及原因

①林果企业建设进度缓慢，龙头企业数量少，带动力不强、果品深加工基本处于空白。

②林果业管理粗放，病虫害综合防治体系不健全，科技含量不高，果农缺乏独立的操作技能，生产技术推广服务滞后，现有质量管理队伍远不能满足林业发展需求。

③林果企业、合作社市场营销积极性不够，随着我国经济林挂果面积、果品产量的不

断增高，果品销售滞销问题日益加重。

④大多数农民随意买卖思想严重，不懂果品品质及等级识别技术，不分时间、品种、等级地进行采摘销售，采摘后未经过清洗、打蜡、选型等工序，商品化处理程度不高，果品的竞争力不强。

⑤果品的仓储规模小，设备简易，保鲜存储质量低，日益增长的果品产量完全超过了现有果品的保鲜仓储规模。

（二）对策及措施

①加强林果产品流通基础设施建设。重点扶持林果产品流通企业建设仓储、物流、冷链等基础设施，建设一批生鲜林果产品低温配送和处理中心，改善林果产品生产、加工、流通环节的温控设施，实施“西品东运北运”，实现产地市场和销地市场的高效对接，提高流通效率，惠及“三农”，使特色优势林果产品与广东等大城市高端消费区接轨。规划建设 2.5 万吨规模的保鲜库，改善我国果品内地销售存在的运输距离远、运费成本高及订火车皮难等问题。

②建立健全林果业服务体系。以“林果业增效年”为载体，充分利用“科技之冬”活动，利用各种媒介，将电视、报纸、互联网等无形网络和有形培训紧密结合，结合当地主栽树种，分批次、分内容，因地制宜地开展技术培训，发挥林果业科技示范基地和示范地的作用，提高培训内容的针对性，提高果农种植、生产专业技能。通过传授实用技术，全面提高综合服务队伍的业务技能、实际操作能力和防灾减灾能力，努力培养一批有文化、懂技术、素质高、能力强的林果综合技术服务队伍，为特色林果业发展奠定人才基础，提高林果业的科学管理水平。

③积极培育林果龙头企业。立足我国循环经济产业园区平台和丰富的林果资源优势，制定优惠政策，广泛吸引优质资源向重点流通企业和优势企业聚集，引进 1 至 2 家当地果品加工企业和其他大企业到相关县开展果品精深加工生产，以我国优质果品为原料，开发适合不同消费群体的绿色产品，加快提升林果产品的精深加工能力。坚持以市场为导向，行政推动与市场化运作相结合，加强业内整合、技术改造，提高行业集中度，改善少数存在的“散、乱、小、弱”现状，实现规模经营，加快形成一批产品附加值高、产业链条长、带动能力强的林果产品加工龙头企业，培育林果产品龙头企业。组建特色林果产品集团公司，统一品牌、统一经营，形成一批带动力强、关联度高、对地方经济发展有影响力的商贸流通企业，特别是鼓励商贸龙头企业与基地结合，带动基地和农户，提高带动力和竞争力，实现企业和农民的共赢。

④拓建林果产品销售平台。把每年举办的林果产品交易会的组织筹备工作提到重要议事日程，做到早部署、早安排。做好农产品市场的对接和开拓工作，申请农产品市场门面，设立企业营销窗口，建立果品销售网点。利用果品销售电子平台网络，制作果品销售网页，定期发布各类果品预售价，发布指导性果品收购、销售价格、果品供求信息。同时创建与

批发市场和大型超市的合作营销关系，采用代销方式，大力发展和建立营销组织，扶持专业协会、种植大户和有销售经验的能人从事林果营销，引导鼓励乡村两级开展果品自产自销，壮大销售队伍。建立健全果品质量技术标准体系，市场流体体系和服务保障体系，形成一支高素质的果品营销骨干队伍。

⑤扩大果品品牌知名度。进一步加大品牌的对外宣传力度，积极组织企业参加农业产业峰会、“乌洽会”“林博会”“广交会”等展会，并为顺利参展、成功参展做好服务。组织人员对各类果品进行分类、分级检查，从果品外观检验等工序建立审验、核查制度，制定检验标号，健全相关负责人档案，实行果品质量责任追究制。加大对现有林果品牌的整合力度，实行果品统一标志商标。

二、国外林果业发展的经验与借鉴

随着经济的发展，我国森林资源短缺问题日益严重。从世界范围来看，森林外林木作为一种林木资源，所发挥的作用越来越明显，日益受到世界各国的广泛关注与重视。在简要介绍森林外林木资源概念和作用的基础上，通过对国外森林外林木资源发展及经验的介绍与分析，为我国今后森林外林木资源的发展提出了一些政策建议。

森林外林木的效益。与森林相比，森林外林木与人类的联系更加紧密，从农林复合系统、农林牧复合系统到城市、社区林业等林木系统，到处都有森林以外林木的存在。近些年来，森林外林木越来越受到重视，国外研究表明，森林外林木在保持水土、保护生物多样性、减缓气候变化、供给小材和其他林产品、保护周边环境、改善田园景观、美化环境及减少贫困等方面都具有重要作用。例如，森林外林木不仅为人们提供了大量的木质林产品、燃料、食物、水果等，是农村居民食物、家庭收入的主要来源，甚至在有些地区木材深加工过程中所使用的木材有很多也是来自森林外林木资源。如哥斯达黎加森林外林木除有固碳的生态价值外，每年还为该国提供了一半以上的木材。据法国农业部提供的数据，灌木篱每年可以为法国提供440万立方米木材，而森林外林木年木材产量为450万立方米，同时，还可提供饲料和牧草。另外，畜牧区的饲料树种在一些热带地区已经成为农业系统的主要贡献力量。同时，成片的树木，防风林等为大量动物物种提供了宝贵的食物来源和栖息场所，也为动物迁徙提供了通道，保持了当地和区域的生物多样性。社会效益方面，随着城市化进程的深入，城市人口不断增多，森林有助于身体健康，可以缓解压力，并提供了良好的教育基地。在很多地方，森林外林木具有文化价值，是文明和文化的一种象征和延续。

国外森林外林木的发展总体情况：长久以来，森林外林木的价值和发展状况一直被人们所忽视，许多地区的人们依赖森林外林木提供的林产品为生，但这些并未引起当地政府部门及社会各界的重视。自20世纪后期以来，全球对森林外林木的认知和关注程度逐步增加。一些地区的政府和非政府组织、团体等通过各种手段进行宣传，呼吁更多的人参与到发展森林外林木的行列中来。学术界也积极开展森林外林木的研究，包括其作用、潜能及清查评估方法等方面。联合国粮农组织已经在该领域制定出了科学规范的研究标准、体系等。

从全球层面来看。在过去的一个多世纪，许多地区尤其是少林或无林地区的人们，为了满足当地乡村和城市社区对木质和非木质林产品的需求，在土地边缘、家庭园地等种植了树木；一些地区和国家的政府和林业部门也逐渐开始了大面积的森林种植活动，并采取了一系列手段保护和促进森林外林木的发展，由于森林外林木的不断发展，在全球森林覆盖不断减少的同时，一些地区的林木覆盖面积却增加明显。

印度森林外林木的发展：印度种植和发展森林外林木有较长的历史。据记载，大约 2500 年前，佛教的创始人就宣布每个佛教徒必须种植一棵树并在五年内照料它。随后，历届印度王族都在全国范围内大力推广在路旁植树，人们也开始在农场、田地边缘、庭院中植树，这些树木逐渐显现出了巨大的价值，为当地人民特别是贫困人民提供了重要的食物和薪材来源，这些林木还成为人们膜拜的对象，蕴含了巨大的文化价值。

印度政府开展了社会林业项目，在国内大规模种植森林外林木，使得这一资源得到了迅猛的增长，其中35%树木的种植通过政府分发树苗，由个人、团体组织等在私人土地完成。相关政府部门也在公共土地、公路、铁路、运河旁等栽种林木，此次大规模的社会林业项目之后，印度林业部门又分阶段地继续实施造林和再造林工程，一些地方部门将植树计划分配到了个人，有效地促进了森林外林木的增长。与此同时，一些私营公司和私人组织也起到了积极的作用。一些当地的林业企业与农民签订协议，吸引农民在农场或家庭园地种植树木，并到期如约向农民收购木材和林产品，以满足企业自身对原材料的需求，这种方式引起了许多林业企业的效仿，大大促进了当地的造林进程。

国外森林外林木发展的借鉴意义：综合来看，国外森林外林木的发展，特别是印度森林外林木的发展对于我国的林业发展具有借鉴意义，总结如下。

（一）森林外林木正在受到高度重视

森林外林木在人们的社会生活中扮演着重要的角色，但是在相当长的时间里却未能引起人们足够的重视，所以关于这一资源的数据资料大量缺失。然而，20 世纪后期以来，为了更加科学地利用和促进森林外林木的发展，许多国家加强了对这一资源的管理，突出体现在开始对其进行信息量化和评估，一些国家已经建立了森林外林木清查和评估体系。获取森林外林木信息的途径主要有实地抽样、空中摄影、遥感、实地抽样和遥感结合、相关几个部门的二手资料等。其中，信息的采集主要通过三个阶段实现：土地利用分类和绘图，林木覆盖的识别，以及林木特征的度量。卫星图片和区域照片适用于前两个阶段，而高清晰的卫星图片能够识别单一的树木并为大面积的森林外林木建立数据库。在印度，随着在森林土地上大规模开展植树活动，有关部门实施了针对森林外林木的清查评估活动，并逐步探索科学的方法和途径，有效掌握了森林外林木资源的状况，将森林外林木与森林资源的发展动态变化结合在了一起，进一步加强了这一资源在印度林业中的地位。

（二）政府制度管理和立法

通过政府制度及法律的强有力手段能够促进森林外林木的发展，许多国家在这方面做出了大量的努力。例如，肯尼亚政府鼓励在半城市化地区植树，并且砍伐树木会受到严格管理。同时，对森林外林木的管理需要对各相关部门进行合理分工，因为森林外林木可能涉及林业、园林、水利等多个部门，有序的管理模式和制度才能够避免利益的冲突，而使森林外林木得到有效管理和利用。

（三）政府的政策扶持

第一，为了推动森林外林木的发展，印度林业部门将种苗免费发放给农民，鼓励他们在自己的土地边缘种植。第二，政府提供大量的科学扶持，帮助农民解决种植过程中出现的技术问题，农民则负责林木的看护、照料等工作。第三，政府利用行政调控等手段影响木材市场价格，维持农民的种植积极性，并对其种植树木的品种进行引导。

（四）私人力量的作用

以盈利为目的的私人公司或组织与包括农民在内的相关社会成员为了共同获得林产品利益而建立合作关系，从而间接地促进了森林外林木的发展。这种方式在许多地方受到了关注。在印度森林外林木的发展过程中，政府以外的力量发挥了重要的促进作用，正如上文所述，许多私人林业企业也开展了有计划的林木种植活动，他们提供种苗委托农民种植，与农民签订合同，到期如约收购林产品，这种方式不仅为企业自身带来了原材料，也为农民带来了切实的收益，更为当地带来了森林物质和生态效益。

（五）提高公众意识

在美国，非政府组织，如美国森林组织的宣传和引导，使公众认识到森林外林木的发展带来的好处，同时，提高公众意识还有其他很多的途径。例如，政府官员的带领行动能够感染公民的意识，菲律宾某城市的 8 万居民在参与一项大的再生林工程中意识到了都市林业所产生的好处。

对我国发展森林外林木的建议：随着经济的快速增长，人们生活水平的不断提高，社会经济发展对森林资源的需求逐渐增多，甚至超出了森林资源的承载能力，造成我国森林资源严重破坏、木材供求矛盾及环境恶化。而森林外林木资源在木材供给、保持水土、调节气候、增加农民收入等方面的积极作用，都可有效缓解这一矛盾问题，同时，与森林资源相比，我国的森林外林木还有很大的发展潜力和发展空间。另外，在我国，虽然平原林业和城市林业有一定的发展历史，已形成了一定的规模和体系，也积累了相当的发展经验，但总体看，还存在着森林外林木发展并没有引起国内高度重视；对森林外林木整体发展状况缺乏足够的认识；深入系统的相关研究较少；大量的技术和资源都用于森林资源清查中，对森林外林木的监测评估较为匮乏，以及相关的政策和法规都严重滞后等问题。因此，借鉴国外森林外林木发展经验，建议从以下几个方面加强和改善我国森林外林木资源的管理，促进其发展。

①应加强对森林外林木的清查和评估。我国对于森林资源的清查已经有较长的时间，而对森林外林木的数量和分布情况却缺乏全面的认识。因此有必要建立一套完善的监测体系或定期抽样调查制度，监控和评估城乡用地上森林外林木的动态变化，并在此基础上估算森林外林木的各种效益，为政府部门制定相关政策和立法部门制定相关法律法规提供科学依据。另外，森林外林木资源的清查需要人力、物力和财力的投入，尤其需要地理信息系统和卫星图片等技术的应用，因此跨学科的研究和技术支持就显得非常必要，应加大投入。

②健全和完善相关法律法规。基于目前尚未对森林外林木资源引起足够的重视，还没有真正意识到森林外林木在改善城乡生态环境等方面的重要性，以及森林外林木管理、利用及保护方面的立法还较为薄弱和不完善的状况，应进一步健全和完善适合中国国情的森林外林木资源开发、利用、管理和保护的法律法规。

③制定相关激励政策和制度。为促进森林外林木资源的发展，还应制定相应的激励政策，进一步明晰森林外林木资源的所有权，充分调动农民的积极性，制定符合实际情况的采伐利用制度，规范森林外林木资源的利用和管理。

④加大宣传教育力度。鉴于森林外林木资源在农区和城市社区中发挥的积极作用，应加大对森林外林木重要作用的宣传教育力度，提高公众参与和保护意识。

⑤加大研究开发力度。针对森林外林木开发利用现状，应加大对这一多样性资源潜力和潜能的开发与研究，以从森林外林木资源中获得更多可利用的价值。

三、林果业的可持续发展

新的世纪正向我们走来。有人预言：21世纪，生态危机将有可能成为人类面临的最大威胁。人类无法回避诸如人口爆炸、粮食短缺、能源危机、资源枯竭、环境污染等一系列生态性问题的严酷现实。巨大的人口压力迫使人们毁林开荒；为了增加生物产量，防除病虫鼠害和杂草，而大量施用化肥、农药和除草剂。造成了空气、土壤和水体的严重污染，直接危害人们的健康。随着经济的发展、科技的进步和人民生活水平的逐步提高，满足人类包括对优良生态环境、无公害绿色食品的需求在内的不断增长的物质和文化的需要已成必然，于是，生态农业、生态林业应运而生。然而，现阶段的生态农（林）业建设，采取的仅仅是部分生态措施，尚未摆脱企业式农（林）业模式的束缚，故不可避免地存在着种种弊端。

所谓全生态经营，是指按照人对自然规律的充分认识，通过各种植物间的巧妙、有机组合，尽可能地依靠大自然的力量，减少人为干预，顺其自然、无为而治，以实现轻简栽培，收获无公害绿色产品和低耗、高效这一可持续经营目标，并使之贯穿于整个经营管理的全过程。有理由相信，随着全球可持续发展浪潮的推进，全生态经营模式有希望成为最受欢迎的理论成果，付诸实施后，必将给传统的农业带来革命性影响。

可持续发展作为一种新的科学的发展观，已经深入到社会发展的各个领域。森林资源和林业发展的重要性和目前的严峻状况，要求我们将可持续发展的理念深入到林业建设的制度、政策、法律等各个层面，构建一套全新的可持续发展的政策法律体系，从而实现对森林资源的保护和林业的可持续发展。

（一）实现林业可持续发展的对策

依靠科技发展林业。可持续发展的一个根本的策略是科技的发展，因为可持续发展的内涵包括经济的发展和对资源与环境的再发展能力的保护。那么既要发展经济又要保证资源与环境的发展力，最有效的解决办法就是依靠科技来发展经济，改变传统的以环境和自然资源为代价的粗放式经济发展模式。因此，在林业发展上，实施科技兴林，不断提高林业建设的科技含量是林业可持续发展的关键。

①建立林业科技创新体制。建立起以企业为主体、以市场为导向、以科技为核心、以效益为目的的林业科技创新体系，以促进林业生产力的提高。有人提出了“数字林业”的概念，即利用现代信息科技手段，推动林业经营和管理的精确化、科学化，加快实现林业的现代化。

②深化林业科技体制改革。坚持科研成果从实践中来，到实践中去，指导林业的发展，从根本上解决科研与生产建设脱节的问题。要鼓励科技人员通过技术承包、技术转让、技术服务、联合开发、创办经济实体等形式，加快科技成果的转化。

③加强基础研究和应用技术研究。一要加强森林生态系统的研究，开展森林生态系统的监测；二要抓好良种壮苗和树种结构调整，充分利用先进的技术，提高良种苗培育水平；三要研究高新技术改造传统的木材加工、制造、利用技术，尽快提升木材工业总体技术水平，增加木材和林产品的经济价值，增强市场竞争力。

（二）优化林业经济结构，促进林业的可持续发展

以林业经济的可持续发展战略调整优化林业经济结构，促进林业产业的发展是实现林业可持续发展的根本保证。在第一产业方面，以市场需求为导向，大力推进短周期工业原料林和其他原料林、速生丰产林、竹林和名特优新经济林建设；在第二产业方面，加大新产品开发力度，促进以低层次原料加工向高层次综合精深加工转变的步伐；在第三产业方面，要加大森林旅游业、花卉业的发展。要采取“以二促一带三”的策略，调整生产力布局，淘汰落后产业，改造传统产业，培育新兴产业，推动产业重组，解决林业产业结构不合理的问题。调整林产工业产品结构，大力发展精深加工、发展优势产品，努力开拓小材林产品的新用途，延伸产业链，增加附加值，解决林产品结构不合理和产品缺乏竞争力的问题。调整企业布局和资产结构，实施大集团、大公司发展战略，共同开发新产品、新技

术和新市场，提高企业专业化程度和产品技术含量，提高市场的竞争力。

（三）注重林业生态、经济效益综合评价

①林业的生态效益。林业的生态效益是指林业的发展所带来的生态方面的正面影响。人们普遍认识到，森林兼具有经济效益、社会效益与生态效益，其生态效益价值远远大于其经济价值。林业的发展可以带来这三种效益，在这三种效益中，经济效益往往最先受到关注，但我们可以看到，在目前的情况下，生态价值得到了越来越多的关注。而林业的生态效益和经济效益有着密切的联系，林业的生态效益可以创造经济效益。

②林业的生态效益与经济效益的关系。林业的经济效益和生态效益二者之间具有互相依存、互相矛盾、互相影响、互相作用的关系。在忽视生态环境而过度追求经济增长时期，尽管当期的经济增长速度相当快，但后期的经济发展却受到了生态环境被严重破坏环境恶化的巨大报复，使得经济发展停滞不前或萎缩。在既重视经济效益又注重生态效益的时期，当期的经济快速发展和后期的经济增长都能保持良好的增长势头。当然，我们应注意，对经济效益和生态效益的注重，并非消极的注重，而是积极的注重。如果采取消极的注重方式，即单纯注重生态环境而放弃必要的经济增长，那么，终究会因没有必要的经济增长而导致经济效益滑坡，缺乏强有力的经济实力支撑会使得生态环境保护失去现实意义或物质基础。有学者提出了生态效益经济的概念，它充分反映了生态效益和经济效益之间的关系。生态效益经济是在以生态环境系统良性循环约束条件下追求经济效益总量较大化的社会再生产活动。它包括以下五层意义：其一，生态效益经济是一种讲求社会生产力发展速度和总量的社会再生产活动；其二，生态效益经济是一种追求经济效益总量较大化的社会再生产活动；其三，生态效益经济是一种以保持环境系统良性循环为约束条件的社会再生产活动；其四，生态效益经济是一种以绿色产业为重要支柱的社会再生产活动；其五，生态效益经济是一种经济增长、经济效益、生态环境三者之间相互协调和有机统一的社会再生产活动。从以上的生态效益经济的定义和含义我们可以看出，首先，生态效益经济的落脚点在“经济”上，它追求的是一种经济效益，它“讲求社会生产力发展速度和总量”，它“追求经济效益总量较大化”；其次，它又是一种“再生产活动”，它“以保持环境系统良性循环为约束条件”，“以绿色产业为重要支柱”。

③注重林业的经济效益和生态效益在实践中的对策。这些年来，林业的生态效益和经济效益受到了极大的关注，各地在实践中采取了各种对策，取得了很大的成效。大体有以下几个方面的措施：①林农结合式。应用和推广国内外先进技术和成果，采用科学的生产、管理方法，以林为主，林农结合，多种经营，逐步建成具有经济、生态和社会效益的林业发展模式。大力推广生态价值和经济价值兼备的生态经济兼作模式。如实行林草间作、林药间作、乔灌混交等种植模式，最终使退耕还林成为调整农村产业结构，增加收入的良机，同时实现生态和经济效益的综合效果。②造林规模化。从提高生态效应、景观效果和经济效益出发，成片造林力度明显加大。片林建设以发展苗木基地、经济果林、速生丰产林等

经济型林地为主。③造林多样化。采用多样化的以林养林方式，有的发展苗木养林，有的发展林木加工养林，有的发展经济果林养林。农民还可采取林苗结合、林禽结合、林菜结合、林果结合等方式，以提高林地产业和经济收益。

（四）建立林业可持续发展的法律机制

以上关于林业可持续发展的对策，集中从政策制度层面进行了理解和阐释。我们知道，除了政策制度，法律是最有效的保证和监督执行机制。以下将简单地从现存法律中关于林业可持续发展思想的体现以及存在不足、需要完善的地方进行评述。

对我国现存林业法律制度的完善。我国已经设立的林业法律制度的完整性、严密性存在缺陷，在立法思路、立法原则、履行程序、实现方式、法律责任等方面的制度内容上有遗漏、空白、不明确之处。我们应该从以下几个方面加以补充和完善。

①重新确立林业立法思路。我国的林业立法没有全面地反映生态规律的要求，没有真正贯彻生态优先、保护资源的立法思想，应该借鉴发达国家立法的先进经验，实行环境保护优先原则。在生态利益与经济利益及其他利益发生冲突时，优先考虑生态利益。

②立法原则的创新。第一，尊重和体现生态规律的原则。林业立法应充分地考虑森林生态系统的物质、能量运行规律，重视生态平衡理论以及生物多样性的发展规律，尊重自然和生态规律。第二，以可持续发展为导向的原则。林业立法应当充分地考虑实现人类社会、经济发展所必需的生态环境与森林资源条件，考虑对地球环境与森林资源的保护。第三，突出生态利益与经济利益协调平衡的原则。在进行林业行政立法时，注重林业的生态经济效益综合评价，以真正通过立法实现社会、经济、环境三方面效益的均衡和综合发挥。

③在执法方面，主要有以下几个方面需要改进：一是必须实行森林采伐限额管理，控制森林资源的过量消耗，健全管理机制，加大管理力度。二是必须加强林地管理，防止有林地逆转，实行林地用途管制和总量控制制度，严惩毁林开垦和乱占林地的违法犯罪行为。三是必须认真执行凭证运输木材制度，严格对木材经营加工单位进行监督管理。建立健全木材运输证的领取、保管、发行和统计报告制度。四是必须坚持依法治林，加强基层执法队伍建设，抓好林业法律、法规制度的建立健全工作，将森林资源保护管理置于法律、法规的约束之中，加强基层执法队伍的建设，实现森林资源保护管理的规范化、制度化。

④在监测方面，要进一步加强综合监测体系建设，实现对森林资源与林业状况的综合监测。要以森林资源监测为主体，整合现有监测资源，扩展监测内容，建立健全全国森林资源与林业状况综合监测体系，实现对森林资源和林业状况的综合监测和评价。要制定切实可行的计划，采取有力的措施，实现对森林资源的监测和林业经营的管理。要依靠科技进步，建立森林资源管理信息系统，为林业信息化建设和管理提供平台，全面提高森林资源监测的科技含量和监测成果的时效性。另外，要在全面加强森林资源监测和分析的基础上，建立重大突发森林资源破坏事件的预警和应急系统，有效防范重大突发森林资源破坏事件的发生和发展。

⑤在诉讼方面，将我国资源状况的严重问题和资源诉讼的特殊性联系起来，建立专门的资源诉讼法院。在我国，土地法院、水事法院、矿业法院等专业法院已经存在，这表明资源诉讼的专门化已经有先例和经验可循。所以基于森林资源的特殊性与重要性，我国也应设立森林法院。

⑥在法律责任方面，应建立健全法律责任制度。法律责任制度的不健全是我国法律中普遍存在的问题。“徒法不足以自行”“无惩罚即无救济”都说明了法律责任体系在整个法律实施过程中的重要性。在我国的森林立法中，这方面的问题也比较明显，我们应当建立完善的法律责任制度，使得其能真正发挥效用，从而达到对我国森林资源的保护和林业经营的管理。

第二章　中国林业与循环经济

第一节　林业与经济关系

一、森林资源是经济发展的基础

（一）森林资源对经济的直接作用

森林直接为经济发展提供了大量木材和林副产品。木材是国民经济中用途最为广泛的基本原材料之一，是当今四大材料中唯一可再生又可循环利用的生物资源，具有质量轻、强度高、吸音、绝缘、美观、易于加工、优质纤维含量高等优良物理性能和多种化学成分，因而作为国民经济生产建设的主要生产资料和人民生活不可缺少的生活资料，广泛被应用于建筑、装饰、造纸、家具制造、采矿支护、包装、交通、人造板生产、农村能源和国民经济生产和居民生活的其他方面。中华人民共和国成立后的60年里，累计生产木材22亿立方米，为满足社会物质和文化方面对木材的需求做出了重大的贡献。森林还能生产众多的非木质林产品，主要包括果品、药材、工业原料、花卉竹藤、林化产品等。森林资源的物质生产能力已成为发展循环经济、绿色经济、推进现代化建设不可缺少又难以替代的重要资源。

林业产业是不可替代的基础产业，也是国民经济的重要组成部分。林业对经济发展的直接作用，最明显的表现是林业产业对国民经济三次产业的贡献。改革开放以来，我国林业产业初步形成了比较完整的林业产业体系，成为林产品生产、消费和进出口贸易大国。我国林业产业的总产值增长快速，2005年林业产业总产值为182321亿元，占到了当年国内生产总值的4.64%，第一产业产值为8458.7亿元，第二产业产值为34865亿元，第三产业产值为616.6亿元。现在我国现已跻身世界林产品生产大国，我国人造板、家具还有松香类产品产量均居世界第一位，家具出口居全球第一，松香产品占世界贸易量的50%以上，出口量居世界首位。

（二）森林资源对经济的间接作用

森林对经济做出了直接的经济贡献，同时，森林对国民经济发展的作用还体现在许多的间接作用中：

①森林为大农业物质产品的生产提供了保障和支持。在新经济条件下，大农业依然是国民经济的基础部门之一，与物质经济不同的是，大农业生产的基本要素是生物科学技术。农业生物科学技术离不开阳光、水和土壤等基本的生产条件，森林在保持水土、防风固沙、调节气候、涵养水源等方面具有重要作用，林业是农、牧、副、渔各业生产重要的保障和支持系统。由于部门的分割，在农村和集体林区，林业和农业的管理并不完全一致，实际上将这些地区的林业纳入大农业系统的范畴不仅使林业可以享受国家农业的价格政策，林业对农业的保障和支持作用也可以得到更好的发挥。

②森林也是人类生存、生活和经济发展的维持系统。人类从森林走来，森林孕育了人类，人与森林有最为密切的关系。人类的生活，即使是最现代化的生活方式也离不开以森林为基础的自然生态环境，没有森林就没有人类，也就没有人类的未来，即使到了空间经济时代，地球依然是人类的家，森林依然是人类物质和情感的依托。我们的居室、社区、城镇和乡村最不能缺少的就是绿色和自然的生活环境。生活环境的生态建设是现代经济中房地产、城镇和乡村建设的主流、基本设计和管理指导思想。以创造绿色和维护生态平衡为主要任务的林业在新经济条件下是人类生活环境建设的保障和支持系统。没有林业的社会经济发展是不可持续的。

二、经济发展对林业的发展变化起主导作用

森林和林业一方面是国民经济的重要组成部分，为国民经济的发展做出了巨大的贡献。同时，我们也不可否认，经济的发展对林业的发展变化也起着主导作用。由于林业的本质是人类与森林的关系，那么人类通过各种手段对森林进行的干预就会对林业的发展造成巨大的影响。而在人类干预手段中，经济手段是最重要的手段之一。可以说，经济手段对林业的发展变化起着主导的作用。

经济发展对林业发展变化的主导作用表现在以下几个方面：

①经济的发展对林业的需求转变，将导致林业发展观念的转变。随着经济的发展，人类对木材的需求不再成为最主要的需求，而对林业生态效益的需求则成为社会主导需求。社会经济对林业需求的转变又将直接导致林业发展观念的转变，而林业发展观念的转变又会引起林业发展战略的转变：从以木材生产为主的林业发展战略向以生态建设为主的林业发展战略转变。发展战略的转变意味着林业又将迎来新的发展机遇。

②经济制度也在一定程度上影响着林业的发展状况。由于经济制度的差异会影响政府干预的程度，政府干预的方式不同将直接导致林业发展状况的不同。以德国和日本为例：德国是现代林业发展的先驱，实行的是“社会市场经济体制”。该体制以市场经济的自由

原则与社会平等原则相结合作为理论指导，以私有制为基础，以自由竞争为动力，只在必要时由国家进行干预。德国的联邦基本法规定国家对林业的干预范围是有限的，林业企业的经营活动完全按照市场经济的规定进行，政府对林业企业的经营活动基本不加干涉。而日本实行的是“国家市场经济体制”，相对于欧美等市场经济国家来说，日本政府对经济的干预和调节作用要大得多。日本的营林业和木材加工业比较发达，但采运业没有发展起来。这主要是与日本政府执行的一系列鼓励营林的政策有极大的关系，日本实行的是外向型经济政策，木材加工业的原料主要依靠进口，日本的各项林业政策在经济上都不利于对本国森林资源的采伐生产，因此日本实现了对森林资源的保护。

③经济发展对林业的主要作用集中体现在投资对林业发展的作用上。投资的增加对林业发展的促进作用是毋庸置疑的。研究表明，影响林业发展的主要因素有科技创新和投资。而科技创新又要依靠教育，教育的发展仍然是投资促进的。在林业的其他方面，如林业基础设施建设、林业工程实施、林业产业的发展等方面都离不开投资。

第二节 循环经济基础知识

2015 年 3 月 24 日，中共中央审议通过了《关于加快推进生态文明建设的意见》。该意见指出：“坚持把绿色发展、循环发展、低碳发展作为基本途径。经济社会发展必须建立在资源得到高效循环利用、生态环境受到严格保护的基础上，与生态文明建设相协调，形成节约资源和保护环境的空间格局、产业结构、生产方式”；“发展循环经济，按照减量化、再利用、资源化的原则，加快建立循环型工业、农业、服务业体系，提高全社会资源产出率。完善再生资源回收体系，实行垃圾分类回收，开发利用‘城市矿产’，推进秸秆等农林废弃物以及建筑垃圾、餐厨废弃物资源化利用，发展再制造和再生利用产品，鼓励纺织品、汽车轮胎等废旧物品回收利用。推进煤矸石、矿渣等大宗固体废弃物综合利用。组织开展循环经济示范行动，大力推广循环经济典型模式。推进产业循环式组合，促进生产和生活系统的循环链接，构建覆盖全社会的资源循环利用体系”。

加快发展循环经济是转变经济发展方式、建设生态文明的必然选择，具有重要意义。本章主要介绍循环经济的基础知识。

一、循环经济的概述

（一）循环经济的概念

循环经济的定义有广义和狭义之分。广义的循环经济是指以资源高效利用和环保为基本特征的社会生产和再生产活动；狭义的循环经济一般采用国家发展和改革委员会环境和资源综合利用司提出的定义，是指通过资源的循环利用和节约，实现以最小的资源消耗、最小的污染获取最大的发展效益的经济增长模式。本书循环经济的定义采用的狭义的循环经济概念。

（二）低碳经济的概念

低碳经济是以低能耗、低污染、低排放为基础的经济模式，目的是应对气候变化、解决人类生活、处理企业生产过程中过多排放的温室气体而引发的地球生态圈碳失衡问题，实质是高能源利用效率和清洁能源结构问题，核心是能源技术和减排技术创新，产业结构和制度创新以及人类生存发展观念的根本性转变。低碳经济一词最早出现在 2003 年的英国能源白皮书《我们能源的未来：创建低碳经济》中。

（三）绿色经济的概念

绿色经济是以发展资源节约型和环境友好型经济为主要内容，以资源消耗低、环境污染少、产品附加值高、生产方式集约为特征的一种经济形态。绿色经济由英国经济学家皮尔斯在 1989 年首次提出。

（四）循环经济、低碳经济和绿色经济三者之间的关系

循环经济、低碳经济和绿色经济三者之间存在着重复与交叉的复杂关系，绿色经济是在低碳经济、循环经济的基础之上产生的，具有彼此有机结合并呈包容性增长的发展态势。在经济发展与资源环境矛盾日益突出的情况下，发展绿色经济可实现节能减排、充分利用资源、扩大市场需求、提供新的就业的目的，对保护环境与发展经济有着重要意义。绿色发展方式正是这种包容性增长方式的有力体现，它蕴含了循环经济与低碳经济的多层次的需求。循环经济、低碳经济和绿色经济在发展目标、实施主体与价值取向等方面有相同点，但也有区别。

1. 循环经济、低碳经济和绿色经济的相同点

循环经济、低碳经济和绿色经济三者的终极发展目标都是实现可持续发展，即不断提高人群生活质量和环境承载能力，满足当代人需求又不损害子孙后代的利益，满足一个地区或一个国家人群的需求又不损害别的地区或国家人群的需求。

循环经济、低碳经济和绿色经济都体现出了生态系统和生命系统能够持续的平衡结构，并且都包含了以下的一些基本内容：①生存观。人类首先要保证生存，其次才是发展。发展应当注意扩大生存空间，保证生存基础，改善生存条件，提高生存质量。与此同时，人类应支持和促进本国现代经济的发展能力和物质基础的提高。②协调观。发展的根本点就是经济社会的发展与资源环境保护相协调，核心就是生态与经济相协调。③资源观。发展的核心问题是资源的永续利用，首先必须解决好资源在当代人与后代人之间、各地区各部门和每个人之间的合理配置问题。

2. 循环经济、低碳经济和绿色经济的不同点

①循环经济、低碳经济和绿色经济的实施主体地位不同。循环经济是国家间或经济体系间的行为。循环经济的发展通常是以协同的方式，最终建立起一个循环经济的产业化体系，从而解决可持续发展的资源、环境与经济难题。循环经济强调体系之间的协同合作。

低碳经济是企业与政府间的行为。低碳经济的发展目标通常是以政府行政约束性的方式，确立约束性减排指标和行为规范，企业为完成约束性指标所规定的减排义务而必须以实际的减排行为完成政府所规定的减排义务。低碳经济强调企业等经济实体的执行能力。

绿色经济则是强调人与自然的行为。绿色经济寻求人的发展与自然保护之间的动态平衡，强调人与自然的共生方式。绿色经济既是指具体的一个微观单位经济，又是指一个国家的国民经济，甚至是全球范围的经济。

②“三种经济”的价值取向不同。循环经济是遵循自然生态规律、实行资源循环利用和清洁生产的经济形态。它是以资源的高效利用和循环利用为核心，以“减量化、再利用、资源化”为原则，以低消耗、低排放、高效率为基本特征，并且符合可持续发展理念的经济增长模式，是对“大量生产、大量消费、大量废弃”的传统增长模式的根本变革。

低碳经济是以碳减排为目的，以低碳作为可持续发展的最终目标。以低碳经济、低碳技术、低碳生活为理念，坚持立足长远、脚踏实地、科学高效地开发利用区域资源，打造低碳、绿色、生态的品牌价值，发展以低碳产业为核心，以低碳技术为特色，以低碳能源、低碳交通、低碳建筑和低碳生活为基础，以低碳化能力提升和低碳经济重点示范区项目为支撑的符合发展实际和低碳经济发展理念的低碳经济格局。

绿色经济以一种和谐包容的、可持续的方式发展处理人与自然的关系，强调的是可持续发展的方式，强调发展的“公平”和“包容”。绿色经济注重人与自然和谐相处，把节约文化、环境道德纳入社会运行体系，把资源承载能力、生态环境容量作为经济活动的重要条件，引导公众自觉选择节约环保、低碳排放的消费模式，着力建设资源节约型、环境友好型社会。

总之，传统经济解决着人们物质生活需求的问题，循环经济解决着资源短缺的问题，低碳经济解决着地球变暖的问题，绿色经济解决着环境保护的问题。

（五）循环经济的基本特征

传统经济是“资源—产品—废弃物”的单向直线过程，创造的财富越多，消耗的资源和产生的废弃物就越多，对环境资源的负面影响也就越大。循环经济是一种以资源的高效利用和循环利用为核心，以“减量化、再利用、资源化”为原则，以低消耗、低排放、高效率为基本特征，符合可持续发展理念的经济增长模式。

循环经济是以尽可能小的资源消耗和环境成本，获得尽可能大的经济和社会效益，从而使经济系统与自然生态系统的物质循环过程相互和谐，进而促进资源的永续利用。因此，循环经济是对“大量生产、大量消费、大量废弃”的传统经济模式的根本改变。其基本特

征是：在资源开采环节，要大力提高资源综合开发和回收利用率；在资源消耗环节，要大力提高资源利用效率；在废弃物产生环节，要大力开展资源综合利用；在再生资源产生环节，要大力回收和循环利用各种废旧资源；在社会消费环节，要大力提倡绿色消费。

（六）循环经济的基本原则

循环经济基本原则为“3R 原则”（即减量化原则 Reduce、再利用原则 Reuse 和资源化原则 Recycle）。

1. 减量化原则（Reduce）

减量化原则，是减少进入生产和消费流程的物质量。要求用较少的原料和能源投入来达到既定的生产目的或消费目的，特别是控制使用有毒物质，如减少单位产品的原料使用量、纠正过度包装、减少对物品的过度需求，从而减少自然资源的压力、减少废物处理的压力以及降低垃圾的产生量。在生产中，减量化原则常常表现为要求产品小型化和轻型化，而在产品的包装上则应该追求简单朴实而不是奢华浪费，从而达到减少废物排放的目的。

2. 再利用原则（Reuse）

再利用原则，又称为再利用和重复利用原则。要求产品和包装容器能够以初始的形式被反复使用，目的是延长产品和服务的时间强度。再利用原则还要求制造商应尽量延长产品的使用期，而不是非常快地更新换代。

3. 资源化原则（Recycle）

资源化原则，又称为再循环原则。资源化原则要求通过把废物再次变成资源以减少最终处理量，以最大限度地利用资源，要求生产出来的物品在完成其使用功能后能重新变成可以利用的资源，而不是不可恢复的垃圾。资源化的方式有两种：①将消费者遗弃的废物经资源化后制成与原来相同的新产品（如废塑料制品制成塑料制品、废报纸制成报纸、废铝罐制成铝罐等），这是最理想的方式；②将废物作为原料之一，来生产其他类型的新产品。例如，将废金属、废木材、废玻璃等作为添加物生产出其他产品，电厂粉煤灰用于生产建材产品等。

二、循环经济的科学基础

循环经济的科学基础为自然科学基础、生态学基础和经济学基础。

（一）自然科学基础

1. 热力学第一定律

热力学第一定律即能量守恒定律，描述了过程状态变化所遵循的物质和能量守恒。对于任何一个循环经济系统而言，必须遵守物质守恒和能量守恒定律。

2. 热力学第二定律

描述过程变化方向所遵循的规律，即封闭系统总是自发地朝着使系统熵增加的方向发展。循环经济系统就是要使原本被弃置的处于高熵状态的物质，重新转变到低熵状态来加以利用，这一过程的实现必须要付出成本——负熵流。

3. 耗散结构与自组织

某些远离平衡状态且包含多基元多层次的开放化学系统，能通过耗散运动（与外界进行物质、能量、信息的交换运动），在系统内部涨落（局部的起伏偏差）的触发下，自组织地形成某种动态稳定的时空上有序的结构，称之为耗散结构。协同学从研究对象到方法都与耗散结构相似，耗散结构理论和协同学一并被称为自组织理论。所谓自组织现象，是指自然界中自发形成的宏观有序现象。耗散系统中局部的微小事件，其效应是通过某些复杂的非线性机制的不断放大，促使系统自组织产生新的有序结构和新的功能。相对于线性经济系统而言，循环经济思想的产生、循环经济的相关活动（政策激励 / 约束、试点、科研）的尝试等都属于局部微小事件，属于系统的“涨落”，而且这种“涨落”极有可能被放大，使线性系统转变成循环经济系统这样一个新的有序结构。

4. 爱因斯坦的质能关系

$E=mc^2$，它揭示了负熵流这一本质，将质量与能量有机地联系起来，物质因而可被看作高密度的能量。在人类的可控核聚变技术最终成熟前，太阳内部的核聚变能量是循环经济系统赖以存在的负熵流的主要来源。

（二）生态学基础

生态学是研究生物与其环境之间相互关系的一门科学，它最基本的任务就是研究、认识生物与其环境所形成的结构以及这种结构所表现出的功能关系的规律。

在生态系统中，通过食物链实现能量流动、物质循环和信息传递来进行资源循环。食物链上每一个环节代表着一个营养级，位于同一营养级上的生物通过相同途径，从前一营养级的生物获得食物和能量，营养级的产量逐级递减。物质循环包括水循环、气体循环和沉淀循环。从物质循环，特别是从 C、N 等生物体中大量元素循环中，可看到生态系统中的生产者、消费者和分解者三大功能群的作用和相互关系。在一个自我维持的生态系统中，至少要有生产者和分解者这两个成分。

（三）经济学基础

经济学是一门研究如何将有限资源进行合理配置的社会科学，是研究人类社会在各个发展阶段上的各种经济活动和各种相应的经济关系及其运行、发展规律的科学。与循环经济相关的经济学分支包括环境经济学、资源经济学和生态经济学。

1. 环境经济学

环境经济学是研究如何运用环境科学和经济科学的原理和方法，分析经济发展与环境保护的矛盾，以及经济再生产和自然再生产两者之间的关系，选择经济的、自然能承受的物质变换方式，以便用最小的社会和环境代价实现经济社会持续发展，并为人类创造清洁、舒适、优美的生活和工作环境的新兴学科。环境经济学既是环境科学的一个分支，也是经济科学的一个分支，是环境学和经济学发展到一定阶段相互交叉的产物，是用经济学的理论和方法研究人类—环境系统的发生和发展、调节和控制、改造和利用的综合学科。

2. 资源经济学

资源经济学是指自然资源利用经济学或称为环境保护与自然资源经济学。其核心论点是，社会经济再生产过程与自然资源再生产过程紧密相连，社会经济再生产过程以自然资源再生产过程为前提，而自然资源再生产过程的变化又取决于社会经济再生产的方式、结构和规模。因此，资源经济学是研究自然资源与社会经济相互关系及其发展变化规律的学科。它与污染经济学、生态经济学等学科相互交叉，是介于环境科学、经济科学和技术科学之间的边缘学科，是环境经济学的重要组成部分。其研究的内容：①有关基础理论，包括自然资源的分类及其在经济发展中的地位和作用。②自然资源稀缺的经济策略与缓和途径。③主要自然资源如能源、水资源、土地资源、森林资源等的合理开发利用和管理及经济政策问题等。

3. 生态经济学

生态经济学是生态学与经济学交叉发展起来的一门新兴边缘学科。生态经济学的目的是，根据生态学和经济学的原理，从生态规律和经济规律的结合来研究人类经济活动与自然生态环境的关系。具体地说，它是研究使社会物质资料生产得以进行的经济系统和自然界的生态系统之间的对立统一关系的学科，是既从生态学的角度研究经济活动的影响，又从经济学的角度研究生态系统和经济系统相结合形成的更高层次的复杂系统，即生态经济系统的结构、功能及其规律的学科。生态经济学研究的主要问题有：探讨人类社会经济与地球生物圈的关系，包括人口过剩、粮食匮乏、能源短缺、自然资源耗竭和环境污染；研究自然生态系统的维持能力与国民经济的关系，为制定符合生态经济规律的社会经济综合发展战略提供科学依据；研究森林、草原、农业、水域和城市等各主要生态经济系统的结构、功能和综合效益问题；研究基本经济实体同生态环境的相互作用的问题。生态经济学的形成和发展体现了当代自然科学和社会科学走向综合统一科学体系的大趋势。

三、循环经济的组织结构

循环经济的组织结构分为企业、生产基地等经济实体内部的小循环，产业集中区域内企业之间、产业之间的中循环，生产、生活领域的整个社会的大循环三个循环组织机构。

（一）企业层面小循环

以企业内部的物质循环为基础，构筑企业、生产基地等经济实体内部的小循环。企业、生产基地等经济实体是经济发展的微观主体，是经济活动的最小细胞。依靠科技进步，充分发挥企业的能动性和创造性，以提高资源能源的利用效率、减少废物排放为主要目的，构建循环经济微观建设体系。

（二）区域层面——中循环

以产业集中区内的物质循环为载体，构筑企业之间、产业之间、生产区域之间的中循环，主要表现为生态园区。以生态产业园区在一定地域范围内的推广和应用为主要形式，通过产业的合理组织，在产业的纵向、横向上建立企业间能源流、物质流的集成和资源的循环利用，重点在废物交换、资源综合利用，以实现园区内生产的污染物低排放甚至“零排放”，形成循环型产业集群或者循环经济园区，实现资源在不同企业之间和不同产业之间的充分利用，建立以二次资源的再利用和再循环为重要组成部分的循环经济产业体系。

（三）社会层面——大循环

以整个社会的物质循环为着眼点，构筑包括生产、生活领域的整个社会的大循环。统筹城乡发展、生产生活，通过建立城镇之间、城乡之间、人类社会与自然环境之间的循环经济圈，在整个社会内部建立生产与消费的物质能量大循环，包括了生产、消费和回收利用，构筑符合循环经济的社会体系，建设资源节约型、环境友好型的社会，实现经济效益、社会效益和生态效益的最大化。

四、循环经济的运行机制实现条件

循环经济系统是一个由绿色企业（群）、绿色技术和绿色环境构成的复杂系统。循环经济系统中企业与技术、环境的协同机制、生态位机理和以系统集成的功能经济导向，推动着循环经济系统的演化发展。从宏观上看，产业生态链是推行循环经济的必要条件，市场价格链是推行循环经济的控制条件，政府导向链是推行循环经济的主导条件，绿色消费链是推行循环经济的充分条件。从生态工业园尺度看，责任感、社会规制、经济效益和技术可行性等是其发展的动力驱动机制。此外，有学者从循环型产业的产业特性、结构特性、资源特性等方面分析了产业链构成的可能性，进而探讨其实现形式和发展途径。也有学者从绿色供应链角度探讨了在循环经济模式下物质流、能量流、价值流、信息流的运行过程与系统集成。

五、循环经济运行模式研究

国内学者通过研究提出了如下循环经济发展模式：

①“3+1”模式。其认为我国的循环经济发展模式不仅包括小循环、中循环、大循环三种基本模式，还包括废物处置和再生产业发展模式。

②“5+1”模式。循环经济体现在经济活动的所有层面上，并分别通过运用3R原则实现物质的闭环流动，因此在我国目前应为“5+1”模式，即微循环、小循环、中循环、大循环、超大循环、废物处理和再生产业。

③ C模式。构建城市循环经济发展模式，要考虑城市的自然、经济、社会发展状况和所处的特殊地位，也要慎重、科学地分析城市的发展趋势，由此提出了适合我国循环经济发展的C模式。

④“点、线、面”模式。山东在发展循环经济方面创建了独具特色的“点、线、面”模式，即建立企业“点”上的小循环，打造行业“线”上的中循环，构建以“点”“线”为支撑，以社会区域为单元的“面”上的大循环。

⑤江苏循环经济发展模式。江苏省发展实践提出了七种模式：工业生态整合模式、清洁生产模式、产业间多级生态链联结模式、生态农业园模式、家庭型循环经济模式、可再生资源利用为核心的区域循环经济模式和商业化回收模式。

总体看来，我国对于循环经济发展模式的分析还不够深入，尤其是我国实行循环经济的时间相对较短，还难以分析模式推行与发展的不同阶段，以及循环经济实施的效果。在城市和大区域层面上构建循环经济模式是一种新的尝试，需要在实践中不断地完善。

循环经济由一种理念上升为国家战略行动，在不同地区、不同行业的实践中取得了极为显著的成效。2005年国务院颁布了《关于加快发展循环经济的若干意见》，把发展循环经济作为建设资源节约型和环境友好型社会的重要手段。2006年开始，国家在省市、园区、重点行业、重点领域开展了两批国家循环经济示范试点，总结和凝练了60个可复制、可推广的循环经济典型模式案例。有关部门先后开展了资源综合利用、园区循环化改造、城市矿产示范基地建设、再制造产业化、大宗固废综合利用、再生资源回收体系建设、餐厨废弃物资源化利用、水泥窑协同处置生活垃圾、工业产品生态设计及循环经济示范市县等试点。通过示范试点，循环经济理念广泛传播，技术装备水平显著提高，政策机制不断完善，商业模式不断创新，引领各行业、各领域、各个层面循环经济向纵深发展，如推进企业间、相关产业间共生耦合，企业循环式生产，园区循环式发展，产业循环式组合，使资源得到循环高效利用，努力实现资源消耗最小化，环境风险最低化，经济效益最大化。2014年11月、2015年5月，国家发展改革委、环境保护部（现为生态环境部，下同）、科学技术部、工业和信息化部、财政部、商务部、国家统计局共同组织开展了国家循环经济试点示范单位的验收工作，分别公布了通过验收的单位名单。

资源循环利用产业体系初步形成。主要由工业资源综合利用产业、农林废弃物资源化利用产业、资源再生利用与再制造产业、垃圾资源化产业、水循环利用产业构成。这五大产业构成了资源循环利用产业体系的主体，技术、装备、管理水平不断提升，服务能力明显增强，产业规模不断扩大。

六、中国林业循环经济研究历程

循环经济思想于 1993 年开始引入中国。而我国林业领域的专家学者开始关注循环经济始于 2003 年，2003—2005 年为介绍和阐释循环经济理论。2003 年张小军发表了《循环经济的立法思考》，论述了循环经济的内涵及立法概况，并针对循环经济立法与新型工业化道路，循环型社会及西部大开发提出了立法建议；2003 年，张福明、张向春、张德玉等在《内蒙古林业》上发表了《循环经济浅谈》，介绍了循环经济的基本概念；2004 年，林青等发表了《循环经济制度理论的研究》；2004 年，曹林祥、俞蓉等发表了《蚕桑业运用循环经济发展模式的设想》；2004 年，王树东发表了《浅析竹业发展与打造竹产业循环经济》；2005 年，刘超发表《循环经济与林业可持续发展研究》；2005 年，李尔彬、孙延华发表了《发展循环经济构建循环型国有林区》；南京林业大学陈琳、周定国发表了《循环经济与木材工业研究》等论文。这些研究主要是引入循环经济理论，尝试指导林业循环经济实践。

随着 2005 年 7 月国务院颁布的《国务院关于加快发展循环经济的若干意见》（国发〔2005〕22 号）的实施，林业循环经济研究和实践进入了一个新阶段。2006 年张颖、吴志文在《循环经济与绿色核算》一书中，详细论述了循环经济的基础知识、循环经济的国际实践，我国的资源、环境形势，循环经济管理模式和机制，循环经济与绿色核算以及二者的保障体系。在此基础上，总结了北京、四川广元、安徽霍山、海南和大兴安岭的循环经济、工业循环经济、林业循环经济和开展森林绿色核算、创新的实践情况，对有关问题进行了探讨，提出了进一步开展循环经济和绿色核算的建议。

关于林业循环经济的研究主要集中在 3 个方面：林业循环经济基本概念、发展模式的理论研究，林业循环经济发展政策研究和林业循环经济评价研究。

（一）林业循环经济基本概念、发展模式的理论研究

2005 年国家林业局全国木材行业管理办公室和中国林业科学研究院木材工业研究所成立了“森林工业如何走循环经济之路”项目组，承担国家发改委重点研究项目“循环经济：模式分析与对策研究”课题“产业篇”专题的子专题“森林工业如何走循环经济之路”的研究，2005 年 8 月项目组完成了《循环型森林工业：模式分析与对策研究》研究报告，提出了循环型森林工业模式和发展循环型森林工业的对策建议；2006 年，殷延青等介绍了循环型林产工业的定义及其产业链，探讨了林产工业资源培育业、森林采伐业和林产品加工业的循环经济发展模式，旨在为构建我国林产工业循环经济发展体系提供理论指导。

2011 年，张金环在其博士论文《产业层面循环林业模式研究》中，将林业作为一个整体，基于林业产业层面研究了循环林业发展模式，根据循环林业的属性要求重构林业产业链，主要是从林业产业分类入手，将产业层面循环林业模式划分为四个分循环模式，包括林业第一、第二、第三产业各自的自循环模式和林业第一、第二、第三产业之间及其与林业外

产业间的循环模式，为我国发展循环林业开辟了新的思路；2013 年，在周杰、周宏大所著的《中国产业循环经济》中，提出了林业产业循环经济的含义和发展的必要性，总结了林业产业循环经济模式，包括林—农间作模式、林—草间作模式、林—草牧复合经营模式、林 + 蔬菜经营模式、林参间作模式、水源涵养林模式、林浆纸一体化发展模式、利用林区砍伐剩余物与制材废弃物制浆造纸模式、木材业的循环经济发展模式、利用林业生态资源发展旅游业的模式、建设森林城市的模式等；2014 年，张珑晶等开展了黑龙江省林业循环经济发展区划与模式构建，提出了黑龙江省发展林业循环经济的区划，构建了发展模式。

早期一些研究多是从森林工业、林业产业、林业区域等不同角度研究林业循环经济发展的模式和概念问题，将循环经济的基本原理应用于林业产业链的某一环节，没有将林业作为一大系统来进行研究，为林业循环经济实践提供了一定的理论指导，但对林业循环经济内涵、林业和林区整体循环经济发展模式的研究还不够深入。

（二）林业循环经济发展政策研究

林业专家学者开展了全国、区域和行业林业循环经济发展政策研究。如王健康等开展了湖南省林业循环经济发展战略构架与实施策略研究，详细地分析了林业循环经济的基本内涵和意义，湖南省发展林业循环经济的重要意义，提出了湖南省林业循环经济发展战略构架与实施策略建议；相关专家运用 SWOT 分析法，对广西贺州市发展林业循环经济的内部优势、劣势及外部环境的机遇、威胁进行了深入分析，并提出了贺州市林业循环经济的战略选择和发展方向。

在行业循环经济发展政策方面，不少学者进行了探索研究。如熊满珍等对中国木材工业发展循环经济的问题及对策进行了分析研究；相关专家在分析循环经济理论与绿色制造理念的基础上，总结了世界与中国林业装备制造业发展新动态，提出了面向循环经济的林业装备绿色制造模式。

2010 年，在韩涛主编的《现代农业与循环经济技术篇》中，论述了木质废弃物的循环利用技术、造纸行业的循环发展模式、林木造纸行业的循环发展模式、林木造纸行业的循环利用范例等林业循环利用技术。

（三）林业循环经济评价研究

科学规范的林业循环经济发展评价模式对于合理监测与预测林业循环经济的发展具有极为重要的意义，能够为我国未来的林业发展规划提供充足的决策依据。国内学者对林业循环经济发展评价进行了不少的研究，构建了区域林业循环经济发展的评价指标体系，并进行了实证研究。2010 年，徐寅杰进行了林业产业循环经济指标体系的构建与量化研究；2009 年，乔瑞中等研究了区域循环经济发展水平的评价方法；2009 年，张晓梅、张珑晶等开展了黑龙江省林业循环经济发展水平评价研究，提出了黑龙江省林业循环经济发展建议；2013—2014 年，张珑晶、张晓梅等开展了东北国有林区林业循环经济发展水平评价研究，基于东北国有林区循环经济发展现状，遵循指标体系构建原则，综合考虑了循环经济系统中的投入产出要素，构建了林业循环效率评价指标体系，对林业循环经济发展进行了研究，针对不同地区的林业发展情况进行了区划，并分别提出了对应的构建模式；2014年，谷鹏等根据循环经济的基本原则和云南省林业循环经济发展的现状，建立了云南省林业循环经济发展水平评价指标体系，获得了云南省林业循环经济发展水平评价结果。

（四）林业循环经济研究发展趋势

林业循环经济是国家循环经济工作的重要组成部分，是林业可持续发展和转型升级的重要内容。但林业循环经济理论研究略显滞后，对林业循环经济的片面认识如“林业循环经济就是林业废弃物利用”“林业循环经济就是中国生态林业，是重复多余的概念”等普遍存在，对林业循环经济的内涵、林业循环经济系统理论、政策及发展战略的研究、林业循环经济发展模式构建与总结等都有待进一步深化。

综上所述，循环经济是对大量生产、大量消费、大量废弃的传统粗放型发展方式的根本变革；是实现资源永续利用，确保我国资源战略安全的重要保障；是从源头预防环境污染，有效化解环境风险的有效途径；是推动绿色转型发展，建设生态文明，实现全面建成小康社会目标的必然选择。

第三节　林业循环经济产业体系及其发展重点

一、循环经济与林业循环经济的定义

（一）循环经济的定义

循环经济是一种以资源的高效利用和循环利用为核心，以“减量化、再利用、资源化”为原则，以低消耗、低排放、高效率为基本特征，符合可持续发展理念的经济增长模式，是对“大量生产、大量消费、大量废弃”的传统增长模式的根本变革。

这一定义不仅指出了循环经济的核心、原则和特征，同时也指出循环经济是符合可持续发展理念的经济增长模式的，对解决中国资源对经济发展的瓶颈制约具有迫切的现实意义。

（二）林业循环经济的定义

根据循环经济的定义，结合林业横跨三大产业的特点，对林业循环经济进行了定义。

林业循环经济是一种以林业资源的高效利用和循环利用为核心，以“减量化、再利用、资源化”为原则，以低消耗、低排放、高效率为基本特征，通过优化林业产业由生产至消

费的整个产业链结构，实现林业资源的多级循环利用和生产性活动对环境造成的危害最小的一种林业经济发展模式。

林业循环经济的实质就是要发展环境友好型林业，充分、合理利用自然资源和环境容量，实现林业生产、流通、消费过程的减量化、再利用和资源化，在保护生态环境的同时兼顾经济效益，实现生态林业和民生林业的协调平衡发展。这就要求林业产业与其他类型工业产业共同形成基于全社会的大循环，使林业产业及其相关产业的经济活动形成“资源—产品—再生资源”的闭路循环，所有投入的原材料和资源在这个不断进行的循环回路中都能得到最合理的利用，进而使得整个林业产业链的活动对自然环境的危害减少到最低程度，同时也可以获得最大的经济效益。

二、发展林业循环经济的必要性

党中央和国务院高度重视循环经济发展。2012 年 11 月中共十八大报告中指出，“大力推进生态文明建设，坚持节约资源和保护环境的基本国策，坚持节约优先、保护优先、自然恢复为主的方针，着力推进绿色发展、循环发展、低碳发展”。2013 年 1 月 23 日国务院颁布了《循环经济发展战略及近期行动计划》。2015 年 4 月 25 日发布的中共中央国务院《关于加快推进生态文明建设的意见》中明确提出：“发展循环经济。按照减量化、再利用、资源化的原则，加快建立循环型工业、农业、服务业体系，提高全社会资源产出率。完善再生资源回收体系，实行垃圾分类回收，开发利用‘城市矿产’，推进秸秆等农林废弃物以及建筑垃圾、餐厨废弃物资源化利用。组织开展循环经济示范行动，大力推广循环经济典型模式。推进产业循环式组合，促进生产和生活系统的循环链接，构建覆盖全社会的资源循环利用体系。”

2015 年 5 月 8 日国务院印发了《中国制造 2025》，并部署全面推进实施制造强国战略，其中在“指导思想”中强调“绿色发展。坚持把可持续发展作为建设制造强国的重要着力点，加强节能环保技术、工艺、装备推广应用，全面推行清洁生产。发展循环经济，提高资源回收利用效率，构建绿色制造体系，走生态文明的发展道路”。在战略任务和重点中，一项重点任务为“（五）全面推行绿色制造”，要求“加大先进节能环保技术、工艺和装备的研发力度，加快制造业绿色改造升级；积极推行低碳化、循环化和集约化，提高制造业资源利用效率；强化产品全生命周期绿色管理，努力构建高效、清洁、低碳、循环的绿色制造体系”，实施“绿色制造工程”，“加快制造业绿色改造升级，推进资源高效循环利用，积极构建绿色制造体系”。林产工业作为中国制造业的重要组成部分，应认真落实该规划，必须紧紧抓住当前难得的战略机遇，全面推进并实施制造强国的战略，突出创新驱动，优化政策环境，发挥制度优势，实现由中国制造向中国创造转变、中国速度向中国质量转变、中国产品向中国品牌转变。林产工业转型发展与循环经济密切相关。

2015 年 10 月 30 日党的十八届五中全会通过的《中共中央关于制定国民经济和社会

发展第十三个五年规划的建议》提出了创新、协调、绿色、开放、共享的发展新理念，并指出要“坚持绿色发展，必须坚持节约资源和保护环境的基本国策，坚持可持续发展，坚定走生产发展、生活富裕、生态良好的文明发展道路，加快建设资源节约型、环境友好型社会”，“促进人与自然和谐共生，构建科学合理的城市化格局、农业发展格局、生态安全格局、自然岸线格局，推动建立绿色低碳循环发展产业体系”，为新时期循环经济发展提出了新要求。同时，习近平总书记多次强调，要像保护眼睛一样保护生态环境，像对待生命一样对待生态环境。我们要坚定不移地贯彻落实党的十八届五中全会和习近平总书记重要讲话精神，把建设林业循环经济放在大力推进林业现代化、加快转变林业发展方式的突出位置，进一步增强紧迫感、责任感，推动现代林业走上可持续发展之路。

循环经济是一个系统工程，其实施具有高度的综合性，它必须涵盖工业、农业、林业、消费等各类社会活动，其中，林业循环经济对促进中国循环经济发展起着不可替代的作用。近年来，我国现代林业建设加快推进，取得了巨大成就，但林业生态环境建设和林业发展，特别是生态安全和木材安全保障的压力越来越大，林业发展已经到了必须加快转变发展方式，更加注重合理利用资源、更加注重保护生态环境、更加注重推进可持续发展的历史新阶段，发展林业循环经济、发展林业绿色产业意义重大、势在必行。

（一）以保护生态环境和应对全球气候变化为目标

根据2014年公布的国家第八次森林资源清查结果，中国森林面积为2.08亿公顷，占世界总面积的3.9%，列居第五位，森林覆盖率达21.63%。中国人均森林面积居世界第119位，森林总蓄积量占世界第6位，森林总蓄积量为151.37亿立方米，占世界的2.55%。中国森林平均公顷蓄积量水平低于世界平均水平。中国森林每公顷平均蓄积量为96立方米，世界森林平均每公顷蓄积量为114立方米。中国人均森林蓄积量是世界最低的国家之一。世界人均拥有森林蓄积量为71.8立方米，而中国人均森林蓄积量仅为8.6立方米。中国森林资源少，我国森林资源总量不足，森林覆盖率只占世界平均水平的61.5%，人均森林面积和蓄积只占世界人均水平的22.00%和14.58%；林地流失严重，每年林地变为非林地面积高达202万公顷，其中有林地转为非林地面积达74万公顷；木材供应紧张，森林过量采伐仍然突出，全国年均超额采伐达7554万公顷。森林经营水平普遍不高，森林质量低下的状况尚未根本改变。目前，我国造林绿化难度加大，60%以上的宜林地集中在“三北”、南方石漠化及干热河谷等地区，使得造林难、巩固难。我国还有10亿中幼林和低产林亟待抚育与改造。

为应对全球气候变化，2009年9月22日胡锦涛总书记在联合国气候变化峰会开幕式上提出了“到2020年我国森林面积比2005年增加4000万公顷、森林蓄积量增加13亿立方米”的目标。为实现这个目标，必须确保森林面积和森林蓄积同步增长。

木材资源已经成为我国重要的战略性资源。我国是世界上人口最多的国家之一，也是经济发展最快的国家之一，对木材的需求量十分巨大，供需矛盾相当突出，国内木材结构性资源短缺日显突出。我国已成为木材消耗大国，2001 年全国木材消耗量为 1.83 亿立方米，2005 年为 3.82 亿立方米，2009 年为 4.22 亿立方米，2010 年为 4.32 亿立方米，2013 年为 5.22 亿立方米，2014 年为 5.39 亿立方米。国家林业局决定于 2017 年全面停止天然林采伐，届时每年将减少商品木材达 5000 万立方米，占 2014 年我国商品木材产量（8233 万立方米）的 61%，对中国木材供应安全提出了新的挑战。

以保护生态环境和应对全球气候变化为目标，必须加快转变林业发展方式，发展林业循环经济，不断增加可利用资源和提高资源利用率，满足经济社会发展和人民生活水平提高对森林资源的需求。

（二）以推进林业剩余物循环利用为目标

林业剩余物（废弃物）是指林业生产和加工过程中产生的剩余物或垃圾，包括林木采伐和造材剩余物、木材加工剩余物、竹材采伐和加工剩余物、森林抚育与间伐剩余物、城市园林绿化废弃物、经济林修剪废弃物、废弃木质材料等 7 大类。经测算，2014 年全国林业剩余物总量为 4.54 亿吨。其中林木采伐和造材剩余物为 5201.72 万吨，木材加工剩余物为 2259.34 万吨，森林抚育与间伐剩余物为 8336.83 万吨，竹材采伐和加工剩余物为 6005.87 万吨，城市园林绿化废弃物为 2427.21 万吨，经济林修剪废弃物为 14174.00 万吨，废弃木质材料为 7000 万吨。

充分利用林业剩余物发展以人造板为主要产品的林产工业是发展林业循环经济、实现综合利用、解决木材供应安全的重要举措。

我国已成为世界木材及其产品生产、消费和进出口的大国。2010 年以来，我国人造板、木地板和木家具年产量连续 4 年位列世界第一，锯材、人造板、木家具和木地板增长迅速。根据国家林业局《2015 年林业发展报告》统计数据，2014 年我国商品木材产量为 8233 万立方米，锯材产量为 6836 万立方米。人造板产量为 2.73 亿立方米，其中胶合板产量为 1.50 亿立方米，纤维板产量为 6462 万立方米，刨花板产量为 2088 万立方米，其他人造板产量为 3852 万立方米。木竹地板为 7.6 亿平方米，其中实木地板为 1.5 亿平方米，实木复合地板为 2.43 亿平方米，强化木地板为 2.47 亿平方米，竹地板为 1.03 亿平方米，其他地板（软木地板、集成材地板等）为 0.18 亿平方米。

我国木材资源高效利用和综合利用的水平较低，废弃木材回收与循环利用有所进展。我国的森林采伐利用率为 61%，而发达国家的木材综合利用率都在 85% 以上；我国的废纸回收率从 2002 年的 30.9% 提高到了 2012 年的 44.5%，2013 年为 45.5%，2014 年继续提高到了 48.1%，达到了历史最高水平。而 2011 年，日本的废纸回收率为 78%、南非为 60%、澳大利亚为 77%、加拿大为 73%，我国废弃木材回收和循环利用率很低。按现有生产规模和加工能力推算，森林采伐利用率和木材综合利用率提高 1 个百分点，相当于增加木材供给 100 万立方米和 40 万立方米；我国全国城镇每年垃圾产量 60 亿吨，其中 1% 为废弃的木材，如果对其进行回收利用，相当于增加木材供应 8500 万立方米，废弃木材的回收利用潜力巨大。

同时，城市园林绿地废弃物未得到充分有效的利用。园林绿化废弃物是指在城市绿化美化进程中所产生的枯枝、落叶、草屑、花败及其他绿化修剪物等。长期以来，由于园林绿化废弃物大部分随生活垃圾填埋，造成了垃圾的处理难度，同时也浪费了大量有机资源。据2009年北京市园林绿化局调研显示，北京市园林绿地废弃物可利用资源总量约为400万吨，其中城八区约为100万吨，远郊区县约为300万吨。这个数字还会以每年5万吨的速度增长。目前，北京市消纳园林废弃物的途径主要是填埋、焚烧、资源化处理。北京市明令禁止焚烧，目前资源化处理仅占10%，与生活垃圾一起被运往垃圾填埋场填埋（或郊外随意丢弃）的占80%以上。据测算，全国300个地级市的城市园林废弃物数量极其可观，达0.24亿吨，已成为城市发展中一个亟须解决的重要问题。

以推进林业剩余物循环利用为目标，发展林业循环经济，扩大林业剩余物、废弃林产品、城市园林绿地废弃物的综合利用和循环利用，扩大林产工业、生物质材料、生物质能源、林业生物产业的原材料来源，减少废弃物污染，减少森林资源的采伐，从而保护森林，保持森林生态环境、保障国家生态安全，也能缓解森林资源与环境之间的矛盾，促进林业可持续发展。

（三）以减量化、无害化为目标

以减量化、无害化为目标，推进林业生产节约降耗，引导林业投入品的合理利用，推进科学造林和合理经营森林，大力推广林业生物防治技术、环保性的木材工业生产技术，减少林木病虫害防治、木材化学处理使用的农药与化学药剂用量；促进林业机械及其设施节能减排，鼓励林业企业生产使用生物质能、太阳能、风能等可再生能源，对实现林业节能减排意义重大。推行清洁生产，建立生态工业园区，实现林产工业资源减量化，实现节能减排，从根本解决了林产工业、造纸工业的环境污染防治问题，减少了生态破坏的压力，为我国林业制造业高速增长提供了充足的森林工业产品物质保证和良好的生态环境支持，为产业转型升级也带来了机遇，将传统林产业工业“高消耗、高废弃、低利用”的生产模式转变为了“低消耗、低废弃、高利用”的生产模式，对保护环境产生了重大的意义。

（四）以林地资源高效利用和循环利用为目标

林地是森林生产和再生产的土地资源，是林业生产最基本的生产资料，是森林资源的重要组成部分，又是森林资源经济活动得以进行的基本条件，是不可缺少和不可再生的生产要素。根据《第八次全国森林资源清查》主要结果统计，全国森林面积为2.08亿公顷，森林面积和森林蓄积分别位居世界第5位和第6位。但我国林地生产力低，森林每公顷蓄积量只有世界平均水平（131立方米）的69%，人工林每公顷蓄积量只有52.76立方米，与世界发达国家的蓄积量差距大。此外，还有大量的林地资源未得到充分利用，需要加大力度开发利用。

林下经济是以循环经济理论为指导，以林地资源和森林生态环境为依托，充分利用林下土地资源从事林下种植、养殖等立体复合生产经营，发展林下种植业、养殖业、采集业和森林旅游业，从而使农、林、牧各业实现资源共享、优势互补、循环相生、协调发展的循环型林业经济模式。林下经济是在集体林权制度改革后，在林业生产领域涌现的新生事物，已成为农村经济新的增长点和农民增收致富的一条新路子。

林下经济是对林地资源节约利用和综合高效利用的重要形式。发展林下经济，提高林地的综合产出效率，对缩短林业经济周期、发展绿色产业、增加林业附加值、促进林业可持续发展、提高林农收入、发展循环经济以及巩固生态建设成果，都具有重要意义。

（五）发展林业循环经济

随着我国国民经济的快速增长，木材需求大幅上升，林业产业呈现出高速发展势头，而目前我国林业产业结构和规模不合理，具体表现为：①在现有林业产业中，林木培育业特别是速生丰产人工林建设难以满足林产品加工和社会对林产品的需求，产业比重较小，林产工业企业竞争力不强；废弃林产品回收体系、信息和技术服务领域等与循环经济相关的第三产业刚刚起步，尚未形成规模。②产业发展不平衡，林业产业初级产品多，二次加工和终端产品少。③人造板、木地板、林产化工部分产品产能相对过剩，产品同质化现象严重。④与发达国家相比，我国林产工业企业管理水平和产品质量有待提高，技术和装备落后，原料的高效利用度不高。

发展林业循环经济，应在产业规模上进行资源整合和优化配置，加强技术研发和科技创新，淘汰一批规模小，物耗、能耗高、环保不达标的企业；去产能，通过重组与联合，形成高效企业联合体；改变过去由单一的林业产业结构，在保护好天然林资源的同时，合理地利用好人工林和其他森林资源，形成新的产业链。同时应延伸产业链，应重点加强废弃产品回收，加强对信息和技术服务领域的经济增长点的培育，这样就可以扩大就业领域，增加就业人数。

三、林业循环经济产业体系

党的十八届五中全会提出了创新、协调、绿色、开放、共享的发展新理念，要求“推动建立绿色低碳循环发展产业体系”。结合林业横跨三大产业的特点，中国林业循环经济产业就是要构建循环型林业种植业体系、循环型林产工业体系、循环型林业服务业体系等三大林业循环经济发展产业体系。

（一）构建循环型林业种植业体系

在林业种植业领域加快推动资源利用节约化、生产过程清洁化、产业链接循环化、废物处理资源化，形成循环型林业生产方式；推进林业现代化，改善林业生态环境，提高林业综合效益，促进林业转变发展方式。

推进林地资源集约节约利用，发展林下经济。充分利用林地资源，充分发掘林地的土、光、热等资源的利用潜力，提高林地的综合产出效率，推广林上、林下立体开发产业模式，发展林下经济。利用荒山、荒坡、盐碱地等发展能源林业。推进林业生产节约降耗，引导林业投入品的合理利用，推进科学造林和合理森林经营，大力推广林业生物防治技术，减少林木病虫害防治使用的农药用量。

（二）构建循环型林产工业体系

在木材加工、造纸、林产化工等工业领域全面推行循环型生产方式，实施清洁生产，促进源头减量；推进企业间、行业间、产业间共生耦合，形成循环链接的产业体系；鼓励产业集聚发展，实施园区循环化改造，实现能源梯级利用、水资源循环利用、废物交换利用、土地节约集约利用，促进企业循环式生产、园区循环式发展、产业循环式组合，构建循环型林产工业体系。

大力推广环保性的木材防腐防虫、木材改性、木材漂白和染色技术，减少林木病虫害防治、木材化学处理使用的化学药剂用量；促进林业机械及其设施节能减排。大力发展节能林业机械技术，推动木材、竹材加工设备节能改造，特别是木材干燥设备节能的技术推广，加快淘汰高耗能的落后工艺、技术和设备，鼓励林区林业生产使用生物质能、太阳能、风能等可再生能源。

鼓励利用采伐、造材、加工等产生的木、竹、藤等林业废弃物和次小薪材生产人造板、造纸、活性炭、竹炭、酒精等林化产品、生物质能源；鼓励对食用菌培养基进行再利用；鼓励利用城市园林绿地废弃物进行堆肥、生产园林有机覆盖物、生产生物质固体成型燃料、生产人造板、制作食用菌棒等；发展城市屋顶绿化、建筑墙体垂直绿化等，增强吸附空气污染物，缓解城市热岛效应，拓展绿色空间。

构建复合型林业循环经济产业链。推进林、竹、藤种植与加工、生物质能源、旅游等循环链接，形成高效的跨企业、跨林户的循环经济联合体，构建林、果、畜禽、茶、加工、能源、物流、旅游一体化和林业第一、第二、第三产业联动发展的现代复合型循环经济产业体系，重点发展林板一体化、林纸一体化、林能一体化，发展森林生态旅游。

推进林业废弃物循环利用。推动建立废弃木质家具、木质包装、城市园林绿地废弃物的回收利用体系，推进废弃木、竹、藤等废弃物综合利用和循环利用；鼓励利用采伐、造材、加工等产生的木、竹、藤等林业废弃物，开展热、电、油、林化产品等生物质联产项目。

（三）构建循环型林业服务业体系

在森林旅游等服务领域加快构建循环型林业服务业体系，推进服务主体绿色化、服务过程清洁化，促进服务业与工业、农业的融合发展，充分发挥森林旅游业在引导人们树立绿色循环低碳理念，转变消费模式方面等的积极作用。

（四）培育循环型社会

加快完善林业废弃资源分类回收体系，推动再生资源利用产业化；推行绿色消费，促进社会层面循环经济发展。

四、林业循环经济的重要工作内容

（一）推进林地资源节约利用和高效利用

发掘林地的土、光、热等资源的利用潜力，充分利用林地资源，推广林地立体开发产业模式，发展林下经济，提高林地的综合产出效率。利用荒山、荒坡、盐碱地等发展林业。制定造林和森林经营方案，促进林地科学和高效利用。

（二）推进林业生产加工利用减量化

鼓励采取改进设计、使用清洁的能源和原料、改善管理、提高综合利用等措施，应用先进的工艺、技术和装备，减少木、竹、藤材加工、林产化工、制浆造纸等林产工业生产过程中的原材料消耗，提高原材料利用效率，减少废弃物和污染物排放。

（三）推进林业废弃物和废弃林产品的资源化利用和循环利用

鼓励利用木、竹、藤材采伐、造材、加工过程的废弃物和次小薪材生产人造板、造纸、活性炭、竹炭、酒精等林产品和生物质能源，以及延伸加工利用；鼓励对废弃的食用菌培养基进行再利用；鼓励利用城市园林绿地废弃物进行堆肥、生产园林有机覆盖物、生产生物质固体成型燃料、生产人造板、制作食用菌棒等；鼓励对经济林和果树修剪枝桠材（废弃物）、林产品加工副产物等的资源化利用。

推动建立废弃木质家具、木质包装、废纸等废弃林产品的回收利用体系，推进废弃林产品的综合利用和循环利用；鼓励利用木、竹、藤的采伐、造材、加工废弃物开展热、电、油、林化产品等生物质联产项目。

（四）推进清洁生产

大力推广林业生物防治技术，引导森林病虫害防治使用低毒无毒农药。推进木竹藤材加工、人造板、木地板、防腐木材、木家具、木门窗、木楼梯、木质装饰材料等木材加工和林产化学加工企业清洁生产，大力推进环保性的木材防腐防虫、木材改性、木材漂白和染色技术。推进环保性的制浆造纸、林产化学产品制造技术，减少木材化学处理的化学药剂用量，降低环境污染。

（五）推进林业节能减排

促进林业机械及其设施节能减排。大力发展节能林业机械技术，推动木材、竹材、藤材加工设备节能改造，特别是木材干燥设备节能技术推广，加快淘汰高耗能落后工艺、技术和设备。鼓励林区林业生产使用生物质能、太阳能、风能等可再生能源。

（六）拓展和构建林业循环经济复合产业链

推进林、竹、藤种植与加工、生物质能源、旅游等循环链接，形成高效的跨企业、跨林户的循环经济联合体，构建林、果、畜禽、茶、加工、能源、物流、旅游一体化，和林业第一、第二、第三产业联动发展的现代复合型循环经济产业体系，重点发展林板一体化、林纸一体化、林能一体化，发展森林生态旅游。

第三章　中国林业循环经济标准化及其模式

标准是经济活动和社会发展的技术支撑，是国家治理体系和治理能力现代化的基础性制度。标准是科技成果转化为产品和生产技术的桥梁和纽带，是进行科技创新的基础和支撑，是推动科技再创新的动力和源泉。2016 年 2 月 1 日国家发展改革委、农业农村部、国家林业局联合印发了《关于加快发展农业循环经济的指导意见》，在“完善制度标准”中明确指出“建立农业和林业节能减排政策制度，完善农业和林业生产的节能减排相关规范和标准体系”。

为推动林业循环经济制度建设，应构建林业循环经济标准体系，加强林业循环经济标准化工作，推动林业循环经济发展。

第一节　标准与标准化基础知识

一、标准和标准化概念

（一）标准的定义

国家标准《标准化工作指南第 1 部分：标准化和相关活动的通用词汇》（GB/T20000.1-2002）对“标准”的定义为：“为了在一定范围内获得最佳秩序，经协商一致制定并由公认机构批准，共同使用和重复使用的一种规范性文件。”标准是用来规范和统一人类社会各项生产、工作和管理活动的技术性规定。

世界贸易组织贸易技术壁垒协定（WTO/TBT）技术性贸易壁垒协议规定：“标准是被公认机构批准的、非强制性的、为了通用或反复使用的目的，为产品或其加工或生产方法提供规则、指南或特性的文件。”

制定标准的目的就是“获得最佳秩序”和“促进最佳共同效益”。“最佳秩序”是指通过制定和实施标准，使标准化对象的有序化程度达到最佳状态，而“最佳共同效益”指的是相关方的共同效益，而不是仅仅追求某一方的效益。标准产生的基础是科学、技术和经验的综合成果。制定标准的对象是“重复性事物”。标准由公认的权威机构批准。

（二）标准化的定义

国家标准《标准化工作指南第 1 部分：标准化和相关活动的通用词汇》（GB/T20000.1-2002）对“标准化”的定义为：在一定范围内获得最佳秩序，对现实问题或潜在问题制定共同使用和重复使用的条款的活动。

标准化是一个活动过程，主要是制定标准、实施标准进而修订标准的过程，它是一个不断循环、螺旋式上升的运动过程。每完成一个循环，标准的水平就提高一步。标准化是一项有目的的活动，除了为达到预期目的改进产品、过程和服务的适用性之外，还包括防止贸易壁垒，促进技术合作。标准化活动是建立规范的活动，所建立的规范（条款）具有共同使用和重复使用的特征。

二、标准的种类和性质

1. 标准的种类

根据《中华人民共和国标准化法》的规定，我国标准分为国家标准、行业标准、地方标准和企业标准等四类。其中国家标准是对全国经济、技术发展有重大意义而必须在全国范围统一的标准；而行业标准是没有国家标准而又需在全国某个行业范围内统一的技术标准，由国务院有关行政主管部门制定并报国务院标准化行政主管部门备案的标准；而地方标准是没有国家标准和行业标准而又需在省、自治区、直辖市范围内统一的工业产品的安全、卫生要求，由省、自治区、直辖市标准化行政主管部门制定并报国务院标准化行政主管部门和国务院有关行业行政主管部门备案的标准；企业标准是企业生产的产品没有国家标准、行业标准和地方标准的，由企业制定的作为组织生产的标准，或在企业内制定适用的高于国家标准、行业标准或地方标准的标准，由企业自行组织制定并按省、自治区、直辖市人民政府的规定备案的标准，称为企业标准。这四类标准主要是适用范围不同，而不是标准技术水平高低的分级。

最近国家鼓励发展团体标准。根据《国务院关于印发深化标准化工作改革方案的通知》（国发〔2015〕13 号）精神，“培育发展团体标准。在标准制定主体上，鼓励具备相应能力的学会、协会、商会、联合会等社会组织和产业技术联盟协调相关市场主体共同制定满足市场和创新需要的标准，供市场自愿选用，增加标准的有效供给”。团体标准是指有关的学会、协会、商会、联合会等社会组织和产业技术联盟制定并发布的标准。团体标准是新生事物，2014 年国家标准化管理委员会已开始进行了团体标准试点，已有部分团体标准进行了发布，解决了市场部分产业标准不足的问题。

2. 标准的性质

我国的标准性质分为两类，即强制性标准和推荐性标准。

强制性标准主要是保障人体健康，人身、财产安全的标准以及法律、行政法规规定的强制执行的标准。对不符合强制标准的产品禁止生产、销售和进口。根据《中华人民共和国标准化法》规定，企业和有关部门对涉及有关经营、生产、服务、管理的强制性标准都必须严格执行，任何单位和个人不得擅自更改或降低标准。对违反强制性标准而造成不良后果以至重大事故者，由法律、行政法规规定的行政主管部门依法根据情节轻重给予行政处罚，直至由司法机关追究刑事责任。强制性标准是国家技术法规的重要组成，它符合世界贸易组织贸易技术壁垒协定（WTO/TBT）关于“技术法规”的定义，即“强制执行的规定产品特性或相应加工方法的包括可适用的行政管理规定在内的文件。技术法规也可包括或专门规定用于产品、加工或生产方法的术语、符号、包装标志或标签要求”。为使我国强制性标准与 WTO/TBT 规定衔接，其范围要严格限制在国家安全、防止欺诈行为、保护人身健康与安全、保护动物植物的生命和健康以及保护环境等五个方面。

推荐性标准是指导性标准，基本上与 WTO/TBT 对标准的定义接轨，即由公认机构批准的，非强制性的，为了通用或反复使用，为产品或相关生产方法提供规则、指南或特性的文件。标准也可以包括专门规定用于产品、加工或生产方法的术语、符号、包装标准或标签要求。推荐性标准是自愿性文件。推荐性标准是协调一致文件，不受政府和社会团体的利益干预，能更科学地规定特性或指导生产，《中华人民共和国标准化法》鼓励企业积极采用，为防止企业利用标准欺诈消费者，要求采用低于推荐性标准的企业标准组织生产的企业向消费者明示其产品标准水平。

三、标准的作用

标准在现代社会经济和生活中具有非常重要的作用。

标准是国家治理现代化的重要工具，是现代生产社会化和管理现代化的重要技术基础，是提高产品和服务质量，保护人体健康，保障人身、财产安全，维护消费者合法权益的重要手段，是发展市场经济，促进贸易交流的技术纽带。

四、林业循环经济标准化

林业循环经济标准化是为了提高林业资源利用效率和降低污染物排放，对林业生产、流通和消费等过程的减量化、再利用和资源化活动制定共同使用和重复使用条款，并贯彻实施的标准化活动。

林业循环经济标准化是节约林业资源和提高林业资源产出率的重要手段，是减少林业生产污染物产生的重要途径，是林业循环经济技术推广和稳定运行的重要保障。

第二节　林业循环经济标准体系的构建

标准体系是技术标准按其内在联系形成的科学的有机整体。标准体系又可以分解成若干个子体系，每个子体系由具有内在联系的技术标准组成，也形成了一个科学的有机整体。子体系和技术标准都有为了完成整体体系的总目标而具有的特定功能，在子体系之间和技术标准之间存在着相互制约、相互作用、相互依赖和相互补充的内在联系，标准体系是一个由技术标准组成的一个系统。

林业循环经济标准体系构建的基本原则和编制依据如下：

一、基本原则

林业循环经济标准体系应根据循环经济和林业产业特征构建体系框架，突出林业循环经济发展的基础与综合、林业节能、林业清洁生产、林业节水、林业节材、林业新能源、废弃物循环利用以及生态林业标准，以突出当前林业循环经济发展的重点和急需，兼顾体系和各分领域的平衡的原则；坚持市场为导向，实事求是、务求实效和推进技术进步的原则；遵循科学性、协调性、先进性、兼容性、超前性和可扩展性的原则；坚持促进林业循环经济发展为重点的原则。

二、编制依据

根据《中华人民共和国标准法》《中华人民共和国循环经济促进法》《中华人民共和国清洁生产促进法》《国家标准管理办法》《行业标准管理办法》《林业标准化管理办法》《国务院关于加快培育和发展战略性新兴产业的决定》《关于加快发展农业循环经济的指导意见》（发改环资〔2016〕203 号）等法律、法规和政策文件以及《标准体系表编制原则和要求》（GB/T13016—2009）等有关技术标准和规范性文件来编制林业循环经济标准体系。

三、林业循环经济标准体系表

标准体系表是促进产业标准组成科学完整有序的基础，是一个包括现有和应发展的标准的全面蓝图，是推进产业产品开发，提高产品和服务质量，优化生产经营管理，加速技术进步和提高经济效益的标准化指导性技术文件。

标准体系表由标准体系框架和标准体系明细表两部分组成。

（一）林业循环经济标准体系框架

林业循环经济标准体系框架，由基础与综合、林业节能、林业清洁生产、林业节水、林业节材、林业新能源、废弃物循环利用、生态林业等 8 个子体系组成。林业循环经济标准体系框架如图 3-1 所示。

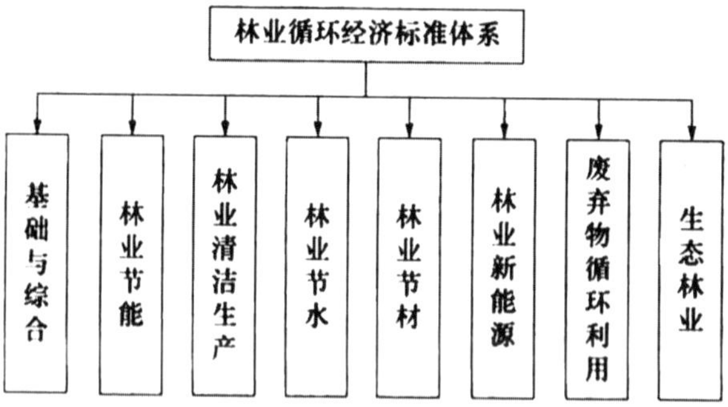

图 3-1　林业循环经济标准体系框架图

1. 林业循环经济标准体系框架说明

①基础与综合：是对林业循环经济活动中的基础和综合标准的统一规范。

②林业节能：为实现林业生产、加工、流通活动的节能目的而制定的标准。主要对木材和竹材采运、人造板制造、木制品制造、竹藤棕草制品制造、家具制造，纸浆、造纸及纸制品制造以及林化产品制造等过程中的能耗限额、节能技术要求等进行了规范。具体包括林业节能管理标准以及以节能为直接目的的用能产品、材料性能标准，不包括一般的用能产品、用能材料性能标准。

③林业清洁生产：为实现促进林业清洁生产目的而制定的技术标准，具体包括清洁生产管理标准（如清洁生产评价、清洁生产审核等）。林业清洁生产主要包括对林业种植业、人造板、木制品、竹藤棕草制品、家具、纸浆、造纸及纸制品和林化产品等的生产或制造过程。

④林业节水：为实现节水目的而制定的标准。具体包括节水管理标准和以节水为直接目的的节水技术和产品，不包括一般的用水产品、材料的性能标准以及水质检测标准。主要对林业生产所需的用水量、节水技术要求进行了规范，包含林业种植业、人造板、木制品、竹藤棕草制品、家具，纸浆、造纸及纸制品制造和林化产品等生产或制造过程的节水技术要求、用水限额的规范。

⑤林业节材：为实现林业生产与加工节材目的而制定的技术标准，具体包括节材管理以及以节约原材料为直接目的的新材料、新技术标准，不包括一般的原材料性能标准。林业节材主要指木、竹、藤材保护和改性、人造板和林业生物质材料制造等的标准。

⑥林业新能源：为实现新能源与可再生能源的有效利用而制定的标准，涉及生物质能的技术和产品标准与管理标准等。主要对林业生物质加工或转化为固体燃料、液体燃料、

气体燃料以及生物质发电等进行了规范。

⑦废弃物循环利用：为实现林业废旧产品及废弃物的回收与再利用而制定的标准，具体包括林业废旧产品及废弃物回收与再利用的管理标准，回收方法、工艺、设备标准，以及旧货流通的管理与技术标准等。涉及的内容包括废弃木材及其制品、废纸和园林废弃物以及木制旧货产品等。

⑧生态林业：为实现生态林业建设而制定的技术标准，主要对林业第一产业中林木育种和育苗，林业有害生物防控，林木栽培与培育等方面进行了规范。

2. 林业循环经济标准子体系框架介绍

基础与综合子体系由林业循环经济术语、林业循环经济符号、林业循环经济管理等标准构成。林业循环经济标准体系基础与综合子体系框架，如图 3-2 所示。

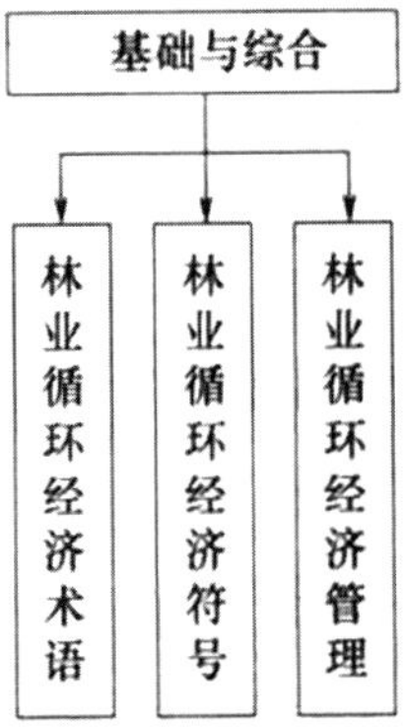

图 3–2　林业循环经济

林业节能子体系由木材和竹材采运，人造板制造，木制品制造，竹、藤、棕、草等制品制造，家具制造，纸浆、造纸及纸制品制造，林化产品制造等的节能技术要求和节能管理标准构成。林业循环经济标准体系林业节能子体系框架，如图 3-3 所示。

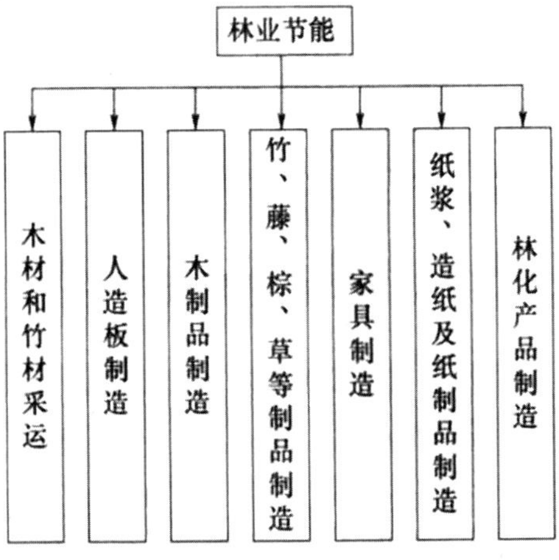

图 3–3　林业循环经济标准体系林业节能子体系框架

林业清洁生产子体系由林业种植业，人造板制造，木制品制造，竹、藤、棕、草等制品制造，家具制造，纸浆、造纸及纸制品制造，林化产品制造等清洁生产的要求、管理标准构成。林业循环经济标准体系林业清洁生产子体系框架，如图 3-4 所示。

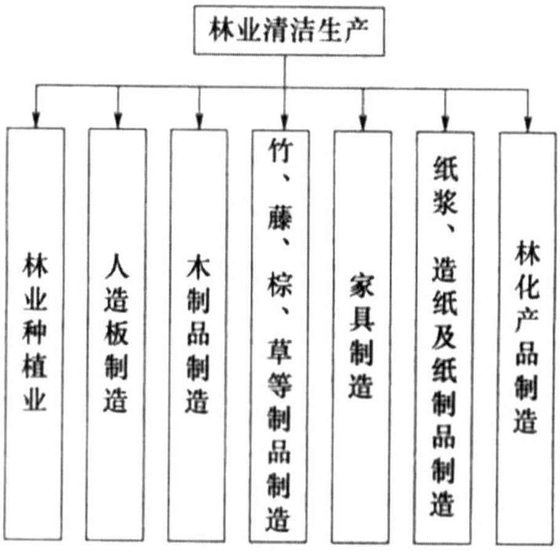

图 3-4　林业循环经济标准体系林业清洁生产子体系框架

林业节水子体系由林业种植业，人造板制造，木制品制造，竹、藤、棕、草等制品制造，家具制造，纸浆、造纸及纸制品制造，林化产品制造等节水的要求、管理标准构成。林业循环经济标准体系林业节水子体系框架，如图 3-5 所示。

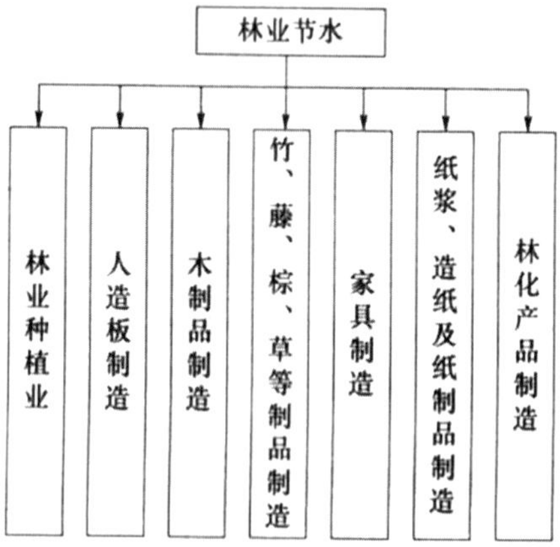

图 3-5　林业循环经济标准体系林业节水子体系框架

林业节材子体系由人造板制造、林业生物质材料、木材保护与改性等的产品标准、管理标准构成。林业循环经济标准体系林业节材子体系框架，如图 3-6 所示。

林业新能源子体系包括生物质固体燃料、液体燃料、气体燃料、生物质发电四大部分。林业循环经济标准体系林业新能源子体系框架，如图 3-7 所示。

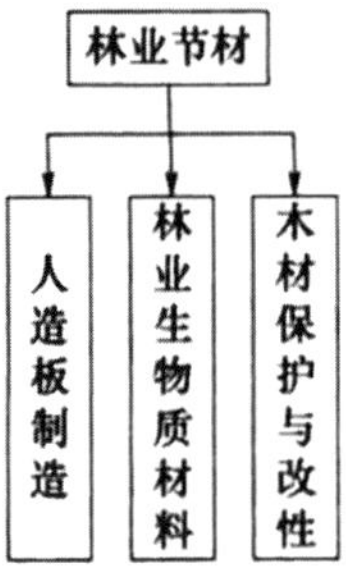

图 3-6　林业循环经济标准体系林业节材子体系框架

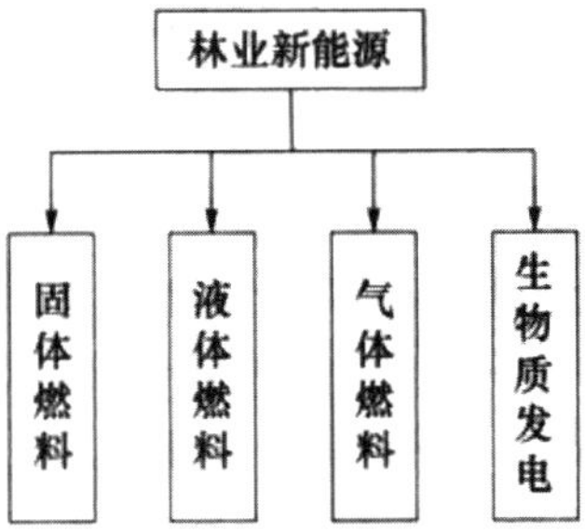

图 3-7　林业循环经济标准体系林业新能源子体系框架

废弃物循环利用子体系由废弃木材循环利用及其制品、废纸循环利用及其制品、园林废弃物循环利用及其制品等的产品标准和管理标准构成。林业废弃物循环利用子体系框架，如图 3-8 所示。

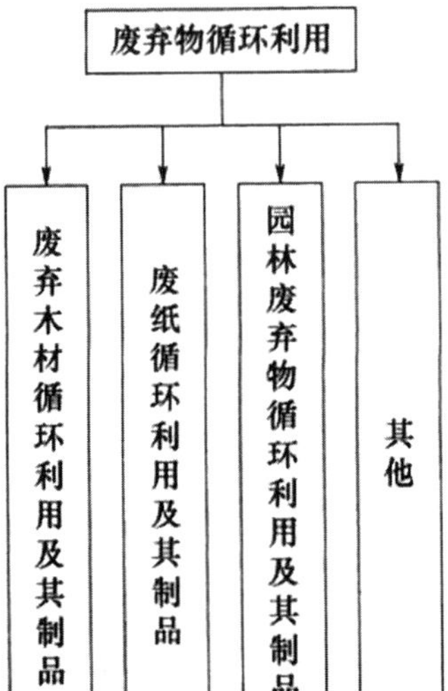

图 3-8　废弃物循环利用子体系

生态林业子体系包括林木育种和育苗，林业有害生物防控，林木栽培与培育三大部分。林业循环经济标准体系生态林业子体系框架，如图 3-9 所示。

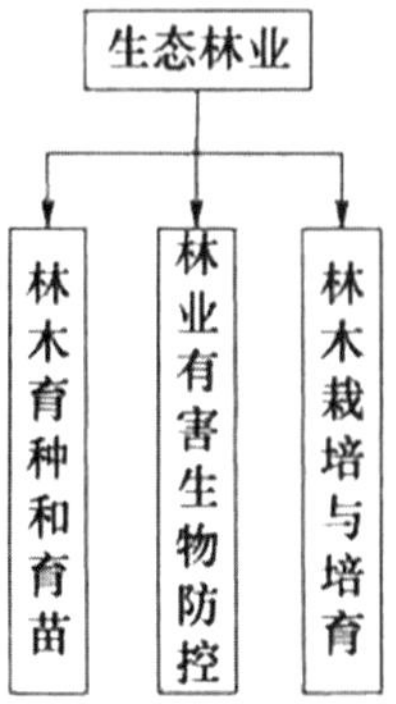

图 3-9 林业循环经济标准体系生态林业子体系框架

（二）林业循环经济标准体系明细表

林业循环经济标准体系明细表包括基础与综合、林业节能、林业清洁生产、林业节水、林业节材、林业新能源、废弃物循环利用、生态林业 8 大子体系，共涉及现有以及需要制定的标准 689 项。

①基础与综合：包括如《林业生物质能源名词术语》（GB/T31741-2015）、《工业企业节约原材料评价导则》（GB/T29115-2012）、《工业用水节水术语》（GB/T21534-2008）等 5 项标准。

②林业节能：包括《林区木材生产能耗》（LY/T1444）、《胶合板生产能耗》（LY/T1529-2012）、《实木复合地板生产综合能耗》（GB/T23899-2009）等 70 项标准。

③林业清洁生产：包括《人造板工业清洁生产技术要求》（GB/T29903-2013）、《清洁生产标准人造板行业（中密度纤维板）》（HJ/T315-2006）等 10 项标准。

④林业节水：包括《节水型企业造纸行业》（GB/T26927-2011）标准。

⑤林业节材：包括《刨花板生产节材和减排技术规范》（LY/TD79-2011）、《定向结构麦秸板》（LY/T2141-2013）等 156 项标准。

⑥林业新能源：包括《竹基生物质成型燃料》（LY/T2552-2015）、《林业生物质固体成型燃料》（LY/T2378-2014）等 71 项标准。

⑦废弃物循环利用：包括《废弃木质材料回收利用管理规范》（GB/T22529-2008）、《废纸再利用技术要求》（GB20811-2006）、《绿化植物废弃物处置和应用技术规程》（GB/T31755—2015）3 项标准。

⑧生态林业：包括《容器育苗技术》（LY/T1000-2013）、《林木育种及种子管理术语》（GB/T16620-W96）、《落叶松枯梢病检疫技术规程》（LY/T2215-2013）等 354 项标准。

第三节　林业循环经济标准化发展现状

一、林业循环经济标准现状

国家高度重视林业循环经济标准化工作。加强林业循环经济标准建设是推进林业节能减排、实现森林资源节约和林业循环经济发展的战略需要。

国家标准化管理委员会2005—2010年共制定了《2005—2007年资源节约与综合利用标准发展规划》和《2008—2010年资源节约与综合利用标准发展规划》两个规划，国家林业局组织相关标准化技术委员会积极参加了两个资源节约与综合利用标准规划中涉及林业的节材、废旧产品及废弃物综合利用标准制定工作，其中第一个规划中涉及的标准制定项目28个，第二个规划中涉及森林资源节约和综合利用的标准共80项，其中节能9项、节材20项、新能源39项、废旧产品及废弃物综合利用2项、节水1项、节地9项。

据统计，截至2015年底，国家已颁布实施的林业循环经济标准共622项，其中国家标准109项，行业标准513项，涵盖了基础与综合、林业节能、林业清洁生产、林业节水、林业节材、林业新能源、废弃物循环利用、生态林业等领域，这些标准的制定为我国林业循环经济发展奠定了坚实的基础。

虽然现有林业循环经济标准对林业循环经济发展起到了一定作用，但其仍然不能满足林业循环经济发展的需求，因此，建立与我国林业循环经济发展相适应的科学完整、层次分明、具有前瞻性的标准体系，加快林业循环经济相关标准制修订工作，是我国林业循环经济标准化发展的当务之急。

二、林业循环经济标准化工作存在的主要问题

标准对引导行业的技术进步、规范市场等各方面起着至关重要的作用。面对林业生态文明建设的新形势、新任务和新要求，林业循环经济标准化工作仍存在不少问题。

1. 尚未形成科学完整的标准体系

林业循环经济标准结构不合理，涵盖面尚不完善。生态林业标准总量多，废弃物循环利用、林业节水、清洁生产、林业节能等的标准少，产业急需的新产品标准还未制定。因此，迫切需要建立科学、完善的林业循环经济标准体系，统筹制定具体标准。

2. 标准重复交叉问题

虽然国家已颁布实施的林业循环经济标准共689项，但由于标准管理涉及多个主管部门，导致各个行业标准之间存在交叉重复等问题。如《固体生物质燃料全水分测定方

法》（GB/T28733-2012）与《生物质固体成型燃料试验方法第 2 部分：全水分》（NY/T1881.2-2010），《固体生物质燃料灰成分测定方法》（GB/T30725-2014）与《生物质固体成型燃料试验方法第 5 部分：灰分》（NY/T1881.5-2010），标准内容基本一致。建议交叉重复标准涉及的相关部门，加强沟通，对存在问题的标准或修订或废止，进而推进林业循环经济标准的统一。

3. 部分标准标龄过长

部分标准标龄过长，制修订工作进展缓慢。通常标准的年限是五年，部分标准已经超过了 5 年，如：《林木采种技术》（GB/T16619-1996）、《母树林营建技术》（GB/T16621-1996）等标龄已达 20 年，很多标准标龄都超过了 5 年，急需进行修订，因此要解决标准标龄过长问题，突出标准的适用性、实用性，以满足市场的需要。

第四节　加强林业循环经济标准化工作的政策建议

2015 年国务院公布了《深化标准化工作改革方案》（国发〔2015〕13 号），要求紧紧围绕使市场在标准化资源配置中起决定性作用和更好发挥政府作用，提出了要建立高效权威的标准化统筹协调机制、整合精简强制性标准、优化完善推荐性标准、培育发展团体标准、放开搞活企业标准、提高标准国际化水平等重大措施，2015 年 12 月 17 日国务院办公厅发布了《国家标准化体系建设发展规划（2016—2020 年）》。该规划确定的发展目标为："到 2020 年，基本建成支撑国家治理体系和治理能力现代化的具有中国特色的标准化体系。标准化战略全面实施，标准有效性、先进性和适用性显著增强。标准化体制机制更加健全，标准服务发展更加高效，基本形成市场规范有标可循、公共利益有标可保、创新驱动有标引领、转型升级有标支撑的新局面。'中国标准'国际影响力和贡献力大幅提升，我国迈入世界标准强国行列"，"在农产品和消费品安全、节能减排、新材料等重点领域制修订标准 9000 项，基本满足经济建设、社会治理、生态文明、文化发展以及政府管理的需求"。

标准是经济活动和社会发展的技术支撑，是国家治理体系和治理能力现代化的基础性制度。标准是推动科技再创新的动力和源泉，是产品质量、服务质量、有害物质排放、资源利用、社会事业的标杆，对推动科技创新、提高质量和促进产业转型升级具有重要作用。

全面深化标准化改革对林业循环经济标准化工作提出了新要求。①以标准化规范市场秩序，促进林业循环经济产业发展。充分发挥林业循环经济标准对于行业发展的导向和约束作用，规范生产和市场。推动标准化深度融入行业科技创新体系，使科技成果及时转化为先进标准，发挥标准在行业发展中的引领作用。加快标准化建设，摆脱市场无标准、多标准困境。②推进林业循环经济产业转型升级，提升产业标准化水平，实现绿色发展。

为全面落实国务院《深化标准化工作改革方案》的需求，为推进林业循环经济产业快速发展，结合存在的问题，提出发展林业循环经济标准化的政策建议如下：

一、继续完善优化林业循环经济标准体系，制定产业急需的重要标准

标准体系是根据产业发展规律，按照“统一、简化、协调、优选”的原理，将一定范围内相互联系、相互制约的一系列标准有机整合到一起的体系，是标准化管理和产业发展规划的基础，完善优化林业循环经济标准体系对林业循环经济标准化工作和林业循环经济发展具有重要意义。

因此，应根据国外林业循环经济标准最新动态和国内林业循环经济产业发展最新现状，继续完善优化林业循环经济标准体系，推进林业循环经济标准化健康发展，制修订林下经济发展、林业节能、林业清洁生产、林业节水、中低产林改造、森林防火、废旧竹木制品分类回收和循环利用、木竹藤材防腐和阻燃、木竹藤材改性技术、生物质能源、林产品加工企业碳足迹计算、节能木结构建筑等林业循环经济急需的重要标准（表 3-1）。

表 3–1　林业循环经济急需标准（部分）制定汇总表

序号	标准名称	标准级别
1	竹材采运能耗	推荐性国家标准
2	竹藤棕草等制品生产综合能耗	推荐性国家标准
3	家具生产综合能耗	推荐性国家标准
4	纸浆生产、造纸及纸制品生产综合能耗	推荐性国家标准
5	清洁生产标准木制品制造	推荐性国家标准
6	清洁生产标准竹藤棕草等制品制造	推荐性国家标准
7	清洁生产标准家具制造	推荐性国家标准
8	清洁生产标准林化产品制造	推荐性国家标准
9	林业生物质柴油	推荐性行业标准
10	林业生物质燃料乙醇	推荐性行业标准
11	林业生物质气体燃料转化技术要求	推荐性行业标准

二、发展团体标准和企业标准，加强林业循环经济标准化管理，提高标准实施效果

2015 年国务院《深化标准化工作改革方案》中，强调培育发展团体标准和开展企业标准自我声明公开与监督制度建设。要推进标准化核心工作能力建设，鼓励行业、地方和产业联盟、消费者多方参与标准化工作，大力发展相关的团体标准和企业标准，解决标准有效供给不足和不能及时更新问题。

鼓励有关林业循环经济协会、学会发展团体标准，增加林业循环经济标准有效供给；

鼓励林业循环经济企业制定产品标准，并开展自我声明公开；加强重要标准宣贯和培训，提高标准实施力度和实施效果。

三、适应深化标准化改革需要，提升林业循环经济标准化服务能力

国家质检总局于（现为国家市场监督管理总局，下同）2014 年开始了企业产品和服务标准自我声明和监督制度建设试点工作。企业产品和服务标准自我声明和监督制度建设是对企业产品标准备案制度的改革，对简政放权，强化企业标准化和质量的主体责任，加强企业标准事中事后监管，提高产品质量具有重要意义。2015 年 1 月，国家质检总局在上海市、浙江省、福建省、山东省、重庆省、深圳市、成都市七个省市开展了企业产品标准自我声明公开试点工作。2017 年将在全国全面推行企业产品标准自我声明公开制度，届时企业备案制将全部取消。

为此，建议有关涉及林业循环经济的标准化技术委员会应积极宣传企业产品标准自我声明公开政策，为团体标准和企业标准的制定提供有效的咨询和技术服务。因此，应建立完善的标准化服务体系，拓展标准研发服务，开展标准技术内容和编制方法咨询，为企业制定标准提供国内外相关标准分析研究、关键技术指标试验验证等专业化服务，提高其标准的质量和水平。提供标准实施咨询服务，为企业实施标准提供定制化技术解决方案，指导企业正确、有效地执行标准。也可协助企业建立标准化组织架构和制度体系、制定标准化发展策略、建设企业标准体系、培养标准化人才，更好地促进中、小、微企业的发展。

四、加强林业循环经济标准化人才队伍建设

加快推进林业循环经济标准化人才培养和储备，通过多途径、多方式，建立专业、稳定的林业生物质材料标准化研究和管理人才队伍，全面提高林业循环经济标准化研究和管理人员业务素质，保障林业循环经济标准化工作的健康发展。

第五节 中国林业循环经济发展驱动模式

近年来，我国林业产业保持快速增长。2013 年，全年实现林业产业总产值 4.73 万亿元（按现价计算），比 2012 年增加了 7865 亿元，增长了 19.93%。其中第一、第二、第三产业分别增长了 19.09%、19.51% 和 24.18%。我国林业循环经济根据循环经济发展的空间可以将其划分宏观、中观、微观三个层次；根据应用范围可以将其划分为区域循环经济、园区循环经济、企业循环经济和社区循环经济；根据生产消费过程可以将其划分为生产型循环经济、资源综合利用型循环经济、消费型循环经济；根据循环经济水平可以将其划分为废弃物的循环、产品的循环和服务的循环。

林业循环经济发展的重点是解决其动力问题，借鉴《循环经济发展的机制与政策研究》的研究成果，林业循环经济的驱动模式也可分为六种，即资源驱动型、经济吸引驱动型、需求驱动型、技术驱动型、政府主导驱动型以及综合驱动型六种驱动模式。

一、资源驱动型模式

资源驱动型模式是指企业依托区域优势资源发展林业循环经济，一般具有明显的地域特色。凡因资源驱动型发展起来的企业，往往具有资源依赖、成本较低、产品种类单一等特征。同时，在创造价值的过程中，资源驱动型企业会带来大量废弃物，这些废弃物处理不好有可能会污染环境，而处理、利用好则可以成为企业新的资源。伴随着资源的逐步利用，资源约束与环境问题将日益凸显，但是林业资源、木质资源的可再生性决定了林业企业的竞争优势。资源驱动型企业具有资源依赖程度高、物流量大的特征，这不但决定了其必须走循环经济之路，而且也为循环经济实践提供了可能性。林业资源驱动型企业具有资源优势，能够据此对“三废”实施资源化和再利用，实现“资源—产品—废弃物—再生资源”的发展模式。林业资源驱动型循环经济的发展要突出解决资源消耗给环境带来的压力、对生态的影响等问题，尽量做到节能减排，控制污染排放，把对环境的影响减到最小。因此，在实际的循环经济实践中，应深入研究资源及废弃物的特征，探索发展不同类型的循环经济产业链，推动资源综合利用，注重节能降耗，促进企业清洁生产，并通过机制创新和科技创新实现“节能、降耗、减污、增效”的目标，将资源优势转化为竞争优势。

我国不少的林业循环经济企业都属于资源驱动型。如大兴安岭森鑫新能源生物质颗粒燃料有限公司，其利用林业剩余物生产木质固体生物质燃料，这就是典型的资源驱动型循环经济模式。

大兴安岭森鑫新能源生物质颗粒燃料有限公司成立于 2013 年，厂址位于阿木尔林业局，该公司主要利用当地原料资源丰富、劳动力充足、交通运输便利等优势，生产生物质颗粒燃料，满足市场需求。阿木尔林业局每年因木材生产产生的墩根、树头、枝桠、树根、风倒木等剩余物累计存储量约在 6.88 万吨以上，全部堆弃于林间，既浪费了资源又对森林防火形成了隐患。停采后营林生产剩余物也可全部作为原料进行加工生产。

木质颗粒燃料在国外的生产及使用已经有了几十年的历史，市场比较成熟。国内生产木质颗粒的厂家不多，但已经形成了固定的销售市场和出口渠道。此项目产品的销售主要是针对国内市场，从项目长远发展的角度考虑要积极开拓国际市场，当前要重点开发当地和周边市场。经调查，东北地区居民及锅炉采暖用煤，每年消耗约为 260000 吨左右，古莲河矿区的煤炭，发热量在 3300 大卡左右，运到哈尔滨的价格为 1600 元 / 吨左右；免渡河矿区的煤炭，发热量在 4300 大卡左右，运到哈尔滨的价格为 1800 元 / 吨左右。而不包装的木制颗粒的生产成本为 344.39 元 / 吨，在没有税收优惠的情况下，考虑 155 元 / 吨的利润，销售价格为 900 元，对比两种煤炭的价格、发热量、燃烧效率、环保、使用方便等，都具有较强竞争优势。

木质颗粒燃料制造工艺为：原料—粉碎—自然晾晒—提升入仓—除铁—高温压缩—冷却—包装—储存—运输。原材料进场要严格检质、验量，水分要控制在23%以内。原材料进场后，按木材直径的大小分别堆放、晾晒，要用装载机码高，以减少占用场地。破碎前的木材水分要控制在20%以下，根据木材直径的不同大小，分别用不同型号的破碎机进行破碎，破碎后在场棚内自然风干。当水分达到11%～15%时，用装载机上料，提升至入料仓；料仓设有料位仪，控制提升机上料，防止料仓上满后憋停提升机；料仓下部设置有永磁筒，除去碎料中的铁器。制粒机的工作原理与现有的牧草饲料制粒机相似，即原料从环模内部加入（要求原料含水率最好在11%～14%，含水率太高和太低都不好成粒），经由压辊碾压挤出环模而成粒状，其挤压压强达到50～100兆帕，原料在高压下发生变形、升温，温度可达100～120℃。制成颗粒以后，由皮带机提升入仓，经冷却机组冷却分筛。分筛后将不符合规格的颗粒回收，重新返回料仓。合格的颗粒由提升机上料到待包装料仓，由电脑定量包装机包装后，进入仓库储存、销售。在生产过程中要做到无污染，无化学投入品。为了调整林业产业结构，拉动当地经济发展，提高伐区剩余物的利用率，增加林场和林业职工的经济收入。根据国家发展生物质能源规划，结合伐区剩余物的实际情况，将伐区产生的林木废弃物进行粉碎加工生产成木质颗粒燃料，这为企业创造了巨大的社会效益及经济效益。

二、经济吸引型模式

经济吸引型模式是指企业在发现发展林业循环经济具有显著的经济利益前提下，而进行投资发展循环经济的模式。

循环经济强调资源节约和综合利用，废旧物资回收利用可能给企业带来显著的直接经济效益；同时，政府对循环经济实施了一系列支持政策，获得政府的政策支持，能够大大节约成本，间接提高利润；发展循环经济还可以改变消费者对企业及其产品的态度，提高企业的市场美誉度；发展循环经济还是企业承担社会责任的体现，更容易得到投资者的关注。发展循环经济能够获得各种不同的经济利益，不少企业就是冲着这些经济利益进军循环经济领域的。企业家是潜在盈利机会的掌握者、最能动的创新要素以及创新风险的承担者，在当前循环经济产品品质不高，消费者接受程度较低的环境下，能够发现商机并采取有效的行动显得尤为不易，需要有敏锐的目光和富于竞争的精神。另外，循环经济价值链具有链条更长、节点交叉、方向迂回、结构复杂等特点，其中的商业价值较为隐蔽，容易忽略，一些有远见的企业家能够发现废弃物中存在价值的成分，注意到采用资源化的方式处理废弃物会获得意外的收益，他们重构工艺流程创新、技术创新、产品创新和组织创新等途径，并借助政府的减税、补贴、优先采购等优惠政策，高标准地推出了循环经济产品，随之开拓了市场和创造了商业财富，满足了顾客的需求。

因此，让企业家发现循环经济的商机，吸引企业家的目光，使他们受到经济利益的刺激，纷纷投身于循环经济实践成了问题的关键。一方面，可以加强对企业家的培训，激发企业家精神，让更多的企业家发现循环经济中蕴藏的巨大商机并积极行动，获得回报。可以以政府或行业协会的名义，建立良性培训机制，邀请国内外循环经济领域的知名专家以及在循环经济领域取得成功的企业家作为培训讲师，从而有效提高企业家的创新精神，形成庞大的信息交流网络，为循环经济创新成果的共享和扩散创造条件。另一方面，加强宣传，不仅要宣传循环经济的潜在优势，同时还要宣传政府的相关扶持政策，让企业家了解发展循环经济的收益。可以搭建循环经济信息服务平台，循环经济推介会、循环经济发展论坛、循环经济经验交流会等都是宣传的重要方式。

佛山市沃德森板业有限公司就是从废旧木材回收利用中发现了商机，并得到发展的一个典型。

佛山市沃德森板业有限公司的创始人吉发发现，广东乐从家具制造产生的废料堆放在垃圾场，被当作垃圾烧掉，非常可惜，吉发看到了其中的商机，认为如此大量的废弃料如果加以回收利用生产成人造板，不但可以解决人造板原料不足的难题，而且国家还有很多的优惠措施和补贴，这里面具有巨大的商机。因此，吉发和他的朋友于 2001 年一起创建了沃德森板业有限公司。截止到 2014 年，沃德森板业有限公司一直定位于利用家具企业的木材废弃料回收制造中密度纤维板，以专利技术生产模压再生木制品，其自主研发的再生中密度纤维板的生产方法、模压木屑弯曲件的生产方法和贴面板的生产方法已申请了多项国家发明专利，参编了《模压刨花板（家具类）》林业行业标准等多项标准。

2006 年 6 月，在顺德区政府的协助下，公司挂牌组建顺德区木质材料循环利用工程技术研究开发中心。2006 年 7 月 7 日和南京林业大学合作成立了南京林业大学木质材料循环利用创新实验中心，合作开发了循环利用造纸废弃物生产中密度纤维板项目，循环经济越做越大。废料再利用首先必须解决技术问题。家具废弃料回收再生产人造板这一领域当时在中国是全新的，在没有前人经验可以借鉴的情况下，沃德森的每一步都走得十分艰辛。同时，国家和广东省在废弃物利用方面有很多优惠政策和补贴措施，还有科研项目支持企业做研发，这间接降低了企业的生产成本。同时，以人造板代替天然木材，减少了资源消耗，保护了森林资源。沃德森板业有限公司利用废弃物生产板材取得了巨大成功。

三、需求驱动型模式

需求驱动型模式是指企业在发现林业循环经济产品具有广泛的市场需求的前提下，而进行投资发展循环经济的模式。

市场需求是产生商业价值的先决条件，只有相应的需求达到了一定的规模和具有了一定的持久性，才能实现产品的商业价值。需求在市场的末端具有拉动作用，市场需求引导、制约了循环再生产品的研发、生产以及产业化。市场需求的拉动表现为：需求对科学技术提出具体要求，引导科学技术去解决市场需求产生的问题，从而实现技术突破，为产品创新提供技术支撑。循环再生产品从原材料采购到制造、流通、使用和废弃的全过程，都尽可能地节省资源、降低能耗、充分利用废弃物，对环境负面影响相对较小，并且循环再生产品的需求将日益增大。当循环再生产品的需求达到一定规模，并且保持相对稳定的时候，就会有企业进入该领域。市场需求拉动的循环经济运作模式是一种线性的模式，市场需求—循环再生技术研发—生产—营销—投放市场是它的具体运作模式。由此可见，需求拉动型循环经济发展的关键在于激活消费者的节能环保需求，这就需要不断教育、引导和支持消费者购买资源节约型和环境友好型的循环再生产品，如果消费者在内心形成了崇尚节约、热爱环保的生活理念，就会产生对循环再生产品的购买需求，这种购买需求又激发了循环型企业的创新动力。同时，循环型企业也应不断挖掘客户需求，对市场需求经行动态监测，抓住市场的细微变化，通过加大研发投入，改进产品的性能、质量、款式等，构建循环再生产品体系，满足差异化的市场需求。

木塑复合地板就是需求驱动型循环经济的典型产品。木塑复合地板是用木塑复合材料制作的，木塑复合材料（Wood-Plastic Composites，WPC）是国内外近年蓬勃兴起的一类新型复合材料，主要利用聚乙烯、聚丙烯和聚氯乙烯等代替通常的胶粘剂，与超过 50% 以上的木粉、稻壳、秸秆等废植物纤维混合成新的木质材料，再经挤压、模压、注射成型等塑料加工工艺，生产出新的板材或型材。主要用于建材、家具、物流包装等行业。木塑复合材料的基础为高密度聚乙烯和木质纤维，决定了其自身具有塑料和木材的某些特性。

①良好的加工性能。木塑复合材料内含塑料和纤维，因此，具有同木材相类似的加工性能，可锯、可钉、可刨，使用木工器具即可完成，且握钉力明显优于其他合成材料。机械性能优于木质材料，握钉力很好。

②良好的韧性和弹性。木塑复合材料内含塑料，因而具有较好的韧性和弹性。此外，由于内含纤维并经与塑料充分混合，因而具有与硬木相当的抗压、抗弯曲等物理机械性能。

③具有耐水、耐腐性能，使用寿命长。木塑材料及其产品与木材相比，可抗酸碱、耐水、耐腐蚀，并且不繁殖细菌，不易被虫蛀、不长真菌，使用寿命长。

④其最大优点就是变废为宝，并可 100% 回收再生产。可以分解，不会造成“白色污染”，是真正的绿色环保产品。

安徽森泰集团是以安徽森泰木塑集团股份有限公司为母公司，安徽卫泰公司、销售公司，四川森泰为全资子公司，广州森泰、PVC 科技地板、鸿泰公司、香港森泰等为控股子公司，湖州外贸公司、广州外贸公司、安吉办事处为分公司的集团型企业。“森泰”竹塑、木塑复合型材以“不含甲醛、无放射、无污染、可循环利用”等优点，已广泛应用于公用建筑设施、园林景观建设、集成房屋系统建造、室内装饰等多个行业和领域。企业已先后通过了 ISO9001、ISO14001、INTERTEK、BSCI、ASTM、CE 等体系或产品认证。“森泰木塑”不仅在国内应用于北京奥运会鸟巢、上海世博会中国馆、广州亚运会主场馆、大连夏季达沃斯论坛海边栈道等重大工程，还远销西欧、美洲、日本、澳大利亚、非洲、东南亚等全球 80 多个国家和地区。“森泰木塑”为中国驰名商标，现拥有各类发明专利、实用新型及外观设计专利等250多项。“木塑集成房屋系统”“PVC室内地板”“木塑复合型材”等产品更是填补了我国木塑业内的多项技术空白，满足了消费者对木材的喜欢，又弥补了木材的某些缺点。巨大的市场需求促进了森泰集团的快速发展，可以说安徽森泰集团的发展运行的是需求驱动发展的循环经济发展模式。

四、技术驱动型模式

循环再生产品一般都是技术密集型产品，需要依托一系列循环经济技术，如代替技术、再生技术、减量化技术、资源化技术、产业链技术、零排放技术、系统化技术和信息化技术等。技术推动型循环经济正是在这些技术创新的推动下引导出了循环再生产品及产业链。技术推动型循环经济强调科学研究和由此产生的循环经济技术创新是推动循环再生产业产生、发展的主要动力。技术创新可以从三个方面推动循环经济发展：①采用先进的生产技术可以提高资源利用率，力求以最少的资源消耗创造最大的经济效益；②改进设计，采用先进的工艺技术和设备可以延长产品生命周期，实现生产的全过程控制，最大限度地降低污染的产生量；③开发适宜技术，进行资源的综合利用。科学推动循环经济技术，循环经济技术创造产品进而实现产业化，从而对经济产生重大影响。在“循环经济技术—循环再生产品—循环再生产业化”的链条中，循环再生产业主要受技术发明的驱动。由此可见，加速循环经济技术创新，构建循环经济技术创新体系成为技术推动型循环经济快速发展的关键。为此，需要将技术创新活动的终端从市场扩展到环境，使技术创新的各个环节以生态市场为终端和开端，以逆向物流、信息流和知识流为纽带，构成循环型技术创新模式。通过增强企业自主开发能力、强化产学研联合、建立技术服务支撑体系、加大对企业技术创新扶持力度、全面推进企业信息化建设等措施，健全循环型产业集群的技术创新机制。

重庆星星套装门（集团）有限责任公司是一个具有50多年历史的老企业，成立于1962年，2012年8月正式更名为重庆星星套装门（集团）有限责任公司。公司在林产工业开发领域走过了40多年历程，20世纪70年代主要以竹木为原料，生产“手锤把”“竹帘”“竹筷”“竹扇”等产品；80年代初针对生产环节产生的竹材下脚料，开发了“竹碎料板”新产品；随后，利用竹材开发了“一次成型空心门板”；90年代末，成功开发了“竹木复合装饰套装门”新产品。几十年来，公司见证了中国木门行业的发展历程，成为“中国套装门发源企业”。公司主要以竹、木为原料，开发、生产、销售装饰套装门、竹木复合装饰板材、竹木复合整体橱柜、柜门等产品。其中，装饰套装门的年设计生产能力达到了150万套；公司员工近5000人，固定资产5.9亿元，近几年，公司年产品销售收入在6亿元以上，年实现利税总额近1亿元。公司是中国木门行业评选的首批特级企业，2003年以来连续被评为“国家级农业产业化重点龙头企业”；2014年被评为了“国家林业重点龙头企业”。在竹材利用方面，公司被国家林业局授予了“中国竹材利用示范基地”称号。

重庆星星套装门（集团）有限责任公司高度重视技术，通过在技术上的不断研发和创新，围绕资源使用减量化、再利用、资源化，以及低消耗、低排放、高效率的要求，积极探索循环经济发展新路，通过创新与实践，初步形成了“以竹代木，节约木材资源，促进生态环境建设”“竹木边角余料资源回收综合利用”“节能、降耗、减排，降低生产成本”三种循环经济模式。针对三峡库区小径竹生产中存在的利用率低、增值不高的问题，开发了独具特色、处于国内领先水平的小径竹碎料模压门板、一次整体成型空心门、竹塑复合装饰材料等三大成套技术，形成了竹碎料板、模压门、空心门、竹塑装饰材等四大类产品。

1. 创新技术一：小径竹碎料模压门板连续生产成套技术

小径竹碎料模压门板连续生产成套技术的创新点主要包括：①竹材疏解、分离、分级组合系统的研制；②立式刮板干燥机的研制；③间歇式铺装、平压预压法与单层热压机群组合成型工艺；④欧式门面板凹凸弯曲模具。

目前，碎料形态的木材、竹材单元制造模压薄板时主要存在三个难点：①成型困难，无法自动连续作业，仍停留在拌胶、铺装（模）、预压、热压手工的作业状态，同时，还需要多次预添补料。②竹青含蜡，加工困难，容易堵塞刨片机，刀具损伤大。传统的削片、刨片以及国外的迈耶、帕尔曼方式都难以达到小径竹碎料模压门板连续生产的质量要求。③没有适合小径竹碎料模压门板生产工艺要求的加工设备。

针对上述三个难点，公司课题组认真分析了小径竹的化学特性，发明了生产小径竹及竹材加工剩余物专用的竹材疏解、分离、分级组合系统，对水径竹进行了顺纹撕裂，在不需要太大外力的情况下，将小径竹通过节齿刀高度直接定长，连续疏解分离、分级，从而得到细长、均匀（表面、芯层比例搭配）的针状碎料。利用拥有自主知识产权的立式刮板干燥机，采用二级干燥过程，首先对含水率高的物料直接进行高温干燥，然后对含水率低的物料采用低温干燥，热利用效率高达 95%，降低了着火风险。上述设备和工艺的开发有效地利用了竹材的性能特点，提高了小径竹的出材率，节省了能源消耗，降低了生产成本。

重庆星星套装门有限公司开发了间歇式铺装、平压预压法与单层热压机群组合成型新工艺。通过对连续拌胶机增加活门阻料装置、降低装板运输机被动辊直径等技术改造，使拌过胶的竹碎料得到了充分软化，使其物料流动性增强；在坯料制备、坯板成型工段，采用多级规量和尘降式成型等技术组合，分层铺装、等厚成型，铺装精度控制在 2% 以下，能够生产 6 毫米以下的竹碎料门面板及薄板。在国内率先实现了小径竹碎料门面板的连续自动化生产，效率获得了极大的提高，设备投资明显降低了。同时，根据欧式门面板凹凸弯曲度要求，采用精准模具设计方法，开发出了新的模具。建成了小径竹碎料板和模压门板连续生产线，成功生产出了 3 毫米、6 毫米、9 毫米等系列厚度的优质竹碎料板，开发出了康乐模压门、华丽模压门 2 个系列 20 多个新产品。

2. 创新技术二：平压法小径竹碎料一次整体成型空心门成套技术

平压法小径竹碎料一次整体成型空心门成套技术的创新点主要包括：①竹碎料、预设部件整体成型工艺；②榫合状咬合一次整体成型工艺；③空心门脱模系统。

目前国内生产空心门主要有两种方式：①芯料采用德国进口设备生产的桥洞力学空芯板，以木质刨花为原料，采用冲挤法热固成型，板面粗糙、静曲强度低。通常表面和周边需要贴适宜人造板等材料增强和封闭，其造价较高。②芯料采用木方条做框架，为二次组装的空心板，即常规空芯结构板由两块板（如胶合板，MDF纤维板等）与结构框架胶接（或钉结）而成，易开胶鼓泡，工艺复杂、效率低、成本高。另外，空心门生产中的另一个问题就是脱模困难。公司课题组深入分析了目前空心门的生产工艺以及存在的问题，提出了竹碎料、预设部件整体成型工艺和榫合状咬合一次成型工艺。在自动程序组坯装模的基础上，采用自主研发的滚动进出热压装置与平压法生产工艺，依次铺设下板坯、预设芯条和模具、铺设上板坯，经预压、热压、脱模、锯切等工序，一次整体成型，不用二次贴合，产品抗拉强度、抗冲击强度大，尺寸稳定性好，强重比高，上述性能整体优于德国技术生产的桥洞力学空芯板和木芯板空心门。同时，研制了一种适用于空心门生产的脱模装置，解决了空心门的脱模难题。他们开发的一次成型小径竹空芯门技术，生产工艺简单，运行稳定，产品一次性合格率达99.5%；设备投资小，成本低，产出率高，能耗低；产品结构科学，内支撑筋（预设置部件）与两面内壁成榫合状咬合；板面平整光滑，可以直接进行涂饰。该项技术开创了国内一次成型生产空芯门的先河，并形成了产业化。

3. 创新技术三：竹塑复合装饰型材制造成套技术

竹塑复合装饰型材制造成套技术的创新点主要包括：①竹塑复合型材新配方；②竹塑新型装饰材料开发。

竹材加工企业在生产过程中都会产生大量的砂光粉，目前主要是进行燃烧、填埋或作为填料利用。由于砂光粉中含有胶粘剂，上述利用方式或污染环境，或利用附加值低。本成果针对竹砂光粉目数较低，含有胶粘剂的特点，提出了竹塑复合型材新配方，用砂光粉替代传统木粉，用酯类、烯类替代木塑生产配方中的引发剂、偶联剂，改善了竹粉与塑料的界面相容性。在不加入引发剂、偶联剂，不对砂光粉进行物理、化学预处理的条件下，通过对挤塑设备进行改造，在工艺上提高压缩比改善了塑化效果，定型模具由原来的300毫米延长到了800毫米，延长了冷却时间，提高了生产效率和成品率，真空吸附由原来的上表面吸附改成了四周吸附，提高了制品的成型精度。

和传统木塑复合材料相比，竹塑复合装饰型材具有两个优点：①工艺简单。国内传统工艺是先挤压成粒，再二次挤压成型，或采用双螺杆单螺杆双阶挤出机组生产，不仅工艺复杂，而且木塑混合物要经过两次加热，能耗较高。本工艺只需混合热压即可一次挤压成型。②节约成本。项目组通过对配方进行改进，PVC和竹砂光粉、碳酸钙等填料的比例高达1 ：1.25，不用加入价格高昂的引发剂、偶联剂，大大降低了生产成本。

重庆星星套装门（集团）有限责任公司曾经在2007年被列入重庆市政府第一批20个循环经济试点单位。在发展循环经济方面，公司结合自身实际，成功地将技术和小径竹资源结合起来，取得了巨大的成功。

五、政府主导型模式

政府主导是循环经济实践的另一个重要形式。政府主导并非是政府直接主导企业微观的循环经济实践，而是在中观层面加大力度建设和发展循环经济产业园区、集群。在这种模式中，政府不但是循环经济工业园区、集群的直接规划者，综合开发的领导者，而且是循环经济实践的主导者，资源的投入者，也是主要的受益者。政府在这种模式中起主导作用，这是因为循环经济发展模式比较复杂，经常需要多个企业参与，才能实现“循环”和“经济”。政府主导型循环经济具有较大的强制性，具有目标明确统一、资源结构较合理、稳定性较好等特点，同时也可能会出现监督困难、人浮于事、效率低下等问题。

福建漳龙林业循环经济产业园就是政府主导的典型的循环经济实践的案例。

据相关数据显示，漳州市共有2000多家林业经营加工企业，2014年全市规模以上林业加工总产值464.47亿元，作为全国第三大木材加工基地，在胶合板行业发展的过程中，由于零散缺乏统一管理，企业给环境带来了污染，形成了“脏、乱、差”形象。同时，由于缺乏政府的引导扶持，漳州木材加工企业大都为民间投资，直接导致部分企业建设无序和处于低水平的状态。

2015年，为了推动漳州市木业产业发展及转型升级，漳州市的重点龙头国有企业，福建漳龙集团规划建设了漳龙林业循环经济产业园区，并向外招商。规划建设的漳龙林业循环经济产业园区选址漳浦县长桥镇，利用芗城区、龙文区、龙海市现有木材加工产业基础，发挥了漳浦县长桥镇产业资源优势、投资环境优势、区位优势和福建漳龙集团市属龙头企业技术、人才、管理及资金等方面的综合优势，着力推进了漳州林业产业转型升级。在做好基础设施建设工作的同时全力优化园区的综合服务配套，积极打造综合服务链、优势供应链、一流物流链、专业生产链和强势销售链。

园区占地8013亩，分期建设，规划建设了进口木材加工区、木材初加工区、木材深加工区、新能源区、制胶区、物流配送中心、交易展示服务中心、商住服务中心等功能区。通过合理规划分区，引进太阳能烘干板材、热压加热等新技术和最先进的生产工艺设备，形成了原木加工、板材加工、家具生产、进出口贸易、交易配送、物流电商、科研、金融服务等完整产业链。发展以木材加工、人造板加工为主体，辅以高端家具、木制品等高附加值产品，带动了机械五金、物流仓储、会展、商贸等相关配套产业的发展，延伸了产业链，走上了集约型环保型道路，成了木材加工产业向集群化、高端精深加工延伸发展的示范性基地，打造了集生产加工、进出口贸易、交易配送、物流电商服务等多功能为一体的林业循环经济产业园区，走上了集约、环保型道路，打造了现代化林业的加工循环经济产业园区，从而推动了全市林业产业集约、高效、可持续的发展，为漳州经济发展注入了强劲的活力和动力。目前园区已迎来了100多家企业入驻，建成投产后年产值可达300亿元以上。

为推进漳州木材产业的转型升级，助推木材企业聚集发展，漳龙集团坚持“高起点规划、高标准建设”，全力优化园区的综合配套服务，为企业提供优质的发展平台。据悉，漳龙集团为入驻企业提供了社区化、保姆式的综合服务。无论是办公大楼、研发中心、展示大厅、生活区和商业服务区，还是投资公司和中小企业担保公司等，漳龙林业园区一应俱全，功能区划分合理，可满足企业经营、金融服务、对外展示、科研等全方位的需求。同时，引入金融机构，依托漳龙集团融资实力，凭借园区平台，为企业提供程序较方便的长期较低息不动产融资。对进入园区的企业在扩大生产规模出现流动资金短缺时，产业园将依托漳龙集团投融资平台，联合金融机构为企业提供优质的融资等金融服务，为企业量身打造相应的金融服务计划，提供资金方面的支持。此外，由漳龙集团控股的海峡生物科技有限公司全资子公司——海峡（福建）花卉进出口服务有限公司打造的花卉进出口检验检疫区，可从事进口罗汉松及植物种苗处理、隔离种植等业务，为园区进口植物产品质量安全保驾护航。企业进驻后，还将与漳龙集团结成紧密的合作关系，漳龙集团将以大集团的优势向国内外进行大批量采购，联合入园企业统一采购部分原辅材料，降低了生产采购成本。除了从生产到供应的一条龙服务，璋龙林业园区还将借助“互联网+”发展模式，设立销售（电商）平台，为企业打造强势的销售链，帮助企业大大增强市场竞争力。据了解，漳龙集团将以漳州木材加工产业集群的优势，建设木制品交易配送区，形成海峡西岸木制品集散交易配送中心，建设现代电子商务平台，构建起“全时空、无边界”的销售网络，扩大入驻企业的市场渠道。同时，园区还将引入物流企业，采用海、陆综合物流的仓储运输方式，为企业提供现代化的物流服务。为企业提供法律咨询、税务咨询、市场开拓、企业运营、仓储物流装卸、检验检疫等多方位的支持服务，并帮助企业依法争取并享有国家给予的相关产业园区优惠政策。以产业带动市场，以市场推动产业。

六、综合驱动型模式

上述类型都将循环经济的发展归结为单一要素的作用，而循环经济的实践却往往并非如此，资源、经济、技术、需求、政府等要素均在循环经济实践中发挥了作用，但并非是唯一要素。综合驱动型循环经济产生和发展的动力源是多方面的，这些动力经常同时发生作用，是相辅相成的，有时候某种力量会更强一些，而在另一些场合下，其主导力量又会发生变化。各种力量在循环经济发展的不同阶段有着不同的作用，在发展初期主要受资源禀赋、政府行为和潜在利润的影响，在快速成长阶段则更多地受到了需求拉动和技术推动的影响，当发展到成熟阶段后则表现得更为复杂，各种力量势必同时发生作用，这些力量相互交会，形成了巨大的综合效应，循环经济的发展过程是一个资源驱动、政府促动、技术推动、市场拉动以及利益诱动的综合过程，绝大多数国家的生态工业示范园区都是综合驱动型的。

全友家私有限公司就是综合驱动型的典范，全友家私综合运用了四川丰富的木材资源，依托城镇化过程中对木制品的刚性需求，加上过硬的技术、质量管理、品牌运作等优势，逐渐发展成了国内一流的木业综合企业。全友家私有限公司创建于1986年，经过二十余载的励精图治，已发展成为集研、产、销一体的全国最大板式家具生产龙头企业。公司主要生产板式套房家具、实木家具、床垫、沙发、软床和定制家具、工程家具等系列产品，产品畅销全国。公司投巨资兴建的全友家具国际工业港，由德国BRUNSARCHITEKTEN规划设计院与意大利COMANI规划设计院规划设计，以“现代、绿色、生态、国际化”为设计理念，创建了国内一流、国际领先的家具工业港。公司全面推进企业信息化战略，实现了从产品研发设计、采购、生产制造、物流、销售，到顾客售后服务的全价值链信息化集成管理，从而整合了产业上、中、下游资源，为顾客提供了卓越的产品和服务价值。公司在行业内率先建立了IS09001质量管理、IS014001环境管理和OHSMS18001职业健康安全管理三大体系认证；获得了“中国最佳售后服务奖”和“中国最佳特色服务奖”“2012绿色设计国际贡献奖”“绿色先锋”企业称号、“第三届四川质量奖”等殊荣。

全友家居一直秉承绿色的核心理念，以“绿色文化、鱼水文化”为企业核心文化价值。在全友，绿色不仅是全友品牌的基础色调和核心基因，更是全友人的价值信仰和精神高地。绿色不仅是对产品全流程绿色的精心打造，更包含着员工、事业伙伴、用户、社会的责任和担当。

公司遵循实现资源环境的永续利用，发展高效生态经济的要求，坚持生态优先，以节能增效和生态环保为切入点，大力发展绿色经济、循环经济、低碳经济，用实现林业的可持续发展为工作指引，积极推行林业循环经济发展模式，具体主要开展了如下几方面的工作。

1. 推行林板一体化发展

公司采用中密度纤维板代替直接的木材作为家具生产的主要材料，为此公司建立了中纤板生产厂，利用树皮、树梢、木材加工产生的边角料等，经过粉碎、气流分选、加热、热压等程序，加工成中高档密度纤维板，这一过程不仅不消耗大径优质木材，还可以减轻林木“三剩物”和木材加工剩余物的处理负担。

2. 清洁生产及节能减排

清洁生产是用清洁的能源和原材料、清洁工艺及无污染、少污染的生产方式，科学而严格的管理措施，生产清洁的产品。因此仅仅对生产过程中的污染源进行控制是不够的，清洁生产应渗透到工厂生产、生活的全过程，对工厂所有污染源进行审计，纳入管理范畴。

林业产业与其他类型工业产业共同形成了基于全社会的大循环，使林业产业及其相关产业的经济活动形成了“资源—产品—再生资源”的闭路循环，所有投入的原材料和资源在这个不断进行的循环回路中都能得到最合理的利用，进而使得整个林业产业链的活动对自然环境的危害减少到最低程度，同时也可以获得最大的经济效益。

公司用实现林业的可持续发展为工作指引，积极推行林业循环经济发展模式，在实施过程取得了不错的成绩。实施林板一体化经济，不仅加强了对林业源头资源的深入了解和互动，还准确、及时地掌握了源头资源状况，同时也在板材资源市场上更加主动，使生产成本进一步得到了控制；实施新技术新材料让企业更加具有活力；实施清洁生产让企业发展得更加健康、稳健。

全友家私有限公司综合运用了资源、经济、技术、需求、政府等多种要素，构建了速生林基地、高新技术、优质产品、循环利用、品牌与服务的运营模式，同时，在发展过程中，与政府、科研、协会、高校等单位建立了良好的关系，在我国城镇化的关键时期以及人们提高生活质量的需求中获得了快速发展，也为生态环境的改善做出了积极贡献。

第四章　中国林业循环经济发展现状及其对策

第一节　中国林业循环经济发展现状

根据对目前林业循环经济发展的现状调查分析发现，我国在发展林业循环经济的理论研究与实践中均存在一些问题，具体表现如下：

一、林业循环经济发展的制度框架初步建立，需要不断完善

国家先后出台了《中华人民共和国循环经济促进法》《中华人民共和国清洁生产促进法》《中华人民共和国森林法》《循环经济发展战略及近期行动计划》《关于加快发展农业循环经济的指导意见》《关于加快林下经济发展的意见》《全国林地保护利用规划纲要（2010—2020 年）》《全国集体林地林下经济发展规划纲要（2014—2020 年）》和《全国集体林地林药林菌发展实施方案（2015—2020 年）》等法律和政策文件，实行了严格的林地保护制度、节约用地制度和最严格的水资源管理制度，林业资源环境保护法制建设得到了加强，发展林业循环经济的制度和政策体系初步建立。但针对发展林业循环经济相关的经济、价格等激励措施与机制尚未建立，缺少总体规划，发展林业循环经济的政策支持力度不够，对林业循环经济的政策配套研究有待进一步加强，进行有效指导。各地区导致林农和林业企业发展林业循环经济的动因不足，发展林业循环经济尚未成为广大林农和林业企业的自觉行为。

二、林业循环经济实践多于林业循环经济理论研究，急需提高林业循环经济理论研究

林业循环经济是国家循环经济工作的重要组成部分，是林业可持续发展和转型升级的重要内容。2015 年国家林业局发展规划和资金管理司开展了重点地区、重点企业林业循环经济发展经验材料征集活动，从上报的材料可见，各级政府、林业主管部门、重点企业

高度重视林业循环经济发展，开展了较为广泛的林业循环经济实践，但林业循环经济理论研究略显滞后。我国的循环经济早先是由环保与管理部门推动的，集中于工业与社会领域方面，理论探索也多集中于社科研究与环境保护部门，对林业循环经济的片面认识如“林业循环经济就是林业废弃物利用”“林业循环经济就是中国生态林业，是重复多余的概念”等普遍存在，对林业循环经济的内涵、林业循环经济系统理论、政策及发展战略的研究、林业循环经济发展模式的构建与总结等都有待进一步深化。

三、林业循环经济技术支撑体系薄弱，基层各类人才缺乏

①林业循环经济技术研究薄弱，在林下经济配套技术研究、城市园林废弃物综合利用新技术、林业废弃物综合利用新技术开发，木、竹、藤等林业废弃物开展热、电、油、林化产品等生物质联产技术研发，林业废弃物综合利用和废旧木材生产生物质材料、生物质能源等新技术研发方面都有待加强。

②基层专业技术人才、管理人才严重缺乏。从各地重点地区和重点企业上报的材料可见，各地林业局、林业循环经济企业普遍反映技术研发人才、质检人才、知识产权管理人才、标准化人才、企业管理人才严重缺乏，科技创新能力不足，企业管理水平低。同时，国家和企业拥有的技术人员侧重于成本控制和新产品研发，而对循环经济技术、绿色技术创新方面优势不足。人才匮乏严重影响了林业循环经济的发展，因此急需引进各类专业人才，同时加强对现有的各类人才的培养和培训。

四、林业循环经济标准体系不健全

国家林业局制定了以清洁生产、节材、节能、废弃木材循环利用等为主要内容的林业循环经济国家标准和行业标准622项，但很多市场急需的产品、设备、工程建设和项目运行等方面的标准严重缺乏或滞后，检测认证体系建设滞后，缺乏市场监管和技术监督，阻碍了林业循环经济的发展。如废弃木质材料产业缺乏很多急需的标准，急需制定废弃木质材料产业发展的基础通用标准，急需制定回收木材加工规程、质量要求、抽样和检验方法等标准，急需制定回收木材加工产品标准。而园林绿化废弃物的收集、运送、粉碎和制作过程都没有完善的标准体系和规范要求，废弃物加工产品也没有标准，急需制定。同时园林绿化废弃物综合利用就因为缺少相关新产品标准，使得不少新产品推广艰难。

五、林业循环经济示范工程较少

国家林业局对林下经济示范高度重视，在《全国集体林地林下经济发展规划纲要（2014—2020年）》和《全国集体林地林药林菌发展实施方案（2015—2020年）》中有明确要求，并分别在2013年、2015年两次公布了示范基地名单，对林下经济发展发挥了

重要作用。

为进一步发挥各地林下经济先进典型的示范带动作用，国家林业局确定了首批国家林下经济示范基地。国家林业局于2013年确定了20家林下经济示范基地，包括天津市静海区、辽宁省本溪市、安徽省黄山区、福建省武平县、江西省武宁县、山东省蒙阴县、河南省栾川县、湖南省靖州县、广西壮族自治区浦北县、海南省儋州市、贵州省毕节市等20家。2015年国家林业局办公室《关于公布2014—2015年国家林下经济示范基地名单的通知》，认定了河北省滦平县等78个县（市、区、旗）、北京灵之秀文化发展有限公司等34家公司、北京四海种植专业合作社等16家专业合作社共128家单位为2014—2015年国家林下经济示范基地。国家林业局要求示范基地创建要与《全国集体林地林下经济发展规划纲要（2014—2020年）》和《全国集体林地林药林菌发展实施方案（2015—2020年）》相结合，大力发展当地特色的地道和珍稀品种，逐渐形成“一县一品”的特色与优势，不断增强林下经济产品的市场竞争力。要通过创建示范基地，重点扶持一批规模大、效益好、带动力强的林下经济示范基地，通过以点带面的示范带动作用，优先推广先进的实用技术和发展模式，辐射带动广大农民积极发展林下经济，为周边及类似区域提供借鉴参考，起到“探路子、出经验、做示范”的重要作用。要注重发挥政策、资金、项目的引导和拉动作用，加大对示范基地的扶持力度，不断增强示范基地的影响力。要加强对示范基地运行情况的监督管理，加强对优秀示范基地的宣传推介，切实发挥示范基地的示范带动作用。

但国内其他林业循环经济示范工程数量较少。2005年、2007年国家发展和改革委员会、国家环保总局等联合下发了《关于组织开展循环经济试点（第一批）工作的通知》（发改环资〔2005〕2199）、《关于组织开展循环经济示范试点（第二批）工作的通知》（发改环资〔2007〕3420）的通知，2005年择钢铁、有色、化工等7个重点行业42家企业进行了试点。其中列入轻工的造纸企业贵州赤天纸业股份有限公司、山东泉林纸业有限公司为试点单位。2007年重点行业中的农业（林业）公司，黑龙江省伊春市朗乡林业局被列入试点。为推进资源综合利用，“十二五”期间，国家将重点围绕“矿产资源综合利用、产业废物综合利用、废旧资源综合利用”三大领域，在全国培育和扶持发展100个资源综合利用示范基地和100家资源综合利用骨干企业，即“双百工程”。2012年第一批国家资源综合利用“双百工程”示范基地发布，确定了本溪市等24个地区和单位为首批资源综合利用“双百工程”示范基地，确定了白银有色金属集团有限公司等26家单位为首批资源综合利用“双百工程”骨干企业。2012年第二批国家资源综合利用“双百工程”示范基地发布，确定了河北省魏县等19个地区和单位为第二批资源综合利用“双百工程”示范基地，确定了中国建材集团泰山石音股份有限公司等24家单位为第二批资源综合利用“双百工程”骨干企业。2012年、2014年两批共确定了“双百工程”示范基地43个，“双百工程”骨干企业50个。第一批国家资源综合利用“双百工程”示范基地没有涉及林业领域相关单位；2014年第二批国家资源综合利用“双百工程”示范基地名单中2个废弃木材利用公司名列其中，林业剩余物利用企业1个，占已发布示范基地总数43个的4.65%，占已发布骨干企业总数50个的2%。江苏省泗阳县废弃木材综合利用示范基地和浙江湖州市南捋区废弃木材综合利用示范基地被国家发展改革委列入了第二批国家资源综合利用“双百工程”示范基地。

各省、直辖市、自治区开展了循环经济试点工作，取得了不小的成效。北京市、天津市、江苏省、浙江省、安徽省、江西省、山东省、河南省、湖北省、湖南省、四川省、重庆市、甘肃省、广东省等16个省、市开展的循环经济试点企业中，涉及人造板、木塑复合材料、生物质能源、生物质材料、造纸、苗木等领域的企业共计83个，占试点总数1252个的6.63%。共计83个循环经济试点企业中，造纸企业47家，占56.63%。江苏大亚装饰材料有限公司、江苏大盛板业有限公司、德华集团控股股份有限公司、升华集团控股有限公司、浙江欧科木业有限公司、浙江顺泰木业有限公司、久盛地板有限公司、浙江永裕竹业股份有限公司、湖州新峰木塑复合材料有限公司、湖州新远见木塑科技有限公司、北京恒通创新木塑科技发展有限公司、正和集团股份有限公司、鲁丽集团有限公司、山东贺友集团总公司、德州泸平永发造纸有限公司、山东正大纸业有限公司、重庆星星套装门有限责任公司、云南云景林纸股份有限公司、云南玉加宝人造板有限公司、普洱高密度纤维板有限责任公司都是循环经济试点企业。

国家发改委批准的循环经济示范企业、示范园区中，属于林业的仅3家。总体来看，国家发改委、国家林业局、各省市自治区批准的林业剩余物资源综合利用产业示范工程、示范企业较少，而森林抚育剩余物、园林绿化废弃物综合利用方面还没有示范工程、示范企业，缺少示范引领效应，产业发展缓慢。

六、林业循环经济社会服务体系不健全

林业循环经济社会支撑体系不健全，缺乏有效的循环经济跟踪与评估技术，再生资源辨识及其信息沟通机制不健全，缺少林业循环经济研究交流和信息指导平台，全社会对循环经济发展认识也严重不足。主要表现为缺少林业循环经济信息平台、林下经济信息平台，企业和林农缺少信息指导；没有专门的学会或协会，没有专门的网站，使国内相关理论研究人员缺少交流平台；也未组织召开重要的学术会议推动宣传，使林业循环经济发展缓慢。

七、林业循环经济产业转型升级形势严峻

根据国家林业局《2015年林业发展报告》统计数据，2015年全国锯材产量6836.98万立方米，比2013年增长了8.56%。木片、木粒加工产品4314.09万实积立方米，比2013年增长了9.61%；人造板产量保持增长，全年人造板总产量为27371.79万立方米，其中胶合板14970.03万立方米，纤维板6462.63万立方米，刨花板产量2087.53万立方米，其他人造板3851.60万立方米（细木工板占62%）；木竹地板为7.60亿平方米，其中实木地板1.50亿平方米，实木复合地板2.43亿平方米，强化木地板（浸渍纸层压木质地板）2.47亿平方米，

竹地板 1.02 亿平方米，其他地板（软木地板、集成材地板等）0.18 亿平方米。

中国林产工业的人造板、造纸产业基本都产能相对过剩，2015 年颁布实施的有“钢牙”的环境保护法提高了环保要求，加大了执法力度，对林产工业产业转型升级提出了更高的要求，严格的环境保护不仅为林产工业带来了挑战，也带来了机遇，逼迫产业加快转型升级，加快产业洗牌。

2015 年 3 月 25 日，北京园林绿化局决定，北京市自 2015 年起全面建立和完善禁烧园林绿化废弃物监管机制，将禁烧园林绿化废弃物也纳入了各级园林绿化绩效管理考核和森林防火内容中，要求对园林绿化废弃物进行综合利用。园林绿化废弃物禁烧和综合利用对改善大气环境质量、预防森林火灾、增加土壤养分等都具有积极作用。这对园林绿化废弃物综合利用提出了更高的要求。

八、林业循环经济相关的教育与宣传体系尚未建立

林农和林业企业的循环经济理念的教育较为薄弱，循环经济意识薄弱，林农根本不懂什么是循环经济，没有全过程控制、从源头上减少资源消耗和污染排放的意识，多数企业和农民在思想认识上还不到位，对发展循环经济的重要性和紧迫性没有足够的认识，生态资源优势没有得到有效的发挥。

第二节　中国林业循环经济发展的对策建议

森林资源是一种可再生、可循环利用的自然资源。森林生态系统作为一个开放式的内部物质循环和外部能量交换的复杂系统，其对人类的亲和性和对环境的友好性，决定了人类对森林资源的利用，已由单一木材利用、全树利用朝着对整个森林生态系统综合利用、高效利用、循环利用、可持续利用的方向发展。因此，发展林业循环经济是构建资源节约型、环境友好型社会，促进人与自然和谐共存，实现资源环境与经济社会全面、协调、可持续发展的关键和基础。

新时期发展林业循环经济，总的要求是认真贯彻落实党的十八届五中全会精神和中央关于生态文明建设的决策部署，以大力推进林业现代化为目标，以加快转变林业发展方式为主线，以保障国家生态安全、木材安全和促进林农持续较快增收为首要任务，着力推进林业资源利用节约化、生产过程清洁化、产业链条生态化、废弃物利用资源化，促进林业绿色发展。

一、加强和完善林业循环经济制度体系建设，建设林业循环经济制度保障体系

国家林业局作为国家发展循环经济工作部门联席会议的组成单位，应研究制定发展林

业循环经济的支持政策和配套政策，要求从政策支持、技术研发与应用、标准制定和执行、商业模式构建全方位推进，推动建立林业绿色低碳循环发展产业体系，编制“全国林业循环经济发展规划”，指导全国林业循环经济发展。

二、加强林业循环经济重点领域工作，实现林业循环经济大发展

1. 加快研究构建林业循环经济产业体系和循环发展模式

①加快构建循环型林业种植业体系、构建循环型林产工业体系和循环型林业服务业体系。②发展林下经济，发展绿色产业，推进林地资源集约节约利用和高效利用。推进林业生产加工利用减量化、推进林业废弃物和废弃林产品的资源化利用和循环利用，推进清洁生产，构建林业加工、旅游一体化和第一、第二、第三产业联动发展的现代工农复合型循环经济产业体系。③推进林业节能减排，推进林业废弃物循环利用产业，推动林业产业转型升级，促进林业循环经济发展。

2. 大力发展林下经济，推进林地资源高效利用和循环利用，提高林地产出

我国林地面积分布广，根据各地的气候环境条件，充分利用林地资源，推广林上、林间、林下立体开发产业模式，各地区应根据本地区的实际情况，选择适合本地区林下经济发展的模式，发展林下经济。

3. 加强对城市园林绿化废弃物的资源化利用

城市园林绿化废弃物（落叶、修剪的树枝或枯枝等）已经成为城市垃圾的主要组成，北京、上海、广州、深圳、济南、杭州等大城市开展了城市园林绿化废弃物的综合利用工作，但问题依然很多。应开展城市园林绿化废弃物生产人造板、生物质能源、肥料以及多级综合利用技术研究和示范，推广成熟新技术，加强城市园林绿化废弃物资源化利用。

4. 加强林产工业的清洁生产和循环利用，加强绿色制造，实现产业转型升级

林产工业主要包括木材加工、人造板、木竹地板、木家具、木浆造纸、松香、栲胶、松节油、紫胶、活性炭、酒精等的生产制造，按照循环经济的减量化（Reduce）、再利用（Reuse）、资源化（Recycle）原则，在企业内实行清洁生产，对森林采伐、造材与加工的废弃物、废弃木材和木质材料与废旧家具、废旧木制品、林化产品加工废弃物等进行再使用和资源化利用，利用这些原料生产人造板、生物质材料、生物质能源、活性炭、竹炭和酒精等产品。

建立木材高效利用与综合利用体系，提高木材综合利用率。为适应我国经济高速发展对木材与木制品日益增长的需求，必须建立森林高效利用和综合利用体系，提高木材综合利用率。设计并采用木材利用新工艺、新技术、新设备，从生产源头上，充分利用资源，减少废弃物的产生，并用新工艺、新技术、新设备改造传统工艺技术与设备，建立企业木材综合利用审计制度，企业产品木材利用率标志，提高木材综合利用率。

同时，建立完善废弃木材、废弃林产品回收与循环利用体系，实现废弃木材、废弃林产品资源化与循环利用。建立完善的废弃木材回收利用体系，建议在全国各省会城市建立废旧木材区域循环利用中心，或鼓励相关企业利用废旧木材进行循环利用，完善现有的废旧物资回收体系，研发并推广回收与循环利用技术，实现废弃木质材料资源化与循环利用。

加强林产工业绿色制造。工业绿色化对我国更为重要。工业绿色化包括“传统工业绿色化”和“发展绿色产业”两方面。工业绿色化要从产业布局、结构调整、全生命周期的环境资源管理、技术进步和创新，以及激励和约束机制等方面动脑筋、下力气，实施品牌战略，发展生产性服务。以市场为导向，以企业为主体，以智能化、绿色化为方向，循序渐进地加以推进；坚持创新驱动，智能转型，强化基础，把构建绿色、循环、低碳制造体系放在更加突出的位置，从制造大国向制造强国转变；推动传统产业绿色改造，用高效绿色生产工艺技术装备改造传统制造业流程。

5. 构建和拓展林业循环经济复合产业链

探索推动热、电、油、林化产品等生物质联产项目。推进林、竹、藤种植与加工、生物质能源、旅游等循环链接，形成高效的跨企业、跨林户的循环经济联合体，构建林、果、畜禽、茶、加工、能源、物流、旅游一体化，和林业第一、第二、第三产业联动发展的现代复合型循环经济产业体系，重点发展林板一体化、林纸一体化、林能一体化、林脂一体化，发展森林生态旅游。2016 年 2 月国家发改委、农业部（现为农业农村部，下同）和国家林业局发布的《关于加快发展农业循环经济的指导意见》中明确指出，“构建林业循环经济产业链。推广林上、林间、林下立体开发产业模式。鼓励利用木、竹、藤在采伐、抚育、造材、加工过程中产生的废弃物和次小薪材，生产人造板、纸、活性炭、木炭、竹炭、酒精等产品和生物质能源，鼓励对废弃的食用菌培养基进行再利用；鼓励利用城市园林绿地废弃物进行堆肥、生产园林有机覆盖物、生产生物质固体成型燃料、生产人造板、制作食用菌棒等；鼓励对经济林和果树修剪枝桠材、林产品加工副产品等的资源化利用。发展城市屋顶绿化、建筑墙体垂直绿化、阳台菜园等，增强吸附空气污染物、缓解城市‘热岛效应’的生态功能，拓展绿色空间”。

三、加强林业循环经济技术研究，建设林业循环经济技术支撑体系

循环经济技术体系包括循环经济的替代技术、减量化技术、再利用技术、资源化技术、系统化技术的研究等。加强林业循环经济技术的研究，将森林资源节约、循环利用共性关键技术研发纳入科技开发计划和产业发展计划中。加强林业循环经济技术新技术研发和试验示范，重点开展林产工业清洁生产技术研发和集成、废物利用技术和污染治理技术研究。

加强城市园林废弃物综合利用新技术研究、林业废弃物综合利用新技术开发，开展木、竹、藤等林业废弃物进行热、电、油、林化产品等生物质联产技术研发，研发林业废弃物

综合利用和废旧木材生产生物质材料、生物质能源等新技术，研发环保低毒无甲醛胶粘剂制造与应用技术，开展林产工业绿色制造技术和清洁生产技术集成研究，完善林业循环经济技术体系。具体包括：废弃木质材料利用技术，废弃木质材料性能快速评价技术、废弃木质材料循环利用技术、无甲醛释放人造板生产技术、木材干燥节能技术、木材高效利用技术、环保型木材保护技术等。积极推进森林资源深加工技术的研发，提高产品附加值，实现林产工业的优化与升级。

开展林下经济发展技术研究。加强林下种植、养殖的新品种、新技术、新模式的研究，加强林下资源的引种、资源调查与收集保存、评价、品种培育等方面的研究，提高林下经济产品的产量和质量。

加快建立产学研用相结合的发展模式，鼓励创建林业循环经济技术开发重点实验室、研发中心，鼓励企业组建专门的技术研发机构或与高校或科研机构联合开展技术研发，加大高校和科研机构的成果转化力度，尽快将科研成果转化为现实的生产力和科技产品。支持循环经济关键技术和装备产业化示范。建立和完善科技成果转化平台，加快对先进适用的节能减排技术、设备、工艺和材料的推广应用。建议国家林业局设立林业循环经济研究中心、工程中心等。

加强林业循环经济发展模式的研究和示范推广。建议加强对以造纸、人造板、木地板、家具、林产化学加工生产为重点的企业推行清洁生产示范，国家林业局可以考虑在我国森林资源丰富、林产工业发达的地区改造和设立林产品工业生态园区，在全国建立或整合资源建立较为完善的废弃林产品回收与循环利用体系，探讨符合我国国情的森林工业循环经济发展模式。树立先进典型，为加快发展林产工业循环经济提供示范和借鉴，并为制定发展循环经济的推进计划提供参考。

实施林业循环经济技术产业化示范工程，引进、消化、吸收和再创新一批林业循环经济关键技术和装备，加快成熟、适用、先进技术工艺和装备的推广应用。建议建立国家林业局林业循环经济发展专家咨询服务团队，培育和扶持一批为发展林业循环经济提供规划、设计、建设、改造、运营的专业化服务公司。

四、加强林业循环经济标准体系建设，加强市场监管和技术监督能力建设，促进产业发展

以服务推进林地资源集约节约利用和高效利用，推进林业生产加工利用减量化、推进林业废弃物和废弃林产品的资源化利用和循环利用、推进清洁生产、拓展和构建林业循环经济复合产业链等林业循环经济重点工作为目标，建立和完善林业循环经济技术和产品标准体系及工程规范，开展以清洁生产、节水、节材、节地、节能、林业剩余物综合利用、废弃林产品循环利用和综合利用、林下经济发展急需的产品、方法和管理的国家标准和林业行业标准为主的制修订工作，开展林业循环经济标准化试点工作，为林业循环经济产业发展提供支撑。

如对于废弃木质材料产业领域，急需制定《废弃木材回收利用术语》《回收木材产品标识》《废弃木材保管规程》《废弃木材加工技术规程》《废弃木材中卤素的测定方法》等基础通用标准；急需制定《人造板用回收木材质量要求》《固体燃料用回收木材质量要求》《回收木材抽样及检验方法》等回收木材加工规程、质量要求、抽样和检验方法等标准；对于园林绿化废弃物综合利用领域需制定园林绿化废弃物收集、运送、粉碎和制作过程规范和园林废弃物加工产品标准，并开展林下经济产业标准制定工作。

健全林业循环经济技术和产品检测认证体系，加强技术监督以及工程和产品质量管理。加强林业循环经济标准体系技术指导、工程咨询、信息服务等中介机构能力建设。

五、建立健全循环经济社会服务体系，加强基层各类人才培养

建议开展中国林业循环经济发展现状普查，建立林业循环经济信息平台和网站，摸清林业循环经济发展家底，加强林业循环经济宣传；建立有效的循环经济跟踪与评估技术、健全再生资源辨识及其信息沟通等机制。

建议成立中国林学会、林业循环经济专业委员会或中国林产工业协会、林业循环经济促进专业委员会，搭建交流沟通平台，开展学术交流，活跃学术思想，促进学科发展，组织重大林业循环经济科技问题调研、论证和考察活动，推动林业循环经济的研究和实践。

建立统一的林下经济信息平台。建立统一的林下经济信息平台，包括各个县市种植品种、面积、所采用的技术标准、产品质量监测。政府要引导农民进行科学规划布局，因地制宜，防止因某一农产品价格好就无限制地扩大种植规模。

鼓励农民兴办林业专业合作社、股份合作林场、家庭林场等多元化、多类型的林业专业合作组织，推进专业合作社示范县、示范社建设，提高农民发展林下经济的组织化水平和抗风险能力，解决生产经营活动中政府“统”不了、部门“包”不了、农户“办”不了或“办起来不合算”的难题。

基层林业局、林业循环经济企业应加大适用的技术研发人才、质检人才、知识产权管理人才、标准化人才、企业管理人才各类专业技术人才的引进力度和人才培养，为加强林业循环经济先进技术引进和推广应用、提升发展林业循环经济科技创新能力提供人才保障，提高林业循环经济发展水平。

同时加强新型职业农民的培训力度，形成标准化、规模化的林下经济产业化发展模式，大幅提升林下经济产业的发展水平以及产品的质量。

六、加强林业循环经济示范工程建设，推动林业循环经济发展

认真总结全国各地林业循环经济的经验和案例，重点开展以森林抚育间伐剩余物综合利用、园林绿化废弃物综合利用、林下经济为主要模式的林业循环经济示范企业、示范园区、示范农户评比工作；大力发展可再生资源的深加工，加快发展林业循环经济，大力推

进林业废弃物综合利用“再利用”，在人造板、林产化工等行业中培育一批循环经济示范企业；开展林业资源循环利用技术产业化示范推广工程，支持建设一批林业循环经济重点工程实验室、技术中心、工程研究中心和质量检测中心，加强源头减量、循环利用、再制造、零排放、产业链接等循环经济关键共性技术研发，构建产学研对接平台和科研成果产业化机制，建设一批森林资源循环利用技术产业化示范基地和示范项目。开展发挥示范引领效应，推进林业循环经济发展。

七、完善市场机制和管理措施，加快林业产业转型升级

继续实施资源综合利用产品增值税即征即退政策；尽快将“胶合板、纤维板、刨花板”从环保部的“高污染、高风险”产品目录中删除；加强环境保护治理，淘汰环保不达标的企业，消解产能过剩；引导各类投资主体积极开发利用林业剩余物，积极培育壮大林业剩余物综合利用骨干企业。

八、建立林业循环经济宣传教育体系，提高林业循环经济发展意识

对重点产业集群，组织开展清洁生产技术培训，提升产业环保水平；加强对林农和林业企业的循环经济理念的教育，提高林农和林业企业清洁生产、全过程控制、从源头上减少资源消耗和污染排放的意识，增强其对发展循环经济重要性和紧迫性的认识。

九、建立森林产品环境认证与绿色消费体系

建立人造板和家具等林产品认证制度，建立绿色监督管理体系，绿色评价认证体系，包括产品质量认证和环境认证，实行绿色产品环境标志和市场准入机制，保障人民健康和实现绿色消费；宣传绿色消费价值观，大力推广绿色林产品，通过各种标准和市场需求限制和淘汰非绿色产品，建立绿色消费体系。

第三节　发展林业循环经济的法律法规与政策

发展循环经济是我国的一项重大战略决策，是落实党的十八大，推进生态文明建设战略部署的重大举措，是加快转变经济发展的方式，是建设资源节约型、环境友好型社会，实现可持续发展的必然选择。发展循环经济的政策包括对循环经济发展普遍适用、具有指导性的法律法规、国务院指导文件、国家重大战略规划，直接促进循环经济发展的财税、价格、金融、贸易、产业政策，还包括科技政策、评价考核政策、宣传教育政策，以及一切有利于资源节约和环境保护的政策。各种政策都涉及循环经济的减量化、资源化和再利用三个方面，以及生产、流通和消费三个领域，包括节能、节水、节地、节材以及资源回

收、再生、循环利用等内容。

本节主要介绍循环经济发展的法律法规和主要政策内容。

一、发展林业循环经济的法律法规

（一）发展循环经济的重要法律法规

林业循环经济的各项活动是在《中华人民共和国循环经济促进法》的指导下执行的，中国林业循环经济发展的重要法律法规及其主要内容见表 4-1。

表 4-1　中国林业循环经济发展的重要法律法规及其主要内容

序号	法律法规名称及文号	法律法规主要内容	颁布日期
1	《中华人民共和国清洁生产促进法》（2012 年中华人民共和国主席令第 54 号）	为了促进清洁生产，提高资源利用效率，减少和避免污染物的产生，保护和改善环境，保障人体健康，促进经济与社会可持续发展，制定本法	2012-7-1
2	《中华人民共和国可再生能源法》（2009 年中华人民共和国主席令第 23 号）	为了促进可再生能源的开发利用，增加能源供应，改善能源结构，保障能源安全，保护环境，实现经济社会的可持续发展，制定本法	2010-4-1
3	《中华人民共和国循环经济促进法》（2008 年中华人民共和国主席令第 4 号）	为了促进循环经济发展，提高资源利用效率，保护和改善环境，实现可持续发展，制定本法	2009-1-1
4	《中华人民共和国节约能源法》（2007 年中华人民共和国主席令第 77 号）	为了推动全社会节约能源，提高能源利用效率，保护和改善环境，促进经济社会全面协调可持续发展，制定本法。国家鼓励、支持开发和利用新能源、可再生能源	2008-4-1
5	《再生资源回收管理办法》（2007 年国家发展改革委、公安部、建设部、工商总局、环保总局令第 8 号）	为促进再生资源回收，规范再生资源回收行业的发展，节约资源，保护环境，实现经济与社会可持续发展，根据《中华人民共和国清洁生产促进法》《中华人民共和国固体废物污染环境防治法》等法律法规，制定本办法。本办法所称再生资源，是指在社会生产和生活消费过程中产生的，已经失去原有全部或部分使用价值，经过回收、加工处理，能够使其重新获得使用价值的各种废弃物	2007-5-1

续 表

序号	法律法规名称及文号	法律法规主要内容	颁布日期
6	《能源效率标识管理办法》（国家发改委、国家质检总局令第 17 号）	为加强节能管理，推动节能技术进步，提高能源效率，依据《中华人民共和国节约能源法》《中华人民共和国产品质量法》《中华人民共和国认证认可条例》，制定本办法。本办法所称能源效率标识，是指表示用能产品能源效率等级等性能指标的一种信息标识，属于产品符合性标志的范畴	2005-3-1
7	《清洁发展机制项目运行管理办法》（2011 年国家发展改革委、科学技术部、外交部、财政部令第 11 号）	为促进和规范清洁发展机制项目的有效有序运行，履行《联合国气候变化框架公约》《京都议定书》以及缔约方会议的有关决定，根据《中华人民共和国行政许可法》等有关规定，制定本办法	2011-8-3
8	《清洁生产审核暂行办法》（2004 年国家发展改革委、国家环境保护总局令第 16 号）	为全面推行清洁生产，规范清洁生产审核行为，根据《中华人民共和国清洁生产促进法》和国务院有关部门的职责分工，国家发展和改革委员会、国家环境保护总局制定并审议通过了《清洁生产审核暂行办法》，现予以发布，自 2004 年 10 月 1 日起施行	2004-10-1
9	《建设项目环境保护管理条例》（1998 年国务院令第 253 号）	为了防止建设项目产生新的污染、破坏生态环境，制定本条例。《条例》总则指出：在中华人民共和国领域和中华人民共和国管辖的海域内建设对环境有影响的建设项目，适用本条例。建设产生污染的建设项目，必须遵守污染物排放的国家标准和地方标准；在实施重点污染物排放总量控制的区域内，还必须符合重点污染物排放总量控制的要求。工业建设项目应当采用能耗小、污染物产生量少的清洁生产工艺，合理利用自然资源，防止环境污染和生态破坏。改建、扩建项目和技术改造项目必须采取措施，治理与该项目有关的原有环境污染和生态破坏	1998-11-29

其中，规范循环经济发展的《中华人民共和国循环经济促进法》《中华人民共和国可再生能源法》《中华人民共和国清洁生产促进法》《再生资源回收管理办法》等是循环经济的基础法律法规。

（二）重要法律法规介绍

1.《中华人民共和国循环经济促进法》

《中华人民共和国循环经济促进法》，2008 年 8 月 29 日经中华人民共和国第十一届全国人民代表大会常务委员会第四次会议通过，自 2009 年 1 月 1 日起施行。

为了促进循环经济发展，提高资源利用效率，保护和改善环境，实现可持续发展，我国制定了《中华人民共和国循环经济促进法》，旨在坚持经济和环境资源一体化的思想，既要涵盖资源节约、废物减量和循环利用等领域，又要突出重点、尽量减少与现有的《中华人民共和国清洁生产促进法》《中华人民共和国节约能源法》等相关法律的冲突重叠，充分体现循环经济促进法的综合性特征，使《中华人民共和国循环经济促进法》真正成为推动我国循环经济发展的基本法。

《中华人民共和国循环经济促进法》由“第一章总则、第二章基本管理制度、第三章减量化、第四章再利用和资源化、第五章激励措施、第六章法律责任、第七章附则”组成。

《中华人民共和国循环经济促进法》所称循环经济，是指在生产、流通和消费等过程中进行的减量化、再利用、资源化活动的总称；该法所称减量化，是指在生产、流通和消费等过程中减少资源消耗和废物产生；该法所称再利用，是指将废物直接作为产品或者经修复、翻新、再制造后继续作为产品使用，或者将废物的全部或者部分作为其他产品的部件予以使用；该法所称资源化，是指将废物直接作为原料进行利用或者对废物进行再生利用。

《中华人民共和国循环经济促进法》的出台标志着中国循环经济发展进入了全面实施阶段，是中国政府大力推进循环经济的一个重要战略举措，是政府扶持循环经济公共政策的指导性文件。

（三）《中华人民共和国清洁生产促进法》（2012 年修订）

《中华人民共和国清洁生产促进法》，于 2002 年 6 月 29 日第一次经第九届全国人民代表大会常务委员会第二十八次会议通过，自 2003 年 1 月 1 日起施行；2012 年 2 月 29 日经第十一届全国人民代表大会常务委员会第二十五次会议通过修订，自 2012 年 7 月 1 日起施行。

为了促进清洁生产，提高资源利用效率，减少和避免污染物的产生，保护和改善环境，保障人体健康，促进经济与社会的可持续发展，我国制定了《中华人民共和国清洁生产促进法》。该法由“第一章总则、第二章清洁生产的推行、第三章清洁生产的实施、第四章鼓励措施、第五章法律责任、第六章附则”组成。

《中华人民共和国清洁生产促进法》所称清洁生产，是指不断采取改进设计、使用清洁的能源和原料、采用先进的工艺技术与设备、改善管理、综合利用等措施，从源头削减污染，提高资源利用效率，减少或者避免生产、服务和产品使用过程中污染物的产生和排放，以减轻或者消除对人类健康和环境的危害；在中华人民共和国领域内，从事生产和服务活动的单位以及从事相关管理活动的部门依照该法规定，组织、实施清洁生产；国家鼓励和促进清洁生产。国务院和县级以上地方人民政府，应当将清洁生产促进工作纳入国民经济和社会发展规划、年度计划以及环境保护、资源利用、产业发展、区域开发等规划中。

2012 年对《中华人民共和国清洁生产促进法》的修改重点强化了以下四个方面内容：①扩大了对企业实施强制性清洁生产的审核范围，将超过单位产品能源消耗限额标准构成高耗能的企业列入了强制性审核范围；②充分发挥社会监督作用，明确要求实施强制性清洁生产审核的企业，应当将审核结果向所在地的县级以上地方人民政府负责清洁生产综合协调的部门、环境保护部门报告，并在本地区的主要媒体上公布，接受公众监督，但涉及商业秘密的除外；③强化了政府有关部门对企业实施强制性清洁生产审核的监督责任，同时规定实施强制性清洁生产审核所需费用要纳入同级政府预算；④在规范强制性审核的同时，鼓励企业自愿实施清洁生产。

《中华人民共和国清洁生产促进法》对于从源头预防污染，实行全过程控制，以及依靠新工艺、新设计进行产业升级换代，淘汰落后产能，发展新产业，都能起到有力的推动作用。该法的修改对于推广应用先进生产技术，推进产品升级和产业结构优化，推动实现节能减排目标，转变经济发展方式具有重要意义。

（四）《中华人民共和国可再生能源法》

《中华人民共和国可再生能源法》于 2005 年 2 月 28 日第一次由中华人民共和国第十届全国人民代表大会常务委员会第十四次会议通过，自 2006 年 1 月 1 日起施行；2009 年 12 月 26 日中华人民共和国第十一届全国人民代表大会常务委员会第十二次会议通过修改，2010 年 4 月 1 日起施行。

《中华人民共和国可再生能源法》由“第一章总则、第二章资源调查与发展规划、第三章产业指导与技术支持、第四章推广与应用、第五章价格管理与费用分摊、第六章经济激励与监督措施、第七章法律责任、第八章附则”组成。

为了促进对可再生能源的开发利用，增加能源供应，改善能源结构，保障能源安全，保护环境，实现经济社会的可持续发展，我国制定了《中华人民共和国可再生能源法》。国家将可再生能源开发利用的科学技术研究和产业化发展列为科技发展与高技术产业发展的优先领域。国家鼓励和支持可再生能源并网发电。建设可再生能源并网发电项目，应当依照法律和国务院的规定取得行政许可或者报送备案。可再生能源发电项目的上网电价，由国务院价格主管部门根据不同类型可再生能源发电的特点和不同地区的情况，按照有利于促进可再生能源开发利用和经济合理的原则确定。国家财政设立了可再生能源发展专项资金。对列入国家可再生能源产业发展指导目录、符合信贷条件的可再生能源开发利用项目，金融机构可以提供有财政贴息的优惠贷款。国家对列入可再生能源产业发展指导目录的项目给予税收优惠。

《中华人民共和国可再生能源法》规定了可再生能源的定义，将可再生能源的范围界定为风能、太阳能、水能、生物质能、地热能和海洋能等非化石能源，并对可再生能源的开发利用规定了一系列的政策扶持措施。生物质能，是指利用自然界的植物、粪便以及城乡有机废物转化成的能源；可再生能源独立电力系统，是指不与电网连接的单独运行的可再生能源电力系统；能源作物，是指经专门种植，用以提供能源原料的草本和木本植物；生物液体燃料，是指利用生物质资源生产的甲醇、乙醇和生物柴油等液体燃料。

二、发展林业循环经济的主要政策

（一）主要政策

推动林业循环经济发展的政策可分为两个部分，一是通用政策，主要是适用于推动所有循环经济发展的综合性、全局性政策，如《国务院关于加快发展循环经济的若干意见》《循环经济发展战略及近期行动计划》、2015 年中共中央《关于加快推进生态文明建设的意见》等文件；二是专门政策，主要是推动林业循环经济发展的政策，由国务院、国家林业局、农业部或相关部委颁布的与林业循环经济密切相关的部门规章。如《关于加快林下经济发展的意见》《全国林地保护利用规划纲要（2010—2020 年）》《全国集体林地林下经济发展规划纲要（2014—2020 年）》和《全国集体林地林药林菌发展实施方案（2015—2020 年）》《关于加快发展农业循环经济的指导意见》（发改环资〔2016〕203 号）等。各种重要的相关政策信息见表 4-2。

（二）主要政策文件内容介绍

1.《关于加快推进生态文明建设的意见》的通知（中发〔2015〕12 号）

2015 年 3 月 24 日，中共中央审议通过了《关于加快推进生态文明建设的意见》，该意见指出："生态文明建设是中国特色社会主义事业的重要内容，关系人民福祉，关乎民族未来，事关'两个一百年'奋斗目标和中华民族伟大复兴中国梦的实现。党中央、国务院高度重视生态文明建设，先后出台了一系列重大决策部署，推动生态文明建设取得了重大进展和积极成效。但总体上看我国生态文明建设水平仍滞后于经济社会发展，资源约束趋紧，环境污染严重，生态系统退化，发展与人口资源环境之间的矛盾日益突出，已成为经济社会可持续发展的重大瓶颈制约。"

《关于加快推进生态文明建设的意见》还指出："坚持把绿色发展、循环发展、低碳发展作为基本途径。经济社会发展必须建立在资源得到高效循环利用、生态环境受到严格保护的基础上，与生态文明建设相协调，形成节约资源和保护环境的空间格局、产业结构、生产方式。""（十）发展绿色产业。大力发展节能环保产业，以推广节能环保产品拉动消费需求，以增强节能环保工程技术能力拉动投资增长，以完善政策机制释放市场潜在需求，推动节能环保技术、装备和服务水平显著提升，加快培育新的经济增长点。实施节能环保产业重大技术装备产业化工程，规划建设产业化示范基地，规范节能环保市场发展，多渠道引导社会资金投入，形成新的支柱产业。加快核电、风电、太阳能、光伏发电等新材料、新装备的研发和推广，推进生物质发电、生物质能源、沼气、地热、浅层地温能、海洋能等应用，发展分布式能源，建设智能电网，完善运行管理体系。大力发展节能与新能源汽车，提高创新能力和产业化水平，加强配套基础设施建设，加大推广普及力度。发展有机农业、生态农业，以及特色经济林、林下经济、森林旅游等林产业。""（十二）

发展循环经济。按照减量化、再利用、资源化的原则，加快建立循环型工业、农业、服务业体系，提高全社会资源产出率。完善再生资源回收体系，实行垃圾分类回收，开发利用'城市矿产'，推进秸秆等农林废弃物以及建筑垃圾、餐厨废弃物资源化利用，发展再制造和再生利用产品，鼓励纺织品、汽车轮胎等废旧物品回收利用。推进煤矸石、矿渣等大宗固体废弃物综合利用。组织开展循环经济示范行动，大力推广循环经济典型模式。推进产业循环式组合，促进生产和生活系统的循环链接，构建覆盖全社会的资源循环利用体系。"

2.《国务院关于加快发展循环经济的若干意见》（国发〔2005〕22号）

2005年7月国务院颁布的《国务院关于加快发展循环经济的若干意见》，是中国政府发展循环经济的标志性文件。《国务院关于加快发展循环经济的若干意见》的出台标志着我国循环经济由研究探索和理念倡导阶段正式进入了国家行动阶段。循环经济作为转变经济增长方式、进行资源节约型和环境友好型社会建设的重要途径，明确指出了循环经济发展的目标。

《国务院关于加快发展循环经济的若干意见》指出："改革开放以来，我国在推动资源节约和综合利用，推行清洁生产方面，取得了积极成效。但是，传统的高消耗、高排放、低效率的粗放型增长方式仍未根本转变，资源利用率低，环境污染严重。同时，存在法规、政策不完善，体制、机制不健全，相关技术开发滞后等问题。本世纪头20年，我国将处于工业化和城镇化加速发展阶段，面临的资源和环境形势十分严峻。为抓住重要战略机遇期，实现全面建设小康社会的战略目标，必须大力发展循环经济，按照'减量化、再利用、资源化'的原则，采取各种有效措施，以尽可能少的资源消耗和尽可能小的环境代价，取得最大的经济产出和最少的废物排放，实现经济、环境和社会效益相统一，建设资源节约型和环境友好型社会。"

《国务院关于加快发展循环经济的若干意见》明确指出："（十一）加快循环经济技术开发。国务院有关部门和地方各级人民政府有关部门要加大科技投入，支持循环经济共性和关键技术的研究开发。积极引进和消化、吸收国外先进的循环经济技术，组织开发共伴生矿产资源和尾矿综合利用技术、能源节约和替代技术、能量梯级利用技术、废物综合利用技术、循环经济发展中延长产业链和相关产业链接技术、'零排放'技术、有毒有害原材料替代技术、可回收利用材料和回收处理技术、绿色再制造技术以及新能源和可再生能源开发利用技术等，提高循环经济技术支撑能力和创新能力。（十二）抓紧制定循环经济技术政策。发展改革委要会同科技、环保等有关部门研究制定发展循环经济的技术政策、技术导向目录，以及国家鼓励发展的节能、节水、环保装备目录。支持引进国外发展循环经济的核心技术，加快新技术、新工艺、新设备的推广应用。"

在《国务院关于加快发展循环经济的若干意见》的指导下，2005年，国家发展改革委联合六部委联合发布了循环经济试点工作方案，指明了试点示范的重点领域。试点示范的重点行业确定在高能耗、高污染的七大行业，即钢铁、有色金属、电力、煤炭、化工、建材、轻工。试点示范的重点领域是废弃物再利用和资源化领域，如垃圾回收利用及垃圾焚烧发电等。从2005年开始，10个省市、13个再生产业园区、42家企业首次获批启动了循环经济的试点工作。2007年新增加了17个省市、16个再生产业园区、37家企业、4个农业村镇、19个工业园进入第二批循环经济试点。同时，国家环保部、科技部和商务部业联合开展了25家生态工业建设试点。

3.《循环经济发展战略及近期行动计划》（国发〔2013〕5号）

为指导和推动循环经济快速发展，实现“十二五”规划纲要提出的“资源产出率提高15%”的目标，2013年1月国务院发布了《循环经济发展战略及近期行动计划》，对发展循环经济做出了战略规划，对“十二五”末的工作进行了具体部署。

《循环经济发展战略及近期行动计划》中“第四章构建循环型农业体系”指出：“在农业领域加快推动资源利用节约化、生产过程清洁化、产业链接循环化、废物处理资源化，形成农林牧渔多业共生的循环型农业生产方式，加快农业机械化，推进农业现代化，改善农村生态环境，提高农业综合效益，促进农业发展方式转变。到2015年，农业灌溉用水有效利用系数达到0.53，秸秆综合利用率提高到80%，设施渔业养殖废水处理与综合利用率达80%以上，林业‘三剩物’综合利用率达80%以上。加强林竹加工业节能降耗。大力发展木材精深加工，严格控制木材粗加工项目。加快淘汰高耗能落后工艺、技术和设备，推动木材、竹材加工设备节能改造。推动林竹废弃物资源化利用。鼓励利用采伐、造材、加工等林业‘三剩物’和次小薪柴生产板材、培养食用菌等，鼓励对食用菌培养基进行再利用。推动利用竹业‘三剩物’生产竹炭、活性炭、精制醋粉等产品以及进行延伸加工利用。构建林业循环经济产业链。构建林业—‘三剩物’、次小薪柴—板材，林业加工—木屑—食用菌—培养基—饲料、肥料，竹业—‘三剩物’—竹炭、活性炭，竹业—‘三剩物’—醋液—醋粉—药品、保健品，竹业—竹肩—型材，林竹—制浆—造纸等产业链。”

4.《关于加快发展农业循环经济的指导意见》（发改环资〔2016〕203号）

国家发改委、农业部和国家林业局2016年2月1日发布了《关于加快发展农业循环经济的指导意见》（发改环资〔2016〕203号），这是第一个有关发展农林业循环经济的指导性文件，为今后农林业循环经济发展提供了有力的指导。

该指导意见指出：“农业是国民经济的基础，是发展循环经济的重要领域。加快发展农业循环经济是转变农业发展方式、保障食品和木材安全、建设生态文明的必然选择。”

（1）指导思想

全面贯彻落实党中央、国务院关于大力推进生态文明建设的战略部署，加快发展农业循环经济，以提高农业资源利用效率和改善农村生态环境为目标，以促进农业绿色发展为主线，以示范引领为抓手，切实发挥龙头企业带动作用，优化产业组织结构，促进农林牧渔与第二、第三产业融合发展，全面推动资源利用节约化、生产过程清洁化、产业链接循环化、废弃物处理资源化，增强农业可持续发展能力，加快转变农业发展方式。

（2）遵循原则

①坚持减量化优先和资源化利用。强化源头减量化，提高资源利用效率，减少生产、加工、流通、消费等各环节能源资源消耗和废弃物产生。促进废弃物资源化、规模化、产业化、高值化利用，提升农业综合效益。②坚持重点突破和示范推广。在农作物秸秆、农林产品加工副产物、林业废弃物、废旧农膜、畜禽粪便、水体富营养化等重点领域，组织实施示范工程。培育、总结、凝练一批农业循环经济典型模式，加大推广力度。③坚持因地制宜和产业融合。各地根据资源禀赋、环境承载力、产业基础、主体功能定位等实际，合理规划布局，选择不同的技术路线，形成各具特色的农业循环经济发展模式。推进多种形式的产业循环链接和集成发展，构建第一、第二、第三产业联动发展的现代工农复合型循环经济产业体系。④坚持政府推动和市场化导向。强化政府的有序引导、技术支撑、政策扶持和公共服务，充分发挥市场配置资源的决定性作用，提升龙头企业、农垦、牧区、渔区、林区的带动效应，引导企业、新型农业经营主体、农户广泛参与，加快农业循环经济社会化服务体系建设。

（3）主要目标

到 2020 年，建立起适应农业循环经济发展要求的政策支撑体系，基本构建起循环型农业产业体系。生态循环农业产业不断发展，科技支撑能力不断增强，农林废弃物处理资源化程度明显提高，人居环境和生态环境显著改善，农业可持续发展能力不断提升。建设和推广一批具有示范引领作用的农业、林业和工农复合型的循环经济示范园区、示范基地、示范工程、示范企业和先进适用技术，总结凝练一批可借鉴、可复制、可推广的农业循环经济发展典型模式，进而推动农业发展方式转变。

力争到 2020 年，农田灌溉水有效利用系数达到 0.55，主要农作物化肥利用率达到 40% 以上，农膜回收率达 80% 以上，农作物秸秆综合利用率达到 85% 以上，规模化养殖场（区）畜禽粪便综合利用率达到 75%，林业废弃物综合利用率达到 80% 以上。

《关于加快发展农业循环经济的指导意见》明确了四项主要任务，即推进资源利用节约化，推进生产过程清洁化，推进产业链接循环化，推进农林废弃物处理资源化。其中有关发展林业循环经济的任务如下：

①推进资源利用节约化。“科学制定造林和森林经营方案，推广林地立体开发产业模式，发展林下经济。鼓励采用先进的创意、设计、工艺、技术和装备，减少木材加工、林产化工生产过程中能源、原材料和投入品消耗，提高木材利用效率”。

②推进生产过程清洁化，推进农产品加工和林业清洁生产。“提高林业生态功能，推动木竹和藤材加工，人造板、木地板、防腐木材、木家具、木门窗、木楼梯、木质装饰材料等木材加工和林产化学加工企业清洁生产，推广林业生物防治、环保型木材防腐防虫、木材改性、木材漂白和染色、制浆造纸、林产化学产品制造技术，减少木材化学处理的化学药剂用量，降低环境污染”。

③推进产业链接循环化，包括构建农业、林业、复合型循环经济产业链。“构建林业

循环经济产业链。推广林上、林间、林下立体开发产业模式。鼓励利用木、竹、藤在采伐、抚育、造材、加工过程中产生的废弃物和次小薪材，生产人造板、纸、活性炭、木炭、竹炭、酒精等产品和生物质能源，鼓励对废弃的食用菌培养基进行再利用；鼓励利用城市园林绿地废弃物进行堆肥、生产园林有机覆盖物、生产生物质固体成型燃料、人造板、制作食用菌棒等；鼓励经济林和果树修剪枝桠材、林产品加工副产品等资源化利用。发展城市屋顶绿化、建筑墙体垂直绿化、阳台菜园等，增强吸附空气污染物、缓解城市‘热岛效应’的生态功能，拓展绿色空间。构建复合型循环经济产业链。推进种植、养殖、农产品加工、生物质能、旅游等循环链接，形成跨企业、跨农户的工农复合型循环经济联合体。发展林板一体化、林纸一体化、林能一体化和森林生态旅游。构建粮、菜、果、茶、畜、鱼、林、加工、能源、物流、旅游一体化和第一、第二、第三产业联动发展的现代复合型循环经济产业体系”。

④推进农林废弃物处理资源化。“推进林业废弃物资源化利用。推动建立废旧木质家具、废纸、木质包装、园林废弃物的回收利用体系，推进废弃竹木的综合利用；鼓励利用森林经营、采伐、造材、加工等过程中的剩余物，建设热、电、油、药等生物质联产项目”。

5.《中华人民共和国国民经济和社会发展第十三个五年（2016—2020 年）规划纲要》

2016 年 3 月 16 日全国人大审议通过了国务院提交的《中华人民共和国国民经济和社会发展第十三个五年（2016—2020 年）规划纲要》，这是我国“十三五”国家的重点发展规划。

《中华人民共和国国民经济和社会发展第十三个五年（2016—2020 年）规划纲要》的“第四十三章推进资源节约集约利用”内容涉及发展循环经济。其中“第五节大力发展循环经济”明确提出，“实施循环发展引领计划，推进生产和生活系统循环链接，加快废弃物资源化利用。按照物质流和关联度统筹产业布局，推进园区循环化改造，建设工农复合型循环经济示范区，促进企业间、园区内、产业间耦合共生。推进城市矿山开发利用，做好工业固废等大宗废弃物资源化利用，加快建设城市餐厨废弃物、建筑垃圾和废旧纺织品等资源化利用和无害化处理系统，规范发展再制造。实行生产者责任延伸制度。健全再生资源回收利用网络，加强生活垃圾分类回收与再生资源回收的衔接”。

6.《关于加快林下经济发展的意见》（国办发〔2012〕42 号）

国务院办公厅于 2012 年下发的《关于加快林下经济发展的意见》旨在进一步加快林下经济发展。《意见》指出，我国应在保护生态环境的前提下，以市场为导向，科学合理利用森林资源，大力推进专业合作组织和市场流通体系建设，着力加强科技服务、政策扶持和监督管理，促进林下经济向集约化、规模化、标准化和产业化发展，为实现绿色增长，推动社会主义新农村建设做出更大贡献。《意见》提出了发展林下经济的 7 条意见。

7.《产业结构调整指导目录》（2013 修订版）

为更好地适应转变经济发展方式的需要，2013 年 2 月 16 日国家发展改革委第 21 号令公布了《国家发展改革委关于修改〈产业结构调整指导目录（2011 年本）〉有关条款的决定》，修订后的《产业结构调整指导目录》中分三类：国家鼓励类产品和产业国家政策大力支持；限制类严格控制发展；落后淘汰类要求尽快淘汰，国家政策不予支持。

（1）鼓励类

①农林业："农作物秸秆还田与综合利用（青贮饲料，秸秆氨化养牛、还田，秸秆沼气及热解、气化，培育食用菌，固化成型燃料，秸秆人造板，秸秆纤维素燃料乙醇、非粮饲料资源开发利用等）；速生丰产林工程、工业原料林工程、珍贵树种培育及名特优新经济林建设；竹藤基地建设、竹藤精深加工产品及竹副产品开发；森林抚育、低产林改造工程；野生经济林树种保护、改良及开发利用；珍稀濒危野生动植物保护工程；次小薪材、沙生灌木及三剩物深加工与产品开发；香料、野生花卉等林下资源人工培育与开发；木基复合材料及结构用人造板技术开发；木质复合材料、竹质工程材料生产及综合利用；松脂林建设、林产化学品深加工；油茶、油棕等木本粮油基地建设；生物质能源林定向培育与产业化。"

②资源综合利用："区域性废旧汽车、废旧电器电子产品、废旧船舶、废钢铁、废旧木材等资源循环利用基地建设"。

（2）限制类

农林业："天然草场超载放牧；单线 5 万立方米 / 年以下的普通刨花板、高中密度纤维板生产装置；单线 3 万立方米 / 年以下的木质刨花板生产装置；1000 吨 / 年以下的松香生产项目；兽用粉剂、散剂、预混剂生产线项目（持有新兽药证书的品种和自动化密闭式高效率混合生产工艺除外）；转瓶培养生产方式的兽用细胞苗生产线项目（持有新兽药证书的品种和采用新技术的除外）；松脂初加工项目；以优质林木为原料的一次性木制品与木制包装的生产和使用以及木竹加工综合利用率偏低的木竹加工项目；1 万立方米 / 年以下的胶合板和细木工板生产线；珍稀植物的根雕制造业；以野外资源为原料的珍贵濒危野生动植物加工；缺水地区、国家生态脆弱区纸浆原料林基地建设；粮食转化乙醇、食用植物油料转化生札站料项目；在林地上从事工业和房地产开发的项目"。

（3）淘汰类

①农林业：湿法纤维板生产工艺；滴水法松香生产工艺；以木材、伐根为主要原料的活性炭生产以及氯化锌法活性炭生产工艺；超过生态承载力的旅游活动和药材等林产品采集；严重缺水地区建设灌溉型造纸原料林基地。

②轻工业：石灰法地池制浆设备（宣纸除外）；5.1 万吨 / 年以下的化学木浆生产线；单条 3.4 万吨 / 年以下的非木浆生产线；单条 1 万吨 / 年及以下、以废纸为原料的制浆生产线；幅宽在 1.76 米及以下并且车速为 120 米 / 分钟以下的文化纸生产线；幅宽在 2 米及以下并且车速为 80 米 / 分钟以下的白板纸、箱板纸及瓦楞纸生产线。

③化工：有害物质含量超标准的内墙、溶剂型木器、玩具、汽车、外墙涂料，含双对氯苯基三氯乙烷、三丁基锡、全氟辛酸及其盐类、全氟辛烷磺酸、红丹等有害物质的涂料。

8.《资源综合利用产品和劳务增值税优惠目录》（2015 年）

财政部、国家税务总局于 2015 年 6 月 12 日发布了《关于印发〈资源综合利用产品和劳务增值税优惠目录〉的通知》（财税〔2015〕78 号），自 2015 年 7 月 1 日起执行。该通知是对《财政部国家税务总局关于资源综合利用及其他产品增值税政策的通知》（财税〔2008〕156 号）、《财政部国家税务总局关于资源综合利用及其他产品增值税政策的补充的通知》（财税〔2009〕163 号）、《财政部国家税务总局关于调整完善资源综合利用及劳务增值税政策的通知》（财税〔2011〕115 号）、《财政部国家税务总局关于享受资源综合利用增值税优惠政策的纳税人执行污染物排放标准的通知》（财税〔2013〕23 号）的整合修改，这四个文件同时废止。

《资源综合利用产品和劳务增值税优惠目录》一是取消了直接减免和先征后退的税收优惠，只以即征即退方式体现；二是列举了纳税人申请享受通知规定的即征即退所需要的符合条件；三是首次以国家发改委《产业结构调整指导目录》、环境保护部《环境保护综合名录》中列举的禁止类、限制类项目和高污染、高环境风险或重污染工艺作为前置条件进行了限制；四是首次与纳税信用等级相结合，规定明确属于税务机关评定为 C 级和 D 级的纳税人不得享受。

其中有关循环农林业循环经济综合利用的税收政策如下：

①利用“废纸、农作物秸秆”生产纸浆、秸秆浆和纸，符合“①产品原料 70% 以上来自所列资源；②废水排放符合《制浆造纸工业水污染物排放标准》（GB3544-2008）规定的技术要求；③纳税人符合《制浆造纸行业清洁生产评价指标体系》规定的技术要求；④纳税人必须通过 ISO9000、ISO14000 认证”四点要求的，则退税 50%。

②利用“餐厨垃圾、畜禽粪便、稻壳、花生壳、玉米芯、油茶壳、棉籽壳、三剩物、次小薪材、农作物秸秆、蔗渣，以及利用上述资源发酵产生的沼气”生产“生物质压块、沼气等燃料，电力、热力”，符合“①产品原料或者燃料 80% 以上来自所列资源；②纳税人符合《锅炉大气污染物排放标准》（GB13271-2014）、《火电厂大气污染物排放标准》（GB13223-2011）或《生活垃圾焚烧污染控制标准》（GB18485-2001）规定的技术要求的”两点要求的，则退税 100%。

③利用“三剩物、次小薪材、农作物秸秆、沙柳”生产“纤维板、刨花板，细木工板、生物炭、活性炭、栲胶、水解酒精、纤维素、木质素、木糖、阿拉伯糖、糠醛、箱板纸”，符合“产品原料 95% 以上来自所列资源”要求的，则退税 70%。

有必要说明的是，根据《目录》，利用农林剩余物生产的纤维板、刨花板虽然属于综合利用产品范围，但纤维板、刨花板被环境保护部列入了《环境保护综合名录》的“高污染、高环境风险”项目，不符合规定条件。但在在《产业结构调整指导目录》中，此项目属于鼓励类项目，两个部门的政策不统一。后经国家林业局多方协调，国家环境保护部发布了《关于提供环境保护综合名录（2015 年版）的函》（环办函〔2015〕2139 号），该文件规定符合《中密度纤维板》(GB/T11718-2009)生产标准的中密度纤维板产品、符合《室内装饰装修材料人造板及其制品中甲醛释放限量》(GB18580-2001)中甲醛释放限量E1标准及符合《环境标志产品技术要求人造板及其制品》(HJ571-2010)标准的刨花板和胶合板产品，不再列入“高污染、高环境风险”产品名录，可退税。

9.《关于支持循环经济发展的投融资政策措施意见的通知》

为贯彻落实《中华人民共和国循环经济促进法》和《国务院关于加快发展循环经济的若干意见》，加大对发展循环经济的投融资政策的支持力度，促进循环经济形成较大规模，加快调整经济结构，转变经济发展方式，建设资源节约型和环境友好型社会，2010年国家发展改革委、中国人民银行、中国银监会、中国证监会联合发布了《关于支持循环经济发展的投融资政策措施意见的通知》(〔2010〕801号)，该项通知的出台，旨在按照政府推动、市场引导的方针，综合运用规划、投资、产业、价格、财税、金融等政策措施，建立一个有利于循环经济发展的投融资政策支持体系，引导社会资金投向循环经济发展，解决企业发展循环经济融资难问题。

表4–2　中国林业循环经济发展的重要政策文件简介

序号	政策名称及文号	政策主要内容	发布日期
1	《中共中央国务院关于加快推进生态文明建设的意见》（中共中央）	该《意见》要求：坚持把绿色发展、循环发展、低碳发展作为基本途径；到2020年，资源节约型和环境友好型社会建设取得重大进展，主体功能区布局基本形成，经济发展质量和效益显著提高，生态文明主流价值观在全社会得到推行，生态文明建设水平与全面建成小康社会目标相适应	2015–4–5
2	《生态文明体制改革总体方案》（中共中央、国务院）	《方案》分为10个部分，共56条，其中改革任务和举措47条提出建立健全八项制度，分别为健全自然资源资产产权制度、建立国土空间开发保护制度、建立空间规划体系、完善资源总量管理和全面节约制度、健全资源有偿使用和生态补偿制度、建立健全环境治理体系、健全环境治理和生态保护市场体系、完善生态文明绩效评价考核和责任追究制度。中国生态文明体制改革的目标是，到2020年，构建起由八项制度构成的产权清晰、多元参与、激励约束并重、系统完整的生态文明制度体系，推进生态文明领域国家治理体系和治理能力现代化，努力走向社会主义生态文明新时代	2015–9–21

续　表

序号	政策名称及文号	政策主要内容	发布日期
3	《国务院加快发展循环经济的若干意见》（国发〔2005〕22 号）	该意见确立了我国发展循环经济的指导思想、基本原则和发展目标。要求抓好节能降耗、清洁生产、综合利用、环保产业四项重点工作和资源开采、资源消耗、废物产生，再生资源产生、消费五个重点环节。强调要加强对循环经济发展的宏观指导，把发展循环经济作为编制有关规划的重要指导原则，建立循环经济评价指标体系和统计核算制度，制定和实施推进计划，加快经济结构调整和优化区域布局；要加快循环经济技术开发，抓紧制定技术政策，建立技术咨询服务体系，制定和完善标准体系；要建立和完善促进循环经济发展的政策机制，加大投资支持力度，制定扶持的财政和收费政策，利用价格杠杆促进循环经济发展；要坚持依法推进循环经济发展，加大法规体系建设和依法监督力度；要加强对发展循环经济工作的组织领导，开展试点示范，加强宣传教育和培训，全面推进我国循环经济的发展	2005-7-2
4	《关于加快发展农业循环经济的指导意见》（发改环资〔2016〕203 号）（国家发改委、农业部和国家林业局）	该《意见》分总体要求、重点领域和主要任务、保障措施 3 部分。重点领域和主要任务是：推进资源利用节约化；推进生产过程清洁化；推进产业链接循环化；推进农林废弃物处理资源化	2016-2-1
5	《中华人民共和国国民经济和社会发展第十三个五年（2016—2020 年）规划纲要》（国务院）	主要阐明国家战略意图，明确“十三五”经济社会发展宏伟目标、主要任务和重大举措，是市场主体的行为导向，是政府履行职责的重要依据，是全国各族人民的共同愿景。 该《规划纲要》的“第四十三章推进资源节约集约利用”内容涉及发展循环经济，其中第五节为“大力发展循环经济”	
6	《循环经济发展战略及近期行动计划》（国发〔2013〕5 号）（国务院）	该《计划》要求，到 2015 年，农业灌溉用水有效利用系数达到 0.53，秸秆综合利用率提高到 80%，设施渔业养殖废水处理与综合利用率达 80% 以上，林业“三剩物”综合利用率达 80% 以上	2013-1-23

续 表

序号	政策名称及文号	政策主要内容	发布日期
7	《2015年循环经济推进计划》（发改环资〔2015〕769号）（国家发改委）	该《计划》的总体要求是：以资源高效循环利用为核心，着力构建循环型产业体系，推动区域和社会层面循环经济发展；以推广循环经济典型模式为抓手，提升重点领域循环经济发展水平；大力传播循环经济理念，推行绿色生活方式；加强政策和制度供给，营造公开公平公正的政策和市场环境，进一步发挥循环经济在经济转型升级中的作用，努力完成“十二五”规划纲要提出的循环经济各项目标，以及《循环经济发展战略及近期行动计划》提出的目标任务。鼓励森工企业技术和装备升级，开发木材节约和高效利用技术，提高木材出材率和综合利用率，深化农林废弃物资源化利用，推动林业三剩物和次小薪材原料化、基料化、能源化利用，开展废旧木材回收利用	2015-4-14
8	《关于加快林下经济发展的意见》（国办发〔2012〕42号）（国务院办公厅）	《意见》的出台旨在进一步加快林下经济发展。《意见》指出，我国应在保护生态环境的前提下，以市场为导向，科学合理利用森林资源，大力推进专业合作组织和市场流通体系建设，着力加强科技服务、政策扶持和监督管理，促进林下经济向集约化、规模化、标准化和产业化发展，为实现绿色增长，推动社会主义新农村建设做出更大贡献。《意见》提出了发展林下经济的7条意见	2012-7-30
9	《推进生态文明建设规划纲要》的通知（林规发〔2013〕146号）（国家林业局）	《纲要》指出：综合考虑《全国主体功能区规划》《中国可持续发展林业战略研究》和《全国林业发展区划》成果，在“两屏三带多点”的国土生态安全战略框架下，着力构建东北森林屏障、北方防风固沙屏障、东部沿海防护林屏障、西部高原生态屏障、长江流域生态屏障、黄河流域生态屏障、珠江流域生态屏障、中小河流及库区生态屏障、平原农区生态屏障和城市森林生态屏障等十大国土生态安全屏障，稳固生态基础、丰富生态内涵、增加生态容量，为生态文明建设提供安全保障。以林业资源优势为基础，以市场需求为导向，优化配置林业生产力布局，重点培育和发展木材及其他原料林培育、木本粮油和特色经济林产业、森林旅游、林下经济、竹产业、花卉苗木产业、林产工业、林业生物产业、野生动植物繁育利用产业、沙产业等十大绿色富民产业，构建惠民、富民的绿色产业经济发展框架，为生态文明建设提供经济活力	2013-9-6

续 表

序号	政策名称及文号	政策主要内容	发布日期
10	《全国农业可持续发展规划（2015—2030年）》（农计发〔2015〕145号）（农业部、国家发展改革委、国家林业局等联合发布）	该规划于2015年5月27日正式发布，是今后一个时期指导农业可持续发展的纲领性文件。综合考虑各地农业资源承载力、环境容量、生态类型和发展基础等因素,《规划》将全国划分为优化发展区、适度发展区和保护发展区等三大区域，因地制宜、梯次推进、分类施策。该《规划》提出了未来一个时期推进农业可持续发展的五项重点任务： （1）优化发展布局，稳定提升农业产能。到2020年，农业科技进步贡献率达到60%以上，主要农作物耕种收综合机械化水平达到68%以上，国家现代农业示范区和粮食主产县基本实现区域内农业资源循环利用，到2030年全国基本实现农业废弃物趋零排放。 （2）保护耕地资源，促进农田永续利用。确保耕地保有量在18亿亩以上，基本农田不低于15.6亿亩，到2020年建成集中连片、旱涝保收的8亿亩高标准农田。防治耕地重金属污染，建立农产品产地土壤分级管理利用制度。依据国务院批准的新一轮退耕还林还草总体方案，实施退耕还林还草。 （3）节约高效用水，保障农业用水安全。实施水资源红线管理、推广节水灌溉、发展雨养农业，到2020年全国农业灌溉用水量保持在3720亿立方米，农田灌溉水有效利用系数达到0.55，发展高效节水灌溉面积2.88亿亩。 （4）治理环境污染，改善农业农村环境。防治农田污染、综合治理养殖污染、改善农村环境，到2020年实现化肥农药施用量零增长，以及到2030年养殖废弃物实现基本综合利用，农业主产区农膜和农药包装废弃物实现基本回收利用、农作物秸秆得到全面利用。 （5）修复农业生态，提升生态功能。增强林业生态功能、保护草原生态、恢复水生生态系统、保护生物多样性，到2020年森林覆盖率达到23%以上，全国草原综合植被盖度达到56%	2015-5-27
11	《国家林业局关于推进林业碳汇交易工作的指导意见》（林造发〔2014〕55号）（国家林业局）	为深入贯彻落实党的十八届三中全会和全国林业厅局长会议精神，指导各地规范有序推进林业碳汇交易工作，根据《国务院关于印发"十二五"控制温室气体排放工作方案的通知》（国发〔2011〕41号）、《清洁发展机制项目运行管理办法》（国家发展改革委、科技部、外交部、财政部第11号令）、《国家发展改革委关于印发温室气体自愿减排交易管理暂行办法的通知》（发改气候〔2012〕1668号）、《国家发展改革委办公厅关于开展碳排放权交易试点工作的通知》（发改办气候〔2011〕2601号）等有关规定，经商国家发展改革委并结合我国林业实际，提出该指导意见	2014-6-1

续 表

序号	政策名称及文号	政策主要内容	发布日期
12	《2013年林业应对气候变化政策与行动白皮书》（国家林业局办造字〔2014〕19号）（国家林业局）	该《白皮书》分加强宏观指导、强化组织领导、增加森林碳汇、减少林业排放、推进全国林业碳汇计量监测体系建设、强化林业应对气候变化技术规范建设、加强林业应对气候变化政策研究、抓好林业应对气候变化科技支撑、积极参与履约谈判、认真开展机关节能、认真抓好宣传培训等11部分	2014-2-27
13	《国务院关于加强节能工作的决定》（国发〔2006〕28号）（国务院）	为深入贯彻科学发展观，落实节约资源基本国策，调动社会各方面力量进一步加强节能工作，加快建设节约型社会，实现“十一五”规划纲要提出的节能目标，促进经济社会发展切实转入全面协调可持续发展的轨道，特作此决定	2006-8-6
14	《关于深入开展全民节能行动的通知》（国办〔2008〕106号）（国务院办公厅）	节约资源和保护环境是我国的基本国策。为缓解能源供应紧张状况，保护生态环境，进一步增强全民能源忧患意识和节能意识，建设资源节约型和环境友好型社会，经国务院同意，现就开展全民节能行动有关事项通知	2008-8-1
15	《国家鼓励的资源综合利用认定管理办法》（发改环资〔2006〕1864号）（国家发改委）	为贯彻落实国家资源综合利用的鼓励和扶持政策，加强资源综合利用管理，鼓励企业开展资源综合利用，促进经济社会可持续发展，制定本办法。本办法所指国家鼓励的资源综合利用认定，是指对符合国家资源综合利用的，需鼓励和扶持政策的资源综合利用工艺、技术或产品进行认定（以下简称资源综合利用认定）	2006-9-7
16	关于印发《可再生能源产业发展指导目录》的通知（发改能源〔2005〕2517号）（国家发改委）	为了促进我国可再生能源产业的发展，根据《中华人民共和国可再生能源法》的要求，编制的《可再生能源产业发展指导目录》（以下简称《目录》）中包括了生物质发电和生物燃料生产，如生物质直接燃烧发电利用农作物秸秆、林木质直接燃烧发电。生物质气化供气和发电利用农作物秸秆、林木质气化供气和发电。生物液体燃料利用非粮食作物和林木质生物质为原料生产液体燃料。生物质固化成型燃料将农作物秸秆，林木质制成固体成型燃料代替煤炭	2005-11-29
17	《国家鼓励发展的资源节约综合利用和环境保护技术》（国家发展改革委、科技部、国家环境保护总局公告2005年第65号）	《国家鼓励发展的资源节约综合利用和环境保护技术》的260项技术中，和林业有关的技术有：利用废物、再生资源生产“轻基质网袋育苗容器”技术；农作物秸秆无废料综合利用技术；生物质气化技术；禾本木质素生产工艺技术；小口径竹材的去青、脱脂技术；人造装饰薄木制造和调色技术；利用废旧胶合板加工工字形木梁技术；预应力竹质模板生产技术等	2005-10-28

续　表

序号	政策名称及文号	政策主要内容	发布日期
18	《国务院关于做好建设节约型社会近期重点工作的通知》（国发〔2005〕21号）（国务院）	从节能、节水、节材、节地和资源综合利用5个方面提出了近期建设节约型社会的重点工作，并提出了加快节约资源的体制机制和法制建设7个方面的措施	2005-6-27
19	关于印发《国家环保总局关于推进循环经济发展的指导意见》的通知（环发〔2005〕114号）（国家环保总局）	为全面贯彻《国务院关于加快发展循环经济的若干意见》（国发〔2005〕22号）的精神，紧密结合环保工作推动循环经济发展，加快改变以末端治理为主的传统污染防治模式，增强环境保护监督管理能力，保护和改善环境，建设资源节约型和环境友好型社会，制定了《国家环保总局关于推进循环经济发展的指导意见》，从而明确了环保部门在推进循环经济工作中的作用与地位和具体内容	2005-10-10
20	《国务院关于同意建立发展循环经济工作部际联席会议制度的批复》（国函〔2006〕5号）（国务院）	建立由发展改革委牵头的发展循环经济工作部际联席会议制度。主要职能是在国务院领导下，研究拟订发展循环经济的重大政策措施，向国务院提出建议；协调解决推进循环经济发展中的重大问题；讨论确定年度工作重点并协调落实；指导、督促、检查发展循环经济的各项工作	2006-1-27
21	《关于印发循环经济评价指标体系的通知》（发改环资〔2007〕1815号）（国家发改委）	包括宏观层面和工业园区两套指标体系。宏观层面循环经济评价指标体系用于对全社会和各地发展循环经济状况进行总体的定量判断。为制定和实施循环经济发展规划提供依据。工业园区评价指标主要用于定量评价和描述园区内循环经济发展状况，为工业园区发展循环经济提供指导	2007-6-27
22	《国务院关于发布实施〈促进产业结构调整暂行规定〉的决定》（国发〔2005〕40号）（国务院）	明确了当前及今后一段时期产业结构调整的目标、原则、方向和重点，以及《产业结构调整指导目录》（2005）中鼓励、限制和淘汰三类目录的分类原则和配套政策。其中包括对有利于节约资源、保护环境的关键技术、装备及产品予以鼓励和支持。对严重浪费资源能源、污染环境的落后工艺技术、装备及产品进行淘汰	2005-12-2
23	《财政部关于印发〈中央补助地方清洁生产专项资金使用管理办法〉的通知》（财建〔2004〕343号）（财政部）	对中央补助地方清洁生产专项资金的使用管理作了具体规定	2004-10-13

续 表

序号	政策名称及文号	政策主要内容	发布日期
24	《关于印发促进生物产业加快发展若干政策的通知》（国办发〔2009〕45号）（国务院）	2009年6月2日，国务院办公厅发出了《关于印发促进生物产业加快发展若干政策的通知》，该通知规定：生物企业为开发新技术、新工艺、新产品发生的研发费用，未形成无形资产计入当期损益的，在按照规定据实扣除的基础上，再按照研发费用的50%加计扣除；形成无形资产的，按照无形资产成本的150%摊销。对被认定为高新技术企业的生物企业，按照税法规定减按15%的税率征收企业所得税。对国家需要重点扶持和鼓励发展的生物农业、生物医药、生物能源、生物基材料等生产企业，进一步完善相关税收政策	2009-6-2
25	《关于支持循环经济发展的投融资政策措施意见的通知》发改环资〔2010〕801号（国家发展改革委等）	为贯彻落实《中华人民共和国循环经济促进法》和《国务院关于加快发展循环经济的若干意见》，加大对发展循环经济的投融资政策支持力度，促进循环经济形成较大规模，加快调整经济结构，转变经济发展方式，建设资源节约型和环境友好型社会，国家发展改革委、中国人民银行、中国银保监会、中国证监会联合发布了《关于支持循环经济发展的投融资政策措施意见的通知》，该项通知出台，旨在按照政府推动、市场引导的方针，综合运用规划、投资、产业、价格、财税、金融等政策措施，建立一个有利于循环经济发展的投融资政策支持体系，引导社会资金投向循环经济发展，解决企业发展循环经济融资难问题	2010-4-29
26	《财政部、国家税务总局关于废旧物资回收经营业务有关增值税政策的通知》（财税〔2001〕78号）（财政部、国家税务总局）	自2001年5月1日起，对废旧物资回收经营单位销售其收购的废旧物资免征增值税，生产企业增值税一般纳税人购入废旧物资回收经营单位销售的废旧物资，可按照废旧物资回收经营单位开具的由税务机关监制的普通发票上注明的金额，按10%计算抵扣进项税额	2001-5-1
27	《财政部、国家税务总局关于调整和完善消费税政策的通知》（财税〔2006〕33号）（财政部、国家税务总局）	新增高尔夫球及球具、高档手表、游艇、木制一次性筷子、实木地板税目。实行新的小汽车消费税税率，降低了部分小排量乘用车的税负，并提高了大排量乘用车的税负	2006-3-20

续　表

序号	政策名称及文号	政策主要内容	发布日期
28	中国人民银行发布《关于改进和加强节能环保领域金融服务的指导意见》（银发〔2007〕215号）（中国人民银行）	提出要有针对性地做好有关节能环保领域的金融服务工作，对《产业结构调整指导目录》（2005）中列出的鼓励类投资项目，要从简化贷款手续、完善金融服务的角度，积极给予信贷支持；对淘汰类项目，要从防范信贷风险的角度，停止各类形式的授信。并积极采取措施收回和保护已发放的贷款；对不列入鼓励类、限制类和淘汰类的允许类项目，在按照信贷原则提供信贷支持时，要充分考虑项目的资源节约和环境保护等因素	2007-6-29
29	《国家鼓励发展的资源节约综合利用和环境保护技术目录》（2005年第65号公告）（国家发展改革委、科技部、国家环保总局）	为进一步推进资源节约综合利用和环境保护技术进步，加快新技术的推广应用，引导投资方向，促进经济社会可持续发展，中华人民共和国国家发展和改革委员会、中华人民共和国科学技术部、国家环境保护总局颁布了《国家鼓励发展的资源节约综合利用和环境保护技术》，共计260项技术，生物质材料及农业秸秆利用也在其中	2005-10-28
30	《国家中长期科学和技术发展规划纲要（2006—2020）》（科技部）	节能、节水、加大综合治污与废弃物循环利用成为优先主题，例如，大力开发重污染行业清洁生产集成技术，强化废弃物减量化、资源化利用与安全处置，加强发展循环经济的共性技术研究	2006-2-9
31	《节能技术大纲（2006年）》（国家发展和改革委员会、科技部联合发布2006年修订）	以1996年版大纲为基础，充分考虑十年来节能技术发展状况，提出了重点研究、开发、示范和推广的重大节能技术，限制和淘汰的高耗能工艺、技术和设备，修订后的《大纲》包括：工业节能，建筑节能、交通节能、城市与民用节能、农业及农村节能、可再生能源利用和保障措施	2007-2-28
32	《加工贸易禁止进出口商品目录》（商务部、海关总署、国家环境保护总局公告2007年第17号）	共有990种加工贸易类产品被列入了禁止名单，木质一次性筷子等产品被首次禁止进口，重柴油、部分柴油、燃料油及重油等多种能源首次出现在禁止进出口名单中	2007-4

第五章　中国林业剩余物综合利用

林业剩余物资源综合利用是发展循环经济的重要内容，是建设生态文明、推动建立绿色低碳循环发展产业体系的重要任务。发展林业剩余物综合利用和循环利用，是发展林业循环经济、促进森林资源可持续发展、保障我国木材安全和建设节约型社会的重要举措，对保护我国的生态环境和应对全球气候变化具有重要意义。

第一节　林业剩余物的概述

一、林业剩余物的基本概念

林业剩余物是指林业生产和加工过程中产生的剩余物或垃圾，包括林木采伐和造材剩余物、木材加工剩余物、森林抚育与间伐剩余物、经济林修剪废弃物、竹材采伐和加工剩余物、城市园林绿化废弃物等 6 大类。

二、林业剩余物种类

（一）林木采伐和造材剩余物

林木采伐剩余物、造材剩余物是指森林采伐和造材过程中产生的废弃物，包括采伐剩余物（指枝桠、树梢、树皮、树叶、树根及藤条、灌木等）及造材剩余物（指造材截头等）。

（二）木材加工剩余物

木材加工剩余物是指原木、锯材加工成其他木材产品过程中产生的废弃物，包括板皮、木竹板材截头、锯末、碎单板、木芯、刨花、木块、边角余料。

（三）森林抚育采伐和间伐剩余物

森林抚育采伐和间伐剩余物是指在中幼林抚育、低产林改造等采伐作业过程中不形成森林采伐产品和未被利用的枝桠、梢头、灌木、树桩（伐根）、枯倒木、遗弃材及截头、灌木和野草。

（四）经济林修剪废弃物

经济林修剪废弃物是指苹果、梨、桃、板栗、核桃、大枣、花椒等经济林和果树生产过程修剪产生的枝裡材。

（五）竹材采伐和加工剩余物

竹材采伐和加工剩余物是指竹材采伐和造材与加工过程中产生的废弃物的统称，包括采伐剩余物（指枝桠、树梢、树皮、树叶、树根及藤条、灌木等）、造材剩余物（指造材截头等）、竹材加工剩余物（竹板材截头、竹锯末、竹刨花、竹边角余料等）。

（六）城市园林绿化废弃物

城市园林绿化废弃物是指城市园林绿化经营管理过程中所产生的枝桠、落叶、草屑等植物残体。园林绿化废弃物产生的场所主要包括：公共绿地、居住绿地、道路绿地、单位附属绿地、生产绿地、防护绿地等。

三、全国林业剩余物资源总量计算

在张希良、吕文等 2008 年出版的《中国森林能源》一书中对中国木质资源剩余物数量进行了测算，其提出了林木采伐和造材剩余物、木材加工剩余物、森林抚育与间伐剩余物、竹材采伐和加工剩余物、城市园林绿化废弃物、经济林修剪废弃物的计算方法和计算公式，这些方法和公式很科学。本章的林业剩余物的计算基本参照他们的方法和公式，但竹材采伐和加工剩余物、城市园林绿化废弃物、经济林修剪废弃物的单位面积或单位产量的剩余物产量参照相关文献确定。

（一）林木采伐和造材剩余物数量计算

以 2014 年全国商品材和非商品材总量为基础，按照其剩余物比例为 40% 进行计算，其中剩余物的湿材密度按 1.168 吨 / 立方米计算。

（二）木材加工剩余物数量计算

以 2014 年全国商品材与非商品材产量与全国进口原木、锯材数量的总和为基数，按照其剩余物比例为 20% 进行计算，其中剩余物的密度为 0.6 吨 / 立方米。

（三）森林抚育与间伐剩余物数量计算

以 2014 年全国低产低效林改造、未成林抚育作业面积、中幼林抚育的总面积为基数，以单位面积森林抚育采伐与间伐废弃物量为 5 吨 / 公顷进行计算。

（四）经济林修剪废弃物数量计算

以 2014 年全国经济林总面积为基数，以单位经济林面积的废弃物量为 3.73 吨 / 公顷进行计算。

（五）竹材采伐与加工剩余物数量计算

以 2014 年全国竹材产量为基数，以单根竹材的采伐与加工剩余物量为 27 千克 / 根进行计算。

（六）城市园林绿化废弃物数量计算

以 2014 年全国城市绿地总面积为基数，以单位城市绿地面积的城市绿化废弃物量为 10 吨 / 公顷进行计算。

（七）全国林业剩余物资源总量

经测算，2014 年全国林业剩余物总量为 3.84 亿吨。其中林木采伐和造材剩余物为 5201.72 万吨，木材加工剩余物为 2259.34 万吨，森林抚育与间伐剩余物为 8336.83 万吨，竹材采伐和加工剩余物为 6005.87 万吨，城市园林绿化废弃物为 2427.21 万吨，经济林修剪废弃物为 14174 万吨。具体的测算结果见表 5-1。

四、林业剩余物资源分布状况

（一）林木采伐和造材剩余物

2014 年全国林木采伐和造材剩余物为 5201.72 万吨。从表 5-2 可见，全国 28 个省、市、区以及森工集团都产生林木采伐和造材剩余物，其中林木采伐和造材剩余物年产量超过 100 万吨的省、市、区有 14 个，超过 200 万吨的为 7 个，按照年产量大小排序依次为广西壮族自治区、福建省、云南省、广东省、安徽省、湖南省、山东省等，其中广西壮族自治区产量最大，为 1191.08 万吨。林木采伐和造材剩余物年产量超过 100 万吨的省、市、区利用潜力最大。

表 5-1　全国林业剩余物总量测算结果[1][2]

林业剩余物种类	计算相关林业剩余物的相关产品的产量或面积指标	产量或面积	剩余物量（万吨）	计算依据
林木采伐、造材剩余物	2014 年全国商品材与非商品材产量	11133.81 万立方米，剩余物量以商品材与非商品材的 40% 进行计算	5201.72	2014 年全国商品材与非商品材产量
木材加工剩余物	2014 年全国商品材与非商品材产量与全国进口原木、锯材数量的总和	11133.81+5119.4（进口原木）+2574.67（进口锯材）=18827.87 立方米	2259.34	剩余物量以加工用原木、锯材的比例为 20% 计算
森林抚育采伐与间伐剩余物	2014 年全国低产低效林改造、未成林抚育作业面积、中幼林抚育的总面积	16673660 公顷	8336.83	单位面积的抚育采伐与间伐废弃物量为 5 吨 / 公顷
经济林修剪废弃物	2014 年全国经济林总面积	3800 万公顷	14174	单位经济林面积的废弃物量为 3.73 吨 / 公顷
竹材采伐与加工剩余物	2014 年全国竹材产量	222439.33 万根	6005.87	单位竹材的采伐与加工剩余物量为 27 千克 / 根
城市园林绿化废弃物	2014 年全国城市绿地总面积	2427211 公顷	2427.21	单位城市绿地面积的城市绿化废弃物量为 10 吨 / 公顷
废弃木质材料	—	—	7000	国家发展改革委《中国资源综合利用年度报告（2014）》发布的数据
合计	—	—	45404.97	—

[1] 2014 年全国商品材与非商品材产量、2014 年全国商品材与非商品材产量与全国进口原木、锯材数量、2014 年森林抚育改造面积、2014 年全国竹材产量等的数据来源：《中国林业统计年鉴2014》。

[2] 2014 年城市绿地面积数据来源：《中国城市统计年鉴2014》。

表 5-2　2014 年全国各省区林木采伐和造材剩余物量[1]

排序	地区	木材产量			采伐剩余物和造材剩余物量（万吨）
		商品材（万立方米）	非商品材（万立方米）	合计（万立方米）	
1	广西	2302.76	246.65	2549.41	1191.08
2	福建	575.05	1287.71	1862.76	870.28
3	云南	393.57	501.87	895.44	418.35
4	广东	841.47	22.01	863.48	403.42
5	安徽	465.52	114.24	579.76	270.86
6	湖南	478.21	100.05	578.26	270.16
7	山东	429.55	23.47	453.02	211.65
8	吉林	345.18	—	345.18	161.27
9	河南	256.28	80.82	337.1	157.49
10	湖北	227.47	105.68	333.15	155.65
11	江西	259.55	73.4	4332.95	155.55
12	四川	207.66	82.83	290.49	135.72
13	辽宁	196.96	27.76	224.72	104.99
14	黑龙江	212.79	5.71	218.5	102.08
15	贵州	191.36	12.36	203.72	95.18
16	内蒙古	178.75	1.13	179.88	84.04
17	浙江	136.77	26.59	163.36	76.32
18	江苏	141.33	17.79	159.12	74.34
19	海南	134.86	3.17	138.03	64.49
20	内蒙古森工集团	108.3	—	108.3	50.60
21	河北	90.18	17.99	108.17	50.54
22	长白山森工集团	73.92	—	73.92	34.54
23	重庆	35.09	24.64	59.73	27.91
24	西藏	5.37	51.89	57.26	26.75
25	吉林森工集团	56.39	—	56.39	26.35
26	龙江森工集团	54.36	—	54.36	25.40
27	陕西	6.74	43.14	49.88	23.30
28	新疆	43.94	1.53	45.47	21.24
注：采伐剩余物和造材剩余物量比例约为 40%					

[1] 商品材、非商品材产量数据来源：《中国林业统计年鉴2014》。

（二）木材加工剩余物

2014 年全国木材加工剩余物为 2259.34 万吨。因为进口原木、进口锯材的各省的实际加工量没有统计数据，表 5-3 的数据主要按照国产材加工剩余物进行计算，数据可能与实际有出入。从表 5-3 可见，各省的木材加工剩余物年产量较小，超过 20 万吨的省、市、区和森工集团有 14 个，超过 50 万吨的为 6 个，分别为广西壮族自治区、福建省、云南省、广东省、安徽省、湖南省、山东省等，其中广西壮族自治区产量最大为 215.64 万吨。

表 5-3　2014 年全国各省区木材加工剩余物量[1]

排序	地区	木材产量			木材加工剩余物量（万吨）
		加工用材（万立方米）	农民自用材（万立方米）	合计（万立方米）	
1	广西	1023.38	54.81	1078.19	215.64
2	福建	126.62	287.16	413.78	82，76
3	广东	384.79	4.03	388.82	77.76
4	山东	287.19	15.71	302.9	60.58
5	安徽	238.00	50.49	288.49	57.69
6	河南	215.42	39.21	254.63	50.93
7	云南	143.23	86.45	229.68	45.94
8	湖南	180.16	26.92	207.08	41.42
9	吉林	184.08	—	184.08	36.82
10	湖北	119.28	47.09	166.37	33.27
11	江西	129.72	13.23	142.95	28.59
12	四川	92.60	20.55	113.15	22.63
13	贵州	110.36	2.13	112.49	22.49
14	辽宁	97.50	14.80	112.30	22.46
15	江苏	65.46	13.05	78.51	15.70
16	浙江	69.89	6.44	76.33	15.27
17	黑龙江	63.58	—	63.58	12.72
18	长白山森工集团	55.53	—	55.53	11.11
19	吉林森工集团	47.30	—	47.30	9.46
20	内蒙古	36.86	0.94	37.80	7.56
21	河北	29.33	3.48	32.81	6.56
22	西藏	5.76	24.46	30.22	6.04

[1] 商品材、非商品材产量数据来源：《中国林业统计年鉴2014》。

续　表

排序	地区	木材产量			木材加工剩余物量（万吨）
		加工用材（万立方米）	农民自用材（万立方米）	合计（万立方米）	
23	龙江森工集团	29.70	—	29.70	5.94
24	内蒙古森工集团	28.92	—	28.92	5.78
25	陕西	1.83	20.92	22.75	4.55
26	重庆	14.34	7.63	21.97	4.39
27	新疆	11.81	5.24	17.05	3.41
28	海南	12.08	0.50	12.58	2.51
注：木材加工剩余物比例为 20%					

（三）森林抚育与间伐剩余物

随着 2017 年天然林的全面停伐，全国森林抚育与间伐任务加重，森林抚育与间伐剩余物是未来林业剩余物的重要来源，也是综合利用的关注重点。

2014 年全国森林抚育与间伐剩余物产量为 8336.83 万吨。表 5-4 为 2014 年森林抚育采伐及其间伐剩余物量。从表 5-4 所见，全国 36 个省区和森工集团都生产森林抚育与间伐剩余物，其中年产量超过 100 万吨省区有 28 个，而超过 300 万吨的为 14 个，超过 400 万吨的为 6 个，分别为新疆维吾尔自治区、广西壮族自治区、黑龙江省、湖南省、内蒙古自治区、安徽省等，其中新疆维吾尔自治区产量最大，为 1215.02 万吨。应在重点林区大力发展森林抚育和间伐剩余物利用工作。

表 5-4　2014 年各省区森林抚育采伐及其间伐剩余物量[1]

排序	地区	2014 年森林抚育改造面积（公顷）				森林抚育和间伐剩余物（万吨）
		低产低效林改造	未成林抚育作业面积	中幼林抚育作业	合计	
1	新疆	52635	1287023	1090372	2430030	1215.02
2	广西	14835	673220	614471	1302526	651.26
3	黑龙江	1731	378861	617125	997717	498.86
4	湖南	126577	458283	405800	990660	495.33
5	内蒙古	13573	248832	636565	898970	449.49
6	安徽	6421	367332	512548	886301	443.15
7	山东	30918	322219	415701	768838	384.42
8	河北	415	361929	402687	765031	382.52

[1] 森林抚育改造面积数据来源：《中国林业统计年鉴2014》。

续 表

排序	地区	2014年森林抚育改造面积（公顷）				森林抚育和间伐剩余物（万吨）
		低产低效林改造	未成林抚育作业面积	中幼林抚育作业	合计	
9	湖北	32868	277901	442485	753254	376.63
10	吉林	5343	489343	224015	718701	359.35
11	龙江森工集团	790	218361	487155	706306	353.15
12	广东	49267	123805	478859	651931	325.97
13	河南	16213	264567	349128	629908	314.95
14	福建	11623	378579	211336	601538	300.77
15	新疆生产建设兵团	3519	338284	179307	521110	260.56
16	海南	1433	266070	222460	489963	244.98
17	宁夏	5478	209677	271802	486957	243.48
18	江西	38572	249903	178106	466581	233.29
19	陕西	72176	120041	161398	353615	176.81
20	内蒙古森工集团	—	—	350271	350271	175.14
21	贵州	1400	14217	287583	303200	151.60
22	江苏	3941	65480	209909	279330	139.67
23	浙江	10836	31650	232000	274486	137.24
24	甘肃	3227	99526	155904	258657	129.33
25	云南	101159	—	141440	242599	121.30
26	大兴安岭	12667	—	203933	216600	108.30
27	长白山森工集团	1544	122671	90698	214913	107.46
28	四川	53014	21960	135286	210260	105.13
29	吉林森工集团	497	150932	46630	198059	99.03
30	重庆	1283	42749	125029	169061	84.53
31	天津	—	84752	57971	142723	71.36
32	辽宁	4164	60982	60459	125605	62.80
33	山西	12766	42013	69078	123857	61.93
34	北京	1977	22865	66766	91608	45.80
35	青海	—	—	23533	23533	11.77
36	上海	863	2867	15890	19620	9.81
注：单位面积的抚育采伐与间伐废弃物量为5吨/公顷						

（四）经济林修剪废弃物

经济林修剪废弃物是目前新兴的林业剩余物的主要来源，已经成为综合利用的重点。2014 年全国经济林修剪废弃物产量为 14174 万吨。表 5-5 为 2014 年全国各省区经济林面积及其修剪剩余物量。从表 5-5 可见，全国 22 个省区都产生经济林修剪废弃物，且年产量均超过了 100 万吨。其中超过 400 万吨的为 9 个省区，分别为云南省、广西壮族自治区、湖南省、陕西省、辽宁省、广东省、江西省、浙江省、四川省等，其中云南省产量最大，为 1003.22 万吨。在重点地区应大力发展经济林修剪废弃物的综合利用。

表 5-5　2014 年全国各省区经济林面积及其修剪剩余物量[1]

排序	地区	经济林面积（公顷）	经济林修剪废弃物（万吨）
1	云南	268.959	1003.22
2	广西	184.795	689.29
3	湖南	151.482	565.03
4	陕西	141.75	528.73
5	辽宁	132.794	495.32
6	广东	125.529	468.22
7	江西	118.737	442.89
8	浙江	109.824	409.64
9	四川	107.452	400.80
10	山东	106.1419	395.91
11	河北	94.0283	350.73
13	海南	90.3348	336.95
12	福建	89.2777	333.01
14	湖北	73.0338	272.42
15	贵州	70.51	263.00
19	山西	67.7291	252.63
18	新疆	65.6944	245.04
16	安徽	64.1684	239.35
17	河南	60.0066	223.82
20	江苏	35.8771	133.82
21	重庆	29.9723	111.80
22	甘肃	28.0151	104.50
注：单位经济林面积的废弃物量为 3.73 吨 / 公顷			

［1］经济林面积为第八次森林资源统计结果与2013、2014 年新增经济林面积之和。数据来源为《中国森林资源清查报告（2009—2013）》《中国林业统计年鉴2013》《中国林业统计年鉴2014》。

（五）竹材采伐与加工剩余物

2014年全国竹材采伐和加工剩余物为6005.87万吨。从表5-6所见，竹材采伐和加工剩余物主要分布在我国南方的16个省区，其中竹材采伐和加工剩余物年产量超过100万吨的省、市、区有10个，超过300万吨的为8个，按照产量大小依次分别为福建省、广西壮族自治区、浙江省、江西省、广东省、云南省、安徽省、四川省等，其中福建省产量最大，为1842.15万吨，广西壮族自治区次之，为1229.76万吨。竹材采伐和加工剩余物年产量超过100万吨的省、市、区竹材采伐和加工剩余物利用潜力很大。

表5-6 2014年全国部分省区竹材产量及其采伐和加工剩余物量[1]

排序	地区	竹材（万根）	竹材采伐和加工剩余物（万吨）
1	福建	67387.10	1842.15
2	广西	44992.00	1229.76
3	浙江	20512.31	568.42
4	江西	19683.94	544.57
5	广东	14474.66	450.21
6	云南	14960.30	420.09
7	安徽	14887.10	418.9
8	四川	9692.74	353.62
9	湖南	5942.83	162.9
10	重庆	3215.97	102.94
11	湖北	3414.41	97.51
12	海南	1155.63	31.22
13	陕西	810.41	22.42
14	贵州	740.17	21.24
15	江苏	399.03	12.39
16	河南	171.44	6.16
注：单位竹材的采伐与加工剩余物量为27千克/根			

（六）城市园林绿化废弃物

城市园林绿化废弃物已成为目前新兴的林业剩余物的主要来源，但在目前城市管理中主要作为城市固体垃圾进行处理，浪费严重，需要高度关注并利用。2014年全国城市园林绿化废弃物2427.21万吨。如表5-7所见，城市园林绿化废弃物年产量超过50万吨的省、市、区有14个，超过100万吨的为6个，分别为广东省、江苏省、山东省、浙江省、上

[1] 竹材产量数据来源：《中国林业统计年鉴2014》。

海市、辽宁省等，其中广东省产量最大，为 411.98 万吨。

表 5–7　2014 年全国各省区城市园林绿化废弃物量[1]

排序	地区	绿地面积（公顷）	城市绿化废弃物（万吨）
1	广东	411978	411.98
2	江苏	256263	256.26
3	山东	193647	193.65
4	浙江	127927	127.93
5	上海	124295	124.30
6	辽宁	120514	120.51
7	四川	88894	88.89
8	安徽	83910	83.91
9	河南	80753	80.75
10	河北	76045	76.05
11	黑龙江	75064	75.06
12	湖北	71622	71.62
13	广西	69870	69.87
14	北京	68438	68.44
15	福建	57613	57.61
16	新疆	53562	53.56
17	湖南	53483	53.48
18	内蒙古	49333	49.33
19	江西	49239	49.24
20	重庆	48123	48.12
21	吉林	38390	38.39
22	山西	36347	36.35
23	云南	34906	34.91
24	贵州	34026	34.03
25	陕西	33853	33.85
26	天津	23196	23.20

[1] 城市绿地面积数据来源：《中国城市统计年鉴2014》。

续 表

排序	地区	绿地面积（公顷）	城市绿化废弃物（万吨）
27	宁夏	21919	21.92
28	甘肃	21166	21.17
29	海南	14423	14.42
30	青海	4772	4.77
31	西藏	3649	3.65
注：单位城市绿地面积的城市绿化废弃物量为 10 吨 / 公顷			

表 5-8 为 2013 年全国各主要城市园林绿化废弃物量。从表 5-8 可见，年产量超过 40 万吨的市有 7 个，分别为广州市、上海市、深圳市、南京市、北京市、重庆市、南宁市等，其中广州市产量最大为 131.44 万吨。

表 5–8　2013 年全国各主要城市园林绿化废弃物量[1]

排序	城市	绿地面积（公顷）	城市绿化废弃物（万吨）
1	广州	131444	131.44
2	上海	124295	124.30
3	深圳	96697	96.70
4	南京	86117	86.12
5	北京	68438	68.44
6	重庆	48123	48.12
7	南宁	40352	40.35
8	沈阳	29219	29.22
9	青岛	28007	28.01
10	乌鲁木齐	24476	24.48
11	天津	23196	23.20
12	成都	19082	19.08
13	武汉	17895	17.90
14	厦门	17591	17.59
15	杭州	17071	17.07
16	合肥	15830	15.83
17	西安	15736	15.74
18	昆明	14367	14.37
19	郑州	13444	13.44

[1] 城市绿地面积数据来源：《中国城市统计年鉴2013》。

续　表

排序	城市	绿地面积（公顷）	城市绿化废弃物（万吨）
20	哈尔滨	13333	13.33
21	济南	12858	12.86
22	贵阳	12783	12.78
23	太原	11190	11.19
24	长春	10727	10.73
25	南昌	10010	10.01
26	福州	9750	9.75
27	长沙	9611	9.61
28	石家庄	9246	9.25
29	呼和浩特	8546	8.55
30	银川	7413	7.41
31	兰州	6040	6.04
32	海口	4672	4.67
33	西宁	3205	3.21
34	拉萨	1660	1.66
注：单位城市绿地面积的城市绿化废弃物量为 10 吨 / 公顷			

（七）全国各地区各类林业剩余物资源分布情况

根据对各省、市、区林木采伐和造材剩余物、木材加工剩余物，森林抚育与间伐剩余物、竹材采伐和加工剩余物、城市园林绿化废弃物、经济林修剪废弃物的资源结果进行汇总，得到了全国各地区各类林业剩余物资源分布表（表 5-9）。

从表 5-9 可见，林业剩余物总量超过 1000 万吨的省份有 12 个，依次为广西壮族自治区、福建省、广东省、云南省、湖南省、安徽省、新疆维吾尔自治区、江西省、浙江省、山东省、四川省、湖北省。而资源总量超过 500 万吨的省、区、市、森工集团为 22 个。这些资源大省将是林业剩余物综合利用工作的重点省份。

表 5–9　全国各地区林业剩余物资源分布表

排序	地区	林木采伐和造材剩余物	木材加工剩余物	抚育与间伐剩余物	竹材采伐和加工剩余物	经济林修剪废弃物	城市园林绿化废弃物	合计
1	广西	1191.08	215.64	651.26	1229.76	689.29	69.87	4046.90
2	福建	870.28	82.76	300.77	1842.15	333.01	57.61	3486.58
3	广东	403.42	77.56	325.97	450.21	468.22	411.98	2137.36
4	云南	418.35	45.94	121.30	420.09	1003.22	36.35	2045.25
5	湖南	270.16	41.42	495.33	162.90	565.03	53.48	1588.32
6	安徽	270.86	57.69	443.15	418.90	239.35	83.91	1513.86

续 表

排序	地区	林木采伐和造材剩余物	木材加工剩余物	抚育与间伐剩余物	竹材采伐和加工剩余物	经济林修剪废弃物	城市园林绿化废弃物	合计
7	新疆	—	—	1215.02	—	245.04	—	1460.06
8	江西	155.55	28.59	233.29	544.57	442.89	49.24	1454.13
9	浙江	76.32	15.27	137.24	568.42	409.64	127.93	1334.82
10	山东	211.65	60.58	384.42	—	395.91	193.65	1246.21
11	四川	135.72	22.63	105.13	353.62	400.80	88.89	1106.79
12	湖北	155.65	33.27	376.63	97.51	272.42	71.62	1007.10
13	河北	50.54	6.56	384.42	—	350.73	76.05	868.30
14	河南	157.49	50.93	314.95	6.16	223.82	80.75	834.10
15	辽宁	104.99	22.46	62.80	—	495.32	120.51	806.08
16	陕西	23.30	4.55	176.81	22.42	528.73	33.85	789.66
17	海南	64.49	2.51	244.98	31.22	336.95	14.42	694.57
18	黑龙江	102.08	12.72	498.86	—	—	75.06	688.72
19	江苏	74.34	15.70	139.67	12.39	133.82	256.26	632.18
20	吉林	161.27	36.82	359.35	—	—	38.39	595.83
21	内蒙古	84.04	7.56	449.49	—	—	49.33	590.42
22	贵州	95.18	22.49	151.60	21.24	263.00	34.03	587.54
23	龙江森工集团	25.40	5.94	353.15	—	—	—	384.49
24	重庆	27.91	4.39	84.53	102.94	111.80	48.12	379.69
25	山西	—	—	61.93	—	252.63	36.35	350.91
26	宁夏	—	—	243.48	—	—	21.17	264.65
27	新疆建设兵团	—	—	260.56	—	—	—	260.56
28	甘肃	—	—	129.33	—	104.50	21.17	255.00
29	内蒙古森工集团	50.60	5.78	175.14	—	—	—	231.52
30	长白山森工集团	34.54	11.11	107.46	—	—	—	153.11
31	吉林森工集团	26.35	9.46	99.03	—	—	—	134.84
32	上海	—	—	9.81	—	—	124.30	134.11
33	北京	—	—	45.80	—	—	68.44	114.24
34	大兴安岭	—	—	108.30	—	—	—	108.30
35	西藏	26.75	6.04	—	—	—	3.65	36.44
36	天津	—	—	—	—	—	23.20	23.20
37	青海	—	—	11.27	—	—	4.77	16.04

第二节　中国林业剩余物综合利用途径和主要技术

一、林业剩余物综合利用途径

林业剩余物利用途径主要为：原料资源化利用、能源化利用、肥料化利用、饲料化利用（表 5-10）。

表 5–10　中国各类林业剩余物综合利用途径

林业剩余物种类	林业剩余物组成特点	重点利用途径
林木采伐和造材剩余物、木材加工剩余物	主要为木质成分	原料化利用、生物质能源利用
森林抚育采伐和间伐剩余物	木质成分和野草、灌木数量比重相当	生物质能源利用、肥料化利用、原料化利用、饲料化利用
经济林修剪废弃物	主要为木质成分	原料化利用、生物质能源利用
园林绿化废弃物	落叶、草屑数量大，木质成分次之	肥料化利用、生物质能源利用、原料化利用、饲料化利用
废弃木质材料	主要为木质成分	原料化利用、能源化利用

1. 原料资源化利用

原料化利用主要是以林业剩余物为原料，采用机械加工、化学加工利用、生产食用菌方式生产各种产品，可生产人造板、生产生物质材料、生物质能源、活性炭、竹炭、酒精等产品。主要的产品有：

①机械加工产品：纤维板、刨花板、细木工板芯条、木塑复合材料、纸浆或纸制品、小木制品、木工艺品、燃香、园林绿地地面覆盖材料等。

②化学加工利用产品：松香、松节油、活性炭、竹炭、栲胶、木醋液、竹醋液、阿拉伯半乳糖、生物质胶粘剂、生物质涂料、药品等。

③食用菌原料：生产木耳、香菇等。

2. 能源化利用

能源化利用主要是以林业剩余物为原料，生产各种生物质能源的产品或直接燃烧。主要生产的产品有生物质固体成型燃料、生物柴油、生物质燃气、液化燃油、生物质发电等。

3. 肥料化利用

肥料化利用主要是以林业剩余物为原料，生产各种肥料产品。主要的产品有绿肥。

4. 饲料化利用

饲料化利用主要是以林业剩余物为原料，生产各种饲料产品。主要的产品有饲料。

5. 综合利用

综合利用是以林业剩余物为原料，开展热、电、油、林化产品等生物质联产项目的利用方式。

二、中国林业剩余物综合利用的主要技术

中国林业剩余物综合利用技术，原料资源化利用技术比较成熟，能源化技术有较大进展，肥料化利用技术和饲料化利用技术还需要加强和突破。

林业剩余物原料资源化利用技术比较成熟。如利用传统的林业三剩物、森林抚育采伐与间伐剩余物中的小径材、经济林和果树修剪废弃物等进行原料资源化利用的技术相对成熟，主要生产纤维板、刨花板、细木工板芯条、纸浆和纸制品、木塑复合材料、林化加工产品、小木制品、工艺品、燃香等，而且产品标准比较齐全。

林业剩余物能源化利用有较大进展，现已形成以成型燃料、液体燃料、热电联产、气体燃料等为主的多元化格局。固体生物质成型燃料加工技术比较成熟。2013 年生物合成液体燃料先进技术取得了重大突破，以灌木平茬物为燃料的林业生物质热电联产机组已投产运营，木质纤维素转化乙醇技术研发取得较大进展，年产 5000 吨生产示范线建成投产。南京林业大学张齐生院士研发的“农林业生物质气化多联产技术集成及应用”也取得了很好的进展，可生产生物质燃气、生物质炭、生物质液化产物，其中生物质炭可以作为土壤改良剂，生物质液化产物可以作为农作物和果树的叶面肥料。

林业剩余物肥料化利用的堆肥处理技术比较成熟。利用森林抚育采伐和间伐剩余物、园林绿化废弃物中落叶和野草生产肥料的技术很成熟，园林绿化废弃物还可用于生产园林环保植物栽培基质。

中国林业剩余物综合利用技术中，高附加值利用产品的原料化利用技术和热电联产、农林业生物质联产技术集成及应用还需要加强，饲料化利用技术进展缓慢，特别是利用纤维素、木质素生产饲料的技术，由于成本高，难以实现产业化。

三、林业剩余物综合利用科研成果统计

林业剩余物利用主要为资源化、能源化、饲料化和肥料化利用。总体而言，林业剩余物利用主要为资源化利用，能源化和肥料化利用还处于起步阶段，饲料化利用很少。

课题组通过对国内主要林业剩余物利用科研机构有关科研成果的不完全统计，全国林业剩余物利用方面科研成果目前共有 54 项，其中林业剩余物资源化利用科研成果 44 项，能源化利用科研成果 8 项，肥料化利用科研成果 2 项。资源化利用科研成果主要为新型或环保人造板、木塑复合材料、新型环保胶粘剂、纸浆与纸制品、林化产品加工和食用菌栽培等生产新技术。全国有 14 家科研机构开展了林业剩余物利用科学研究，其中取得认定成果最多的单位为中国林业科学研究院的 4 个所和中心，共有可推广成果 35 项，其中中

国林业科学研究院林产化学工业研究所24项、中国林业科学研究院木材工业研究所9项，中国林业科学研究院亚热带研究所和竹子研究中心各1项；再者是北京林业大学和中南林业科技大学各3项、东北林业大学2项、南京林业大学2项、浙江农林大学2项、浙江省林科院2项。黑龙江木材科学研究所、湖南省森林植物园、江西农业大学、重庆林业科学研究院等各1项。

四、林业剩余物综合利用标准情况

据不完全统计，现行林业剩余物综合利用国家标准、行业标准和地方标准共204项，其中原料化利用相关标准196项，能源化利用相关标准5项，饲料化利用相关标准3项。林业剩余物综合利用的原料化利用标准及木材、人造板、林业生物质材料、竹材与竹制品、活性炭、紫胶、栲胶等林产品等方面的标准较多。

但废弃木质材料产业缺乏很多急需的标准。如园林绿化废弃物综合利用就因为缺少相关新产品标准，导致不少新产品推广艰难。

第三节　中国林业剩余物综合利用产业发展现状

中国林业剩余物综合利用产业可分为木片和木粒产品加工、人造板、木塑复合材料、林产化学加工产品、纸浆及纸制品、生物质能源等产业，各产业发展现状如下。

一、木片、木粒产品加工产业

木片、木粒加工是利用森林采伐、造材、加工等剩余物和定向培育的木材，经削（刨）片机加工成一定规格的木片、木粒产品的生产活动。生产的木片包括：造纸木片、人造板木片、纺织业生产人造纤维用木片；其他产品为木丝、木粉、木粒等。

木片、木粒加工是林区森林采伐、造材、加工等剩余物就地加工的重要产品，是造纸、纤维板生产的重要原料。

根据国家林业局的统计资料，全国木片、木粒加工产量2009—2014年不断增长。2009年产量为1285.78万实积立方米，2010年为1873.51万实积立方米，2011年产量为2237.33万实积立方米，2012年为2906.93万实积立方米，2013年产量为3395.53万实积立方米，2014年产量为4314.09万实积立方米。

根据国家统计局的数据，截至2013年底，我国木片加工行业规模以上企业数量达467家。2013年我国木片加工行业总资产达177.53亿元，同比增长12.39%；行业销售收入为508.48亿元，较2012年同期增长11.12%；行业利润总额为33.77亿元，同比增长4.33%。

根据国家林业局《2013中国林业产业和林产品年鉴》统计，2012年全国27个省、区和森工集团都生产木片、木粒加工产品，其中年产量超过100万实积立方米的有8个省、区，按照产量大小依次为山东省、广西壮族自治区、广东省、河南省、安徽省、江苏省、福建省、辽宁省。山东省年产量最大，为1165.64万实积立方米（表5-11）。

表5-11 全国主要产区木片、木粒加工产品产量

排序	地区	木片、木粒加工产量（万实积立方米）	排序	地区	木片、木粒加工产量（万实积立方米）
1	山东	1165.64	15	河北	30.21
2	广西	349.17	16	云南	28.95
3	广东	250.60	17	湖南	25.78
4	河南	184.86	18	陕西	24.04
5	安徽	155.16	19	海南	18.85
6	江苏	126.43	20	龙江森工集团	15.52
7	福建	116.44	21	内蒙古	13.74
8	辽宁	116.12	22	贵州	9.73
9	浙江	60.16	23	吉林	8.83
10	四川	58.04	24	重庆	8.18
11	黑龙江	41.40	25	山西	6.11
12	江西	41.00	26	上海	1.53
13	湖北	33.89	27	吉林森工集团	0.81
14	大兴安岭	32.08			

二、人造板产业

（一）人造板行业的总体情况概述

我国已经成为世界人造板生产和出口大国，产量多年来位居世界第一，在今后十年乃至更长的时期内，我国人造板及其制品的市场将不断拓宽，越来越多的实木制品由人造板替代，越来越多的应用领域会有人造板介入，质量也会不断提高。

1. 我国人造板的产量

我国人造板产量已经连续多年位居世界第一位。近十年来，我国人造板行业发展迅猛（表5-12），产品质量逐年提高，大部分产品质量已达到或接近先进国家水平，已成为世界人造板生产、消费和进出口贸易的第一大国。但我国还不是人造板生产强国，总体上看我国人造板生产设备、人员素质等与国际先进水平还存在一定差距。

据国家林业局《中国林业统计年鉴2014》显示，2014年全国人造板产量继续保持增长，全年人造板总产量为27371.79万立方米，比2013年增长7.09%。在全部人造板产量中，胶合板为14970.03万立方米，比2013年增长9.07%，占全部人造板产量的54.69%；

纤维板为6462.63万立方米，与2013年基本持平，占全部人造板产量的23.61%，其中中密度纤维板产量为5682.57万立方米；刨花板产量为2087.53万立方米，比2013年增长10.75%，占全部人造板产量的7.63%；其他人造板3851.60万立方米（细木工板占62%），比2013年增长8.57%，占全部人造板产量的14.07%。

从分省情况看，人造板生产主要集中在我国东、中部地区，山东省、江苏省、广西壮族自治区、安徽省、河南省、河北省6省（自治区）产量均超过1000万立方米，6省（自治区）人造板产量共计18773.87万立方米，占全国人造板总产量的73.45%。

表5-12　2001—2014年我国人造板产量　　　　单位：万立方米

年份产量产品	总产量	纤维板	刨花板	其他板种（细木工板）
2001	2111	970	342	—
2002	2430	789	369	—
2003	4553	1128	547	775（617）
2004	5446	1560	643	1144.49（881）
2005	6393	2061	576	1241
2006	7429	2467	843	1390（1155）
2007	8839	2729	829	1718（1322）
2008	9410	2907	1142	1820（1304）
2009	11547	3489	1431	2176（1480）
2010	15361	4355	1264	2602（1652）
2011	20919	5562	2559	2928（2034）
2012	22336	5800	2350	3204（1868）
2013	25560	6402	1885	3547（2117）
2014	27371	6462	2087	3851（2388）

注：其他板种的括号中的数据为细木工板的产量

2. 我国人造板生产的主要基地

目前，我国人造板制造企业主要分布在三个重点区域，①以东南沿海为重点的南方人造板产业集群；②以东北国有林区为重点的东北人造板产业集群；③以华北、华东等省为重点的人造板产业集群。其中，我国中密度纤维板生产企业集中度较低，内地除西藏自治区、青海省和宁夏回族自治区外的其他省市自治区均有生产。

我国主要的人造板生产基地包括以下5个：江苏邳州人造板生产基地、江苏宿迁人造板生产基地、浙江嘉善人造板生产基地、山东临沂人造板生产基地、河北文安人造板生产基地。

①江苏邳州人造板生产基地：位于江苏徐州市，主要是以中小企业为代表的胶合板产

业集群，生产企业达 3000 多家，深加工生产线 2200 多条，年产优质人造板 800 万立方米，林业产值突破 160 亿元。林业产业对全市财政收入和农民收入的贡献率分别达到 20% 和 25% 以上。主要产品包括：贴面板、阻燃板、防水模板、集装箱底板等各种不同类型的胶合板 100 多个品种，产品主要销往北美洲和欧洲等 26 个国家和地区，是全国胶合板生产和出口的重要基地。

②江苏宿迁人造板生产基地：宿迁是我国著名的“意杨之乡”，杨树栽培已有 30 多年的历史，全市杨树面积达 12.3 万公顷，活立木蓄积量达到 1000 万立方米。自 20 世纪 80 年代末开始，以杨木为原料的木材加工业迅猛发展，使得木材工业成为宿迁第一支柱产业。目前，全市木材加工企业 2000 多家，其中，中、高密度纤维板年设计生产能力达 80 万立方米，居江苏之首。

③浙江嘉善人造板生产基地：嘉善全县木业企业 300 多家，固定资产总额达 20 多亿元，职工 3.5 万人。胶合板年产量近 300 万立方米，木地板 500 多万立方米，产品远销欧美、中东、东南亚、印度、日本和韩国，外贸出口达 1 亿多美元，成为长三角地区的经济亮点。

④山东临沂人造板生产基地：生产企业主要集中在兰山区，主要产品也是胶合板，全市目前拥有各类板材加工企业 3000 余家，其中 1000 余家为家合板加工企业，拥有 1000 多条生产线；另外 2000 余家主要从事进口原木旋切，年消耗进口原木 200 多万立方米，生产单板 180 万立方米，成为全国各地的单板供应基地。2008 年上半年，板材出口企业 104 家，出口额 1.95 亿美元，占我国人造板出口的三分之一，是我国重要的人造板出口基地。该区已有 45 家企业拥有了自营进口权，其中出口额百万美元以上的企业有 23 家。

⑤河北文安人造板生产基地：加工企业主要集中在文安县东北部的左各庄镇，交通便利，地理位置优越，是我国北方最大的胶合板生产基地。左各庄镇拥有胶合板及其相关厂家 1200 多家，主要生产多层板、刨花板、细木工板、装饰板、建筑模板、中密度纤维板、复合地板等品种，产品销往我国各地，并出口韩国、日本、美国及东南亚各国。

3. 果木人造板的生产

我国是世界果树和经济林种植大国之一，果品品种超过 50 余种，种植面积达 3800 万公顷以上，其中苹果、柑橘和梨为 30 多种经济栽培果树中的 3 大品种。果木经济林大约 15 ～ 20 年经历一个更新期，同时每年还需要对果木进行修剪，会产生大量的枝桠材废料。每公顷经济林按照一个更新期产生 74.6 吨的枝桠材计算（更新期按 20 年计），我国 1113 万公顷的果木经济林每年约可以产生 1.42 亿吨的枝桠材，如何合理有效地和用好果木经济林的枝桠材，是我国果木经济林发展面对的一个问题。近年来，随着我国人造板产业的发展，在果木经济林种植比较发达的地区已经开始以果木为原料生产人造板，并进行了有益的探索，产品主要以刨花板和纤维板为主。

我国果木人造板生产企业主要集中在果木经济林比较发达的陕西省、山西省、山东省、河北省、江苏省等。生产企业主要有吉林森林工业股份有限公司江苏分公司、河北唐山福春林木业有限公司、巴迈隆木业有限公司、陕西中兴林产有限责任公司、鑫源骏达木业有限公司、河北深州长城木业发展有限公司、河北藁城鑫鑫木业有限公司等，年生产能力达77.5万平方米。在产品类型上，我国果木人造板生产主要以刨花板和纤维板为主，其中陕西中兴林产有限责任公司、鑫源骏达木业有限公司、河北深州长城木业发展有限公司、河北藁城鑫鑫木业有限公司主要生产中（高）密度纤维板。在纤维板生产中，大部分企业全部以果木为主要原料，部分企业为了改善产品性能会添加一定比例的杨木和杂木，比例一般不超过15%。

果木原料收购半径一般在150千米以内，随着人造板生产单线能力的不断提高，原料供应日趋紧张，部分果木人造板企业的原料收购半径也在不断扩大，运输半径达到300千米。原料供应有枝桠材和木片两种形式，因运输等方面的原因，目前大部分企业以收购木片为主。随着原料供应的趋紧以及人力成本和油价上涨带来的成本的提高，果木原料的价格也在不断走高。中森木业有限公司主要生产刨花板产品。在机械装备上，采用引进生产线和国产生产线并存的方式，涵盖了我国人造板生产的多层压机、单层压机和连续平压压机三种主流压机类型。在设备配置上，大部分果木人造板生产线的设备与普通木质人造板生产线设备基本相同，尚没有专门针对果木人造板生产进行的设备配置和开发。在原料使用上，陕西中兴林产有限责任公司和鑫源骏达木业有限公司全部以果木枝桠材为原料来生产中（高）密度纤维板；河北深州长城木业发展有限公司和河北藁城鑫鑫木业有限公司曾经全部使用过果木枝桠材生产中密度纤维板，现部分采用；其余几家企业主要以果木枝桠材作为补充原料来生产刨花板。

我国果木人造板生产的原料种类主要以苹果木、桃木、梨木、石榴木枝桠材为主，这些品种种植面积较大，更新较快，能够形成稳定的原料供应来源。从木材材性上来看，果木的材性接近于普通木材，适合制造人造板，但是果木纤维较短，抽提物较多，用于制造人造板存在一定的不利因素。在刨花板生产中，现有生产一般以果木原料与普通木质原料混合添加使用，果木原料添加比例一般为最初的200元每湿吨左右，2011年价格超过了400元每湿吨左右，几年间涨幅达到了100%，使得果木枝桠材相对于普通木材原料的价格优势逐步丧失，这给果木人造板生产企业带来了很大的成本压力，对那些全部以果木为原料的生产企业冲击更大。

从企业运行情况来看，河北深州长城木业发展有限公司和河北藁城鑫鑫木业有限公司曾经使用过果木枝桠材生产中密度纤维板，但是由于技术和市场等方面的原因，现在已经基本不使用果木枝桠材作为原料。吉林森林工股份有限公司江苏分公司、河北唐山福春林木业有限公司、巴迈隆木业有限公司、山西中森木业有限公司按照比例添加果木枝桠材，根据原料供应的情况和产品的市场反应情况来考虑添加的比例，目前受到的影响较小。陕西中兴林产有限责任公司和鑫源骏达木业有限公司全部以果木枝桠材为原料来生产中密度纤维板，随着果木枝桠材原料成本、化工原料成本、人力资源成本以及运输成本的上升，加之国内房地产调控以及发达国家经济复苏缓慢的影响，市场竞争加剧，产品价格在低位盘整，企业的生产经营面临着一定的困难。

（二）纤维板行业总体情况

1. 纤维板的概述

（1）产品定义与分类

纤维板是以木质纤维或其他植物纤维为原料制成的人造板。在制造过程中可以施加胶粘剂和（或）添加剂。纤维板按照制作原料，可分为木质纤维板和非木质纤维板；按照产品密度,可分为硬质纤维板、中密度纤维板和软质纤维板。目前使用较多的是中密度纤维板。

中密度纤维板是以木质纤维或其他植物纤维为原料，经纤维制备，施加合成树脂，在加热加压条件下，压制成厚度不小于 1.5mm，名义密度范围在 0.65 ～ 0.80g/cm³ 之间的板材。按照类型分为普通型（MDF-GP）、家具型（MDF-FN）和承重型（MDF-LB）三类；按照适用状态分为四类，分别为干燥状态、潮湿状态、高湿度状态和室外状态。按照甲醛释放量等级分为 E1 级和 E2 级两类；按照外观质量分为优等品和合格品两个等级。

（2）产品性能特点及用途

中密度纤维板的主要性能特点有: ①内部结构均匀,密度适中,尺寸稳定性好,变形小;②静曲强度、内结合强度、弹性模量、板面和板边握螺钉力等物理力学性能较好；③表面平整光滑，便于二次加工，可粘贴旋切单板、刨切薄木、油漆纸、浸渍纸，也可直接进行油漆和印刷装饰; ④中密度纤维板幅面尺寸变化较大，板厚可在 2.5 ～ 35 厘米范围内变化，可根据不同用途组织生产；⑤机械加工性能好，锯截、钻孔、开榫、铣槽、砂光等加工性能一般优于木材；⑥易雕刻及镂铣成各种家具零部件，且可不封边直接进行油漆等处理；⑦可在中密度纤维板生产过程中加入防水剂、阻燃剂、防腐剂等化学药剂，制造特种用途的中密度纤维板。

由于中密度纤维板具有良好的物理力学性能和加工性能，目前被广泛用于家具制作、地板生产、复合门生产、室内装饰与装修、产品包装及其他等多个领域。家具制作包括办公家具、居室家具、橱柜、浴室家具、宾馆家具、商场货架等种类。地板生产主要用作强化地板基材，在复合地板及竹地板芯板方面也开始得到应用。复合门生产主要使用模压门皮或薄型纤维板制作门扇，使用中厚纤维板制作门框。室内装饰与装修包括护墙板、线条、楼梯板等。产品包装主要用于礼品包装。其他还可用于音响设备及家电外壳制作、车船内装饰、皮鞋跟制作、保龄球道等领域。

随着近年来连续压机生产线的增加，我国开发出了超薄型纤维板，扩大和延伸了纤维板的用途和领域，替代了某些纸板用作食品包装盒体、线路板钻孔底版、电路控制表板等，超薄纤维板还代替实木单板用于人造板的表面加工、多层复合地板基材生产等领域。

目前纤维板产品中家具（含橱柜）板材占总量的 60%，复合门用板占 12%，地板基材占 11%，室内装修占 8%，包装和其他产品占 9%。

2. 我国纤维板的生产情况

（1）我国纤维板的产量

纤维板产品是我国传统人造板产品之一，经过几十年的发展，我国的纤维板已形成了具有多种类、多用途且有一定规模的产业体系。特别是 2001 年以来，我国实行的以林区“三剩物”和次小薪材为原料生产加工的综合利用产品增值税即征即退的优惠政策，给纤维板行业提供了快速发展的动力，纤维板年产量从 2000 年的 514 万立方米增加到了 2014 年的 6462 万立方米，年均增长 20% 以上。

纤维板目前是我国发展最快的人造板产品，产量位居世界第一。目前中密度纤维板发展趋势是：生产能力增长较快；生产规模从中小型向大中型转化；价格竞争激烈，但最终将是质量竞争；单一品种格局行将结束，产品将朝多品种、功能化方向发展。

（2）我国纤维板的生产情况

我国纤维板产品中以中密度纤维板为主，我国中密度纤维板产品年产量占纤维板总产量的 90% 左右，我国中密度纤维板行业中以小型企业居多，约占整个行业的 70%，年销售额小于 1 亿元；中型企业约占整个行业的 20%，年销售额在 1 ～ 3 亿元之间；大型生产企业约占整个行业的 10%，年销售额一般大于 3 亿元。我国纤维板生产企业主要分布在山东省、江苏省、广东省、浙江省、安徽省、福建省、江西省和四川省等地区，整体呈现出了东重西轻的格局。

华东地区（山东省、上海市、江苏省、浙江省、安徽省、福建省、江西省）是我国纤维板主要生产区。华东地区经济相对发达，工业基础好。但纤维板生产企业密集，木材原料供应紧张。华东地区纤维板生产以速生小径杨木、松木等为主要原料。该地区林木资源较为丰富，同时每年还有数量可观的进口木材加工剩余物可供使用，经济相对发达，建设大型生产线条件优越，已成为我国纤维板生产的主要地区，但由于生产企业密集，对木材原料的争夺亦日趋激烈。目前该地区约有纤维板生产线 290 条，生产能力每年约 1300 万立方米。

华南地区（广东省、广西壮族自治区、海南省）是我国第二大纤维板生产区。华南地区经济较发达，资金丰富，虽然纤维板生产企业密集，但原料持续供应能力强。华南地区速生林木资源最为丰富，特别是广东和广西引种的桉树生长良好，为纤维板生产提供了优越的原料供应条件，使该地区成为纤维板生产发展最快的地区。由于近年新建纤维板生产线急剧增多，原料供应压力不断加大，未来发展速度将会放缓。目前该地区约有纤维板生产线 111 条，生产能力每年约为 600 万立方米。

华中地区。目前华中地区（湖北省、湖南省、河南省）拥有纤维板生产线 72 条，生产能力每年约 300 万立方米。华中地区纤维板生产以速生小径杨木、松木、硬杂木等为主要原料。该地区林木资源较为丰富，纤维板生产发展在我国处于中游水平。该地区交通便利，经济发展水平不断提升，建设大型生产线的基本条件不断改善，有望成为我国未来纤维板生产能力发展的主要地区之一。

华北地区。目前该地区约有纤维板生产线 71 条，生产能力每年约 280 万立方米。华北地区纤维板生产以速生小径杨木、硬杂木等为主要原料。由于内蒙古、山西等地林木资源短缺，河北纤维板企业密度过大，导致该地区原料供应日益吃紧。

西南地区。目前该地区约有纤维板生产线 66 条，生产能力每年约 240 万立方米。西南地区纤维板生产以松木为主要原料。虽然林木资源较为丰富，但由于经济欠发达以及一定时期的禁伐，纤维板生产发展水平较低。该地区木材原料价格低廉，供应能力强，但运输条件较差，随着基础设施的不断完善以及森林蓄积量的不断恢复，尤其是天然林资源保护工程禁伐令的解除，为纤维板生产提供了发展空间。

东北地区。目前该地区约有纤维板生产线 55 条，生产能力每年约 230 万立方米。东北地区受天然林资源保护工程大幅度削减木材采伐限额的影响，可用于纤维板生产的采伐剩余物总量供应不足。随着中俄边境木材贸易的不断扩大，每年进口约 2000 万立方米原木，以原木加工为依托形成了几个较为集中的进口木材加工贸易区，每年可提供数百万立方米的木材加工剩余物用于纤维板生产，但由于俄罗斯调整木材出口政策的影响，未来我国从俄罗斯进口原木的数量可能会下降，可用于纤维板生产的木材加工剩余物数量将随之减少。

西北地区。目前该地区约有纤维板生产线 19 条，生产能力每年约 60 万立方米。西北地区纤维板生产用木材原料短缺，经济发展水平较低，建设纤维板生产线的条件差，现有纤维板生产企业以小径杨木和淘汰下来的果树木材为主要原料。

（三）刨花板行业总体情况

1. 刨花板概述

刨花板是一种以小径木、枝桠材、果木经济林修剪枝裡废弃材、木材加工或农林剩余物、废弃木质材料等为原料，经刨花制备、干燥、铺装成型、热压等工段而制成的一种人造板材。根据生产方法、表面状态、刨花尺寸形状、板的结构、胶粘剂、产品用途等将刨花板分为不同类别。按用途分为在干燥状态下使用的普通用板、在干燥状态下使用的家具及室内装修用板、在干燥状态下使用的结构用板、在潮湿状态下使用的结构用板、在干燥状态下使用的增强结构用板、在潮湿状态下使用的增强结构用板。

刨花板具有保温、隔热、隔声、吸声、绝缘等特性。在刨花板生产过程中通过使用改良胶种或加入改性剂，使其在防潮、阻燃、抗霉、抗白蚁等方面具有良好功效。

刨花板具有良好的尺寸稳定性和优异的抗弯性，可作为家具和室内装修的主要材料和承重部件。

刨花板幅面尺寸大，品种规格齐全，表面光洁平整，后续加工简单方便；刨花板生产能耗较低，使用原料范围广泛，除采用木材采伐剩余物、人工速生丰产林、次小薪材等外，还可以利用木材加工剩余物或农业剩余物等非木质原料。

刨花板施胶量少，环保性能好，在加工过程中容易控制板材的甲醛释放量，使刨花板产品达到更高的环保性能指标要求。

经浸渍的胶膜纸或装饰单板等贴面的刨花板二次加工产品具有花色品种多，装饰效果好，表面耐污染、耐腐蚀、耐磨损和具有实木纹理等优良特性。但是刨花板产品也存在着诸如不宜做表面镂铣等异型加工、封边工艺要求较高等局限性。

2. 我国刨花板行业的特点

（1）产品性能优良、使用范围广泛

刨花板产品性能优良，具有良好的尺寸稳定性和抗弯性；还具有保温、隔热、隔声、吸声、绝缘等特性；刨花板产品幅面尺寸大，表面光洁平整，易于后续加工；刨花板生产能耗低，使用原料范围广。

刨花板优良的性能使其在家具、装饰装修、地板、汽车、船舶、家用电器、建筑、包装等领域有广泛的应用。目前国内多用于居室家具、厨房家具、办公家具、装饰装修材料及包装、建筑等方面。

（2）资源综合利用率高

生产刨花板的原料主要是木质或非木质材料，占板材绝干重量的 90% 以上。木质材料有间伐材（直径通常在 8 厘米以下）、枝桠材、采伐剩余物和木材加工剩余物、废弃木质材料制品等；非木材植物纤维材料有麦秸、稻草、竹、亚麻屑、甘蔗渣等。

刨花板原料适应性广，很多木质或非木质材料原料都可用于刨花板制备。因此，从原材料的角度来讲，刨花板行业不是消耗更多木材资源的行业，而是能提高天然或人工木质材料的综合利用率，节约大量大径级的木材资源，是值得大力支持和发展的行业。

（3）生产能耗低

在刨花板生产过程中，同等条件下对原料进行再加工、干燥、热压所消耗的能耗较纤维板低 20% ～ 30%。在全社会对节能降耗要求越来越严格的行业发展趋势中，刨花板低能耗的优势将得到认可和发展。

（4）投资主体多元化

20 世纪 90 年代以前，我国刨花板行业投资主体以国有企业为主。目前投资主体为国有、股份制、外资、民营企业等多元并存。原国有中小型刨花板企业大部分通过转制变为民营或委托经营企业，因此国内大部分刨花板企业以民营为主。目前，我国刨花板生产线和生产企业结构组成比较复杂，大、中、小规模企业并存。在众多的生产企业中，又以中、小生产企业为主，行业的集中度不高。目前，刨花板行业的上市公司有吉林森林工业股份有限公司、大亚科技股份有限公司；国有控股企业有河北省中盐银港人造板有限公司、福建福人木业有限公司等；外资企业有大连爱丽思木业有限公司、亚洲创建（惠州）木业有限公司等。

3. 刨花板产量

自 2000 年以来，刨花板产量逐年上升，特别是 2006 年和 2008 年均比前一年有大幅上升。2008年我国刨花板年产量突破了1000万立方米。2013年我国刨花板产量为1885万立方米。

我国刨花板行业主要集中在华东地区，其次是华北和东北地区，西北地区和西南地区刨花板产量较少。

华北地区（包括北京市、天津市、河北省、山西省和内蒙古自治区）的刨花板行业主要集中于河北省，北京市和天津市近年来基本没有刨花板生产企业，内蒙古自治区刨花板行业主要集中于内蒙古森工集团所属企业。从统计数据可以看出，河北省在2003年和2004年是全国刨花板产量最高的省份，其年产量分别为205.9和204.47万立方米。但在2005年，产量急剧下降，仅为112.5万立方米。由于河北省该阶段的刨花板厂有很多是生产规模很小的作坊式小厂，其产品质量较差，另外，随着国家强制性标准《室内装饰装修材料人造板及其制品中甲醛释放限量》（GB18580-2001）的实施和市场对刨花板产品质量要求的提高，河北省以文安等地区为典型代表的小刨花板企业纷纷停产，所以该年度我国刨花板产量下降主要集中于河北省。之后几年，河北省建设了一批较大规模的刨花板生产线，刨花板产量又明显上升，2010年已达到近234万立方米。

东北地区（包括黑龙江省、吉林省和辽宁省）的刨花板主要集中于吉林和黑龙江两省，其中吉林省刨花板产量主要集中于吉林森林工业股份有限公司，其他企业产量极少。

华东地区（包括上海市、江苏省、浙江省、安徽省、福建省、江西省和山东省）是我国刨花板产量最大的地区，其中尤以江苏省的刨花板产量最高，达到了300多万立方米。特别是近年来随着大亚木业（福建）有限公司、福建福人木业有限公司等一批年产量较大的引进生产线的建设，福建省也正在成为我国刨花板行业的大省之一。

华中地区（包括河南省、湖北省和湖南省）每个省都有一定数量的刨花板企业，分布比较均匀。其中河南省产量最大，达到了91万立方米。

华南地区（包括广东省、广西壮族自治区和海南省）的刨花板行业主要集中于经济和家具行业发达的广东省。近年来，广西林业行业发展迅速，刨花板产量明显上升，随着人工林的大面积营造，广西壮族自治区将成为刨花板行业发展的一个重要增长点。

西南地区（包括重庆市、四川省、云南省、贵州省和西藏自治区）的刨花板行业除四川省外，相对较少，特别是西藏自治区一直没有刨花板生产线。

西北地区（包括陕西省、甘肃省、青海省、宁夏回族自治区和新疆维吾尔自治区）是全国刨花板行业最不发达的地区，该地区多年没有刨花板生产线，直到2009年新疆维吾尔自治区的刨花板产量也仅为4万立方米。

（四）细木工板

细木工板，俗称大芯板，是利用天然旋切单板与实木拼板经涂胶、热压而成的板材。细木工板尺寸稳定，不易变形，有效地克服了木材的各向异性，并且具有较高的横向静曲强度，由于严格遵守对称组坯原则，有效地避免了板材的翘曲变形。细木工板板面美观，幅面宽大，强度高、质量轻、变形小，是家具制造、门窗、吊顶、地面和墙裙装饰装修的理想材料。

按照细木工板的使用环境，细木工板分为室内用细木工板和室外用细木工板；按照用途分为普通用细木工板和建筑用细木工板；按照层数分为三层细木工板、五层细木工板和多层细木工板；按照甲醛释放量等级，细木工板分为 E_0 级细木工板、E_1 级细木工板和 E_2 级细木工板。

1. 细木工板的简介

细木工板是由单板和实木拼板层压而成的，又叫大芯板，是装修中的主要材料之一。

细木工板具有以下几个特点：①性能稳定，尺寸稳定性好；②质量轻，强度高，握螺钉力好；③实木感强，装饰性能好，易于加工，应用广泛。

由于细木工板具有上述特点，因此在许多方面得到了广泛应用，其主要应用领域有以下几方面：①作为室内装饰材料使用。细木工板是现代室内装修中的主要材料，随着对室内装修材料提出的更高要求，细木工板将是现代装修中主要的木质材料。②作为门窗材料使用。目前许多建筑门窗的主要部件均采用细木工板制造，如门的立梃、帽头、门芯板和门口线等。③作为家具材料使用。细木工板已成为现代板式家具的主要基材。除了上述三大用途外，细木工板在现代车辆、船舶、工业、民用等方面也发挥着越来越大的作用。

细木工板除了性能上的特点外，在行业方面还具有两个显著特点。①节约木材，木材利用率高，间接保护了森林资源。细木工板主要是利用杨木、杉木等速生材以及木材加工过程中的边皮板、间伐小径材、短小材、木头木尾等为原料，经加工、指接、胶粘、贴面、热压、砂光等工序而成，它能把小材变大材，短材变长材，废材变好材，提高了木材综合利用率。通过引进技术、设备，生产出细木工板，木材综合利用率由原来板方材出材率的60% 左右提高到了 95% 左右，有效缓解了木材供需不足的矛盾，从而实现了保护森林资源的目的。②增加了林农收入与就业，推进了城镇化建设。细木工板生产企业主要以我国速生材为主要原料，北方以杨树为主，南方以杉木为主，促进了林农就业，提高了农民收入，有助于城镇化建设。以杉木产区为例，由于杉木自身的生物学特性，其适应生长在阴凉湿润、土层深厚的山地，而这些山区、经济欠发达，收入水平低，不少地方还很贫穷，这些地方的杉木资源是林农的主要收入财源，也是地方财政的主要来源。比如，广西融水县的四荣、大将、大浪、香粉等杉木产区乡镇的农民收入的 70%，乡财政收入的 50% 都来自杉木，融安县 2008 年细木工板销售收入 1 亿多元，上缴税收 2000 多万元。融水县融水镇聚集了 730 多家细木工板、指接板、装饰材料加工企业，有 4000 多农民从事木材加工行业，还带动了交通运输、电力、机械维修、电讯、饮食服务业的发展。

2. 我国细木工板行业的现状

我国是细木工板的生产大国。据国家林业局的统计结果，从 2003 年到 2014 年，细木工板产量基本呈现出逐年增长的态势，2009 年细木工板的产量为 1478.71 万立方米，2010

年为 1652.29 万立方米，2011 年为 2034.19 万立方米，2012 年为 1867.70 万立方米，2014 年达到 2388 万立方米。

目前，从事细木工板生产及相关的企业有 1000 多家，主要分布在华东、华北、华中、华南和东北五个区域。这些企业主要分布在华东、华北、华中、华南和东北五个区域。按企业数量统计，排名前五位的分别是河北省（占全国企业总数的 14%）、浙江省（占 13%）、湖南省（占 11%）、福建省（占 8%）、广西壮族自治区（占 8%）。在这些地区中，河北的廊坊市和邢台市，浙江的嘉兴市和湖州市，湖南的怀化市等地区的细木工板生产企业分布比较集中，是我国细木工板生产的重点地区。但由于细木工板生产设备投资门槛较低，生产条件要求不高，生产工艺相对简单，因此小型企业比重较大。据统计，年销售额小于 5000 万元的小型企业大约有 955 家，占全国细木工板企业总数的 95.5%；年销售额在 5000 ～ 12500 万元的中型企业约有 30 家，占比 3.0%；而年销售额大于 12500 万元的大型企业约有 15 家，占比 1.5%。由于小型企业受资金的限制，一般来说生产设备比较简陋、生产工艺不完善，另外，企业管理水平也不是很高，因此产品质量稳定性就会受到影响。

细木工板产量排名前十位的省份为：湖南省、浙江省、广东省、河北省、福建省、辽宁省、广西壮族自治区、江西省、湖北省和山东省。产量比较大的企业有：辽宁大连鹏鸿木业有限公司、湖北东森木业有限公司、湖南福湘木业有限责任公司、浙江德华兔宝宝装饰新材股份有限公司、浙江杭州华海木业有限公司、安徽宿州市东建木业有限公司、山东隆森木业有限公司、浙江升华云峰新材股份有限公司、山东省曹县汇源木业有限公司、安徽宿州市东大木业有限公司等。

三、木塑复合材料产业

木塑复合材料又称生物质基塑料复合材料（Wood-Plastic Composites，缩写 WPC），是一种生物质聚合物复合材料，是以木材或竹材的纤维和粉末、苎麻、花生壳、稻壳、农作物秸秆等废弃的林产品和农业剩余物、废弃塑料为主要原料，以木材、竹材、农作物秸秆等生物质纤维材料为填充，以热塑性聚合物为基体，经熔融复合，采用挤出、注射或模压等成型工艺而制备的复合材料。它兼具木材和塑料的低成本和综合性能好的优点，适用范围广泛，几乎可涵盖木材、塑料、铝合金、玻璃钢及其他类似复合材料的应用领域。木塑复合材料产业能够将低值的生物质和有机固体废弃物加工利用成为高附加值的工业产品，是可以大规模利用、可持续发展的生物质材料产业。

木塑复合材料可分为结构型木塑复合材料和轻质装饰型木塑复合材料。木塑复合材料适用范围广泛，几乎可涵盖所有原木、塑料、塑钢、铝合金及其他类似复合材料的使用领域。我国的木塑复合材料产品适用范围更为广泛，市场更广阔，产品包括门窗、保温材料、室外家具、步道、园林建筑和高楼安装的遮光板等。

木塑复合材料是兼具木材和塑料的优良性能的新型生物质材料，也是资源节约和综合利用农林生物质的新产品，受到了国家相关部门高度重视。WPC 在 2002 年被国家“863”计划和国家林业局“948”计划列入重点研究课题，2001—2007 年被国家发改委列入“国家高技术产业化新材料专项”，WPC 专用挤出设备也荣登“2007 国家鼓励发展的环保设备（产品）目录”，WPC 产品在 2006 年被北京奥组委推荐作为部分场馆建设的专用材料。同时，WPC 研究也被列入了《国家中长期科学和技术发展规划纲要（2006—2020 年）》农业领域的优先发展主题“农林生物质综合开发利用”的“重点研发生物基新材料生产和生物质能源转化关键技术”的“生物基新材料”发展重点。

1. 木塑复合材料产业概况

自 20 世纪 80 年代以来，木塑复合材料从基础理论研究起步，经历了人才培养储备、应用技术开发、产业形成及蓬勃发展阶段。德国 Nova-Institute for Ecology and Innovation 和奥地利—芬兰 AstaEder Composites Consulting 等机构的市场研究报告显示，2012 年全球木塑复合材料产量已经达到了 243 万吨，其中北美 110 万吨，中国 90 万吨，欧盟 26 万吨。2015 年，全球 WPC 产量达到了 383 万吨，中国跃居第一位达到 180 万吨，占全球 47% 的市场份额，北美 135 万吨位居第二，欧盟为 35 万吨（表 5-13）。

表 5-13　2010—2015 年全球木塑复合材料产量及增长率

地区	2010	2012	公司数量	公司平均产量	2010—2012 年的增长率（%）	2015 年预计产量	2010—2012 年的增长率（%）	2015 年全球份额（%）
北美	900000	11000000	56	19643	11	1350000	7	35
中国	300000	900000	422	2133	73	1800000	26	47
欧洲	220000	260000	62	4194	9	350000	10	9
日本	40000	65000	25	2600	27	110000	19	3
俄罗斯	10000	20000	30	667	41	40000	26	1
东南亚	30000	40000	45	889	15	55000	11	1
南美	10000	20000	10	2000	41	50000	36	1
印度	5000	25000	21	1190	124	70000	41	2
合计	1515000	2430000	671	3621	27	3825000	16	100

中国木塑产业经历了快速的发展阶段，根据中国资源综合利用协会木塑复合材料专业委员会的统计，从 2005—2013 年，木塑产量已从不足 5 万吨增加到了 120 万吨。

伦敦市场咨询公司 Tech Navio 发布的最新报告预测，木塑全球市场在 2014—2018 年间的年均复合增长率将高达 9%。现阶段木塑材料的应用领域主要是低附加值户外铺板（67%），其余主要用作汽车内饰件（23%）及墙体挂板（10%）等。

根据中国资源综合利用协会木塑复合材料专业委员会统计，2014 年我国木塑复合材料生产企业为 400 家左右，年产量 150 万吨。主要产地为广东省、江苏省、山东省、浙江省和安徽省等省区。

2. 木塑复合材料产业的地位和作用

木塑复合材料产业以可自然再生的农林生物质和废旧塑料等固体有机废弃物为主要原料，其产品可回收多次循环利用，并且在作为材料使用的服务期结束后最终可用于生物质能源生产，而不产生负面的环境影响，因此是典型的生态环境材料。可见，发展木塑复合材料是保护森林、合理利用生物质资源的重要途径，是建设节约型社会、发展循环经济的重要举措，符合建设生态文明的国家战略。

木塑复合材料产业发展，将延伸农业产业链、推动城镇化建设。木塑复合材料是大规模高效利用农作物秸秆的重要途径，其产品防水、防潮、无污染、综合性能好、可循环利用，废弃后最终可用于生产生物质能，因此特别适宜用作新农村和城镇化建设的生态建材。由此，通过农业产业的延伸可实现农业产业效益的提高，推动城镇化建设。

木塑复合材料的生态环境材料属性使得它在全球范围都取得了快速发展。我国木材尤其是优质木材资源在未来数十年内的供需矛盾将越来越突出，以资源丰富的木材加工剩余物和农作物秸秆为主要原料的木塑复合材料作为木质人造板的替代升级产品是木材工业结构调整和产业升级的重要途径，同时也是发展节能环保绿色建材的重要方向。因此，相对于欧美发达国家，发展木塑复合材料对于我国具有更加突出的重要性。

3. 面临战略的问题和主要挑战

①木塑产业竞争力不强，经济效益偏低，产业链基础薄弱。我国木塑产业的总体规模处于国际前列，但是企业的数量多而规模小（据中国资源综合利用协会木塑复合材料专业委员会提供的内部资料显示，我国最大规模的木塑生产企业的产能不超过 8 万吨，而国际大型木塑企业的产能高达 30 万吨），经营管理和生产技术水平偏低，绝大多数企业靠低成本竞争，致使产品性能与质量不高，经济效益较低，总体上处于国际木塑产业的中低端位置，初步形成的木塑产业链基础薄弱。

②木塑企业技术创新能力有限。与国外先进国家相比，我国木塑研究理念和基础研究创新能力并没有太大差距，处于前沿水平，但是企业技术力量薄弱，技术创新主要依靠研发机构，企业成为技术创新主体的局面尚未形成。

③装备技术水平明显落后于发达国家，这是木塑产业发展的主要技术瓶颈问题。木塑复合材料产业关键设备与模具技术亟待提高。设备是工艺的载体，为适应不断改进的加工技术，需要配备专门的加工设备，包括现有挤出机在温控、建压、排气、磨损、螺杆技术方面的创新，专用模具的研发，喂料系统的改进，自动控制与设备间的协调，模压与注塑等专用设备的研发，兼顾生产效率与产品性能的设备研发等。

④多数木塑产品尚无标准，政策激励有待加强。木塑复合材料是一个新的产业领域，起步较晚，多数产品尚未制定标准，产业标准体系亟待建立。绿色生物产品优先采购、政策补贴等政策尚未到位。

4. 重大政策措施与建议

①针对木塑复合材料产业链的重要环节，鼓励通过资产重组建立大型企业集团，并引导大型企业集团与各类小型生产厂建立稳定的合作关系和利益联动机制。

②鼓励开展木塑复合材料质量标准、市场准入、行业规范、政策法规等方面的软科学研究，推动技术标准规范体系的建立。

③加大培育木塑产业技术创新能力的力度，在国家科技任务中增加科技资金的投入，部署和建设一批技术创新平台。

④加大国家有关科技计划向木塑复合材料与材料科技重点倾斜，逐步形成以国家财政为主体的多元化科技投入体系。制定具体的税收优惠政策，将木塑复合材料列入政府采购目录。

⑤稳定支持国内木塑研发科研团队，促进长线创新研究和人才培养储备。鼓励木塑行业协会组织业内专家和企业管理人员，对从事木塑生产经营的技术和管理人员进行培训，以此提高大批从业人员的技术和管理水平。

四、林产化学加工产品产业

利用林业剩余物可以生产林产化学加工产品，主要产品有松香、栲胶、木竹材热解产品（木炭、竹炭）、松节油、樟脑油、冰片、木质活性炭、木醋液、竹醋液、阿拉伯半乳糖、生物质胶粘剂、生物质涂料、药品等。

（一）松香

松香指以松树松脂等为原料，通过不同的加工方式得到的非挥发性天然树脂。松香是重要的化工原料，广泛应用于肥皂、造纸、油漆、橡胶等行业。松香工业是一项资源型产业，其产品本身属小产品系列，但松香及其关联产品松节油的应用较为广泛，开发潜力大。目前，全世界松香和松节油的衍生物产品已达数千种，有 400 多种用途。

1. 松香的种类

松香按照来源分为脂松香、木松香、浮油松香。分别为：

①脂松香：使用采割的形式收集松脂再加工提炼而成的松香叫脂松香。其特点是对松树能连续采割，有利于资源的充分利用。中国松脂资源丰富，是脂松香产量最大的国家，脂松香产量在相当长时间内仍会保持 35 万吨以上。所以，估计今后 20 ～ 30 年内，世界脂松香年产量仍可保持在 65 ～ 70 万吨。

②木松香：是将松根或树干切碎，用溶剂浸提出树脂，经加工提炼出来的松香。主要产于美国，原料依赖于该国东南部的原始松林，现在由于森林资源减少，导致木松香原料短缺，产量由 1950 年的 31.6 万吨降至目前的 2 万吨。苏联也生产木松香，由于资源减少，产量也急剧下降。估计世界现木松香产量只占松香总量的 5% 以下。

③浮油松香：来自木材制浆造纸工业，从硫酸盐制浆中回流的黑液经加工而得，原来在性能上不如脂松香，后来由于质量不断提高，如今性能已与脂松香相近。由于造纸所用松木比例减少，降低了浮油分馏所得松香产率（从 27% 降至 21%）。所以近年来虽然粗浮油分馏能力增加了，但是浮油松香产量仍只是保持相对稳定，约占松香总量 30% ～ 35%。

2. 松香产量

表 5-14 为中国 1978—2014 年松香、栲胶产量。从表 5-14 可见，全国松香产量从 1978 年的 282027 吨，不断增加，2014 年产量达到最高，为 1497738 吨。

表 5–14　中国 1978—2014 年松香、栲胶产品产量[1]

年份	松香（吨）	栲胶（吨）	年份	松香（吨）	栲胶（吨）
1978	282027	30130	1997	675758	19814
1979	297034	33831	1998	416016	14081
1980	327283	36314	1999	434528	10972
1981	406214	40159	2000	386760	7510
1982	400784	36000	2001	377793	9446
1983	246916	34131	2002	395273	9132
1984	307993	36523	2003	443306	11970
1985	255736	36875	2004	485863	12113
1986	293500	42059	2005	606594	7668
1987	395692	50306	2006	845959	10564
1988	376482	41862	2007	1061658	13733
1989	409463	26411	2008	945590	9337
1990	344003	20402	2009	1001574	11000
1991	343300	19516	2010	1205991	10925
1992	419503	26141	2011	1253651	9129
1993	503681	26176	2012	1091832	6926
1994	437269	18177	2013	1424300	8403
1995	481264	19662	2014	1497738	5013
1996	501221	23766			

全国 14 个省区生产松香产品，其中主产区为广西壮族自治区、云南省、江西省、福建省、广东省等 5 省区，5 省区的总产量占全国总产量的 93.5%。其中广西壮族自治区产量最大，为 1008388 吨，占全国总产量的 59.29%，再次为云南省 189637 吨，江西省为 140367 吨，

［1］数据来源自：《中国林业统计年鉴2014》。

福建省为132007吨，广东省为119769吨。

3. 松香主要产区产量变化特征

由表5-15可以看出，我国松香的主要产区包括广西壮族自治区、云南省、福建省、广东省、江西省等10个省区，我国松香产地集中度较高，10年间广西壮族自治区是最大的松香生产基地，2004—2013年遥遥领先全国其他省份；云南省从2008年开始脱颖而出，成为中国第二大松香生产省份；江西省、福建省两省松香产业有较大的发展空间，江西省有较为丰富的湿地松资源以及大面积种植的马尾松，有可靠的原料保证，提升了江西省的竞争力水平；贵州省、安徽省、湖北省等5省发展趋势较为一致，10年间产量浮动不大。

表5–15　2004—2013年我国主要省份松香产量统计（单位：万吨）[1]

年份 省份	2004	2005	2006	2007	2008	2009	2010	2011	2012	2013
广西	23.51	32.83	40.40	59.10	60.25	61.90	80.18	85.57	79.08	88.03
云南	5.79	6.02	10.46	10.17	9.79	11.98	17.95	20.99	23.54	18.63
福建	4.10	4.73	5.71	5.64	5.02	6.25	8.62	8.17	11.24	11.36
广东	7.27	7.11	13.08	15.68	8.10	10.60	12.91	8.95	9.80	7.54
江西	4.52	6.07	8.45	8.97	5.89	5.01	6.60	9.88	9.39	8.68
湖南	1.49	1.85	2.77	2.04	1.80	1.31	2.48	2.85	3.12	3.53
浙江	0.48	0.27	0.15	0.54	0.0002	—	1.28	1.58	1.78	—
湖北	0.60	0.49	1.04	0.92	1.23	1.33	1.39	1.38	1.33	1.95
安徽	0.12	0.11	0.13	0.37	0.43	0.46	0.37	0.41	0.61	0.65
贵州	0.45	0.34	0.86	1.48	0.33	0.38	0.46	0.54	0.54	0.55

（二）栲胶

1. 栲胶定义及其常用原料

栲胶是由富含单宁的植物原料经水浸提和浓缩等步骤加工制得的化工产品。通常为棕黄色至棕褐色，粉状或块状。主要用于鞣皮，制革业上称为植物鞣剂。此外还用作选矿抑制剂、锅炉水处理剂、钻井泥浆稀释剂和金属表面防蚀剂，凝缩类栲胶也作木工胶粘剂。

我国常用的栲胶原料有落叶松树皮、杨梅树皮、荆树树皮、木麻黄树皮，麻栎、小叶栎等壳斗科植物的橡碗等树皮、果实壳，都属于林业剩余物。

2. 栲胶产量

由表5-14可见，全国栲胶年产量从低达到最大值，而后不断下降，1978年产量为30130吨，而后不断增加，1987年达到最大值，为50306吨，然后不断下降，2014年产

[1] 数据来源：《2004—2013中国林业统计年鉴》

量为5013吨，产量最低。2014年仅河北省和广西壮族自治区生产栲胶。

3. 栲胶产区变化分析

由表5-16可知，根据2004—2013年的各省（自治区）栲胶产量统计可知，中国栲胶产区分布于广西壮族自治区、内蒙古自治区、云南省等5省，其中广西壮族自治区、内蒙古自治区两省产业集中度较高，是我国两大栲胶产区，2004—2007年广西壮族自治区栲胶产量增幅较为明显，2008年产量为历史最低，2009—2013年广西产量逐渐回升，但2012年又有下降的趋势；内蒙古自治区栲胶产量10年间基本持平，唯有2012年产量明显下滑；河北省2004—2006年产量均为零，直到2007年开始，省内栲胶产业才逐步发展起来，甚至有超过内蒙古自治区之势；海南省、福建省、河南省3省栲胶产业发展极不稳定，大多数年份产量为零。

表5-16　2004—2013年我国主要省份栲胶产量统计（单位：吨）[1]

年份 省份	2004	2005	2006	2007	2008	2009	2010	2011	2012	2013
广西	5310	5838	8502	8679	4027	7161	6376	6417	4517	6233
内蒙古	3194	1760	1675	1794	1756	1334	763	1251	203	610
云南	—	—	—	2055	1046	845	946	—	206	—
陕西	100	—	90	1000	100G	150	80	100	—	—
河北	—	—	70	200	1500	1500	1200	1350	2000	1560
海南	3509	70	—	—	—	—	—	—	—	—
湖南	—	—	10	5	8	10	10	11	—	—
福建	—	—	217	—	—	—	—	—	—	—
河南	—	—	—	—	—	—	1550	—	—	—
注：“—”为没有统计数据										

（三）木竹热解产品（木炭、竹炭）

木竹热解产品主要为木炭、竹炭产品。从表5-17可见，2014年全国木炭、竹炭产量为1269009吨。全国有23个省区生产木炭、竹炭产品，产量超过5万吨的省区有9个，分别为福建省、浙江省、江西省、广西壮族自治区、大兴安岭地区、云南省、湖南省、安徽省、山东省、贵州省等，而超过10万吨的有福建省、浙江省、江西省、广西壮族自治区4个省区，其中福建省产量最大为247416吨，浙江省次之，为172951吨，江西省产量为172327吨，广西壮族自治区为158318吨，这4省区总产量占全国总产量的50.2%。

[1] 数据来源：《2004—2013中国林业统计年鉴》

表 5–17　2014 年全国各省区木材热解产品产量[1]

排序	地区	木竹热解产品（t）	排序	地区	木竹热解产品（t）
1	福建	247416	13	四川	19220
2	浙江	172951	14	河南	18510
3	江西	172327	15	吉林	13077
4	广西	158318	16	广东	10747
5	大兴安岭	99808	17	江苏	8000
6	湖南	96958	18	重庆	4773
7	安徽	96571	19	黑龙江	1754
8	山东	70166	20	山西	400
9	贵州	56928	21	湖北	350
10	河北	47060	22	海南	190
11	云南	31196	23	陕西	150
12	辽宁	19310		合计	1269009

（四）松节油、樟脑和冰片产品

从表 5-18 可见，2014 年全国松节油产量为 230764 吨。全国有 12 个省区生产松节油，产量超过 2 万吨的省区有 4 个，分别为广西壮族自治区、江西省、云南省、福建省，4 省区总产量为 207604 吨，占全国总产量的 89.96%。其中广西壮族自治区产量最大，为 93960 吨，江西省次之，为 58562 吨，云南省产量为 34084 吨，福建省为 20998 吨。

从表 5-18 可见，2014 年全国樟脑产量为 13171 吨。全国 5 个省区生产樟脑，分别为福建省、江西省、湖南省、四川省、广西壮族自治区，其中福建省产量最大为 11170 吨，占全国总产量的 84.8%。

从表 5-18 可见，2014 年全国冰片产量为 2610 吨。全国有 3 个省区生产冰片，分别为江西省、湖南省、云南省，其中湖南省产量最大为 1950 吨，占全国总产量的 47.7%。

表 5–18　2014 年中国松节油、樟脑、冰片产品产量

地区	松节油（吨）	樟脑（吨）	冰片（吨）
浙江	8500	—	—
安徽	1879	—	—
福建	20998	11170	—
江西	58562	1459	10
湖北	3412	—	—
湖南	4098	15	1950

[1] 数据来源：《中国林业统计年鉴2014》。

续 表

地区	松节油（吨）	樟脑（吨）	冰片（吨）
广东	3898	—	—
广西	93960	7	—
海南	244		—
四川	110	520	—
贵州	1019	—	—
云南	34084	—	650
全国合计	230764	13171	2610
注：数据源自《中国林业统计年鉴 2014》			

（五）木质活性炭

活性炭可以分为木质活性炭和煤质活性炭。

木质活性炭原料主要是林业“三剩物”，主要原料为桉木、稻壳、杉木屑、松木、杏核、椰壳、硬杂木、油茶壳、竹子等的剩余物；木质活性炭具有低灰分、高纯度、吸附能力强等特点，主要用于食品工业、医药、水处理等领域，下游客户主要集中于食品饮料、医药等领域，而煤质活性炭主要集中在化工、印染、污水处理等工业领域。木质活性炭制造方法目前通行的有物理法和化学法。物理法活性炭以含碳材料、水蒸气、二氧化碳、空气作为活化介质，高温活化制取，其微孔较发达，主要用于较小分子液相和气相吸附。从下游应用领域来看，水处理、食品饮料及工业应用是传统的活性炭应用市场。木质活性炭主要用于食品饮料、医药、饮用水处理等领域，总需求约为 36 万吨，占总消费量的 41%。

木质活性炭产品种类主要有桉木活性炭、稻壳活性炭、杉木屑活性炭、松木活性炭、杏核活性炭、椰壳活性炭、硬杂木活性炭、油茶壳活性炭、竹活性炭等。

全世界活性炭产量 2012 年为 120 万吨，其中木质活性炭为 60 万吨。中国木质活性炭主产区为福建省、江西省、浙江省、云南省、四川省等。我国大概有 150 多家木质活性炭生产厂家，活性炭的生产能力大约是 20 万吨。2012 年中国木质活性炭产量为 15.9 万吨，其中，福建省为 9.3 万吨，江西省为 2.5 万吨，浙江省为 1.3 万吨，云贵等西部地区约为 2 万吨，其他省份约为 0.8 万吨。

我国 90% 的木质活性炭厂是年产几百吨到上千吨的小企业，虽然目前全国有大大小小四五百家活性炭企业，年生产能力真正达到万吨规模的几乎没有。美国、日本活性炭生产主要集中于万吨以上的大企业，这些大企业不仅产量大，生产装备先进，还大都实现了生产流水线的全盘自动化和计算机管理控制，劳动生产率很高。而我国的木质活性炭企业大多数遍布于林区和乡镇企业，规模较小，生产装备既不先进又较难更新，主要设备大同小异，劳动生产率一般为每年每人几十吨或更低。

五、纸浆及纸制品产业

中国造纸业从新中国成立初的纸浆及纸制品年产量产不足 100 万吨开始快速增长，2010 年超过了 9000 万吨，从依赖进口发展到世界第二大造纸生产国，2014 年产量为 1 亿吨。长期以来，中国造纸产业的原料以草为主，使得环境污染严重。20 世纪 90 年代中期，国家明确了木材为主的发展路线，木材比其他纤维原料更适合于现代化大生产，且易于治理污染，其优越性使木材成为目前造纸最主要的原料，同时也成为重要产业部门。

由于 2008 年受全球金融危机的影响，社会对纸张的需求大幅下降，2008 年纸及纸板产量首次出现了近 20 年来的负增长，发展速度从 2007 年的 18% 急降到了 2008 年的 8.75%。经过 2009 年的恢复期，目前中国造纸业在林业第二产业中的比重达到了 20% 以上。2014 年全国纸及纸板生产企业约有 3700 多家，全国纸及纸板生产量 1 亿吨，消费量 9173 万吨，人均年消费量为 68 千克（13.40 亿人）。据统计，全球造纸行业生产与消费每年以 3% 的速度增长，亚洲增长达到了 8.5%，而中国造纸行业更以 18.13% 的增幅列为亚洲之首。目前中国造纸产量和消费量分别占世界总量的 10% 和 14%。

中国造纸工业形成了三大产业集群，为珠江三角洲集群、长江三角洲集群和环渤海集群。造纸产业高速发展，产能急剧膨胀，已成为广东省、浙江省、江苏省和山东省等的支柱产业。资源危机正影响着造纸产业集群。山东省、浙江省、广东省、河南省、江苏省、河北省、福建省、湖南省和四川省九个省产量占全国纸及纸板总产量的 80% 以上。东部地区已成为中国造纸工业生产的主要基地，生产集中度越来越高。

六、生物质能源产业

生物质能源产业目前的主要产品是生物质成型燃料。

生物质成型燃料是指利用农林废弃物为原材料，经过粉碎、混合、挤压、烘干等工艺，制成各种成型（如块状、颗粒状等）的，可直接燃烧的一种新型清洁燃料。生物质成型燃料多为茎状农作物、花生壳、树皮、锯末以及固体废弃物（糠醛渣、食用菌渣等）经过加工产生而成的块状燃料，其直径一般为 6 ～ 8 毫米，长度为其直径的 4 ～ 5 倍，破碎率小于 1.5% ～ 2.0%，干基含水量小于 10% ～ 15%，灰分含量小于 1.5%，硫含量和氯含量均小于 0.07%，氮含量小于 0.5%。欧盟标准对生物质燃料的热值没有提出具体的数值，但要求销售商应予以标注。瑞典标准要求生物质燃料的热值一般应在 16.9 兆焦上。

生物质成型燃料可分为木质生物质成型燃料和农业生物质成型燃料。木质生物质成型燃料主要是利用林业剩余物为主要原料生产的生物质成型燃料。

国家林业局于 2014 年开始对木质生物质成型燃料产量进行统计，并纳入了《中国林业统计年鉴 2014》。根据《中国林业统计年鉴 2014》的统计，2014 年全国木质生物质成型燃料产量为 37 万吨（表 5-19）。全国有 13 个省区和林业集团生产木质生物质成型燃料，其中年产量超过1万吨的省份有：湖南省、广西壮族自治区、内蒙古自治区、湖北省、山东省、河北省，湖南省产量最大，为121265吨，广西壮族自治区次之，为108460吨。

表5-19 2014年全国木质生物质成型燃料产量[1]

地区	产量（t）	排序	地区	产量（t）	排序
湖南	121265	1	吉林	6244	8
广西	108460	2	安徽	6020	9
内蒙古	50000	3	浙江	2500	10
湖北	33715	4	江西	1320	11
山东	21550	5	贵州	103	12
河北	12500	6	广东	101	13
大兴安岭	6596	7	全国合计	370374	

七、中国林业剩余物综合利用产业发展特点

中国林业剩余物综合利用产业可包括木片和木粒加工加工产业、人造板产业、木塑复合材料产业、林化加工产品产业、纸浆和纸制品产业、生物质能源产业，各产业发展参差不齐。木片和木粒加工加工产业发展空间很大，人造板产业、纸浆和纸制品产业发展产品种类齐全，但产能相对过剩，木塑复合材料产业发展迅速且前景广阔，林化加工产品产业的松香产业不断增加，其他林化产品种类发展相对稳定，而生物质能源产业的木质固体成型燃料刚刚起步，发展空间很大。

八、中国林业剩余物综合利用面临的挑战和存在的主要问题

由于林业剩余物的生物质资源分散、加工转换技术难度大、市场化发展环境还不完善，中国林业剩余物综合利用面临的挑战和存在的主要问题如下：

①林业剩余物数量巨大，对林木采伐和造材剩余物、木材加工剩余物利用率高，但全社会对森林抚育采伐与间伐剩余物、园林绿化废弃物利用认识不足，资源化利用艰难起步，废弃木质材料利用需要提高水平。2012年全国森林抚育和间伐剩余物产量为2550万吨，但实际利用量为80万吨，仅占总量的3.13%；而城市园林绿化废弃物已经成为城市垃圾的主要组成，北京、上海、广州、深圳、济南、杭州等大城市开展了城市园林绿化废弃物制造绿肥、生产生物质固体成型燃料、生产生物质材料的综合利用工作的探索，有一定的进展，但缺乏各种政策支持，效果不明显。如北京曾建立了利用城市园林绿化废弃物生产生物质固体成型燃料的多家企业，目前企业基本已停产，主要是产品市场销售不畅，原料

[1] 数据来源：《中国林业统计年鉴2014》。

回收体系也不健全，整体效果并不能令人满意。2014 年，我国废弃木质材料利用综合利用率达到了 70% 以上，主要用于人造板、木塑复合材料、制浆造纸等，但还需要进一步提高。

②《中共中央关于制定国民经济和社会发展第十三个五年规划的建议》要求“推动建立绿色低碳循环发展产业体系”，对林业剩余物综合利用发展提出了新的更高的要求。资源节约和综合利用一直得到了国家的高度重视，2015 年 10 月 30 日通过的《中共中央关于制定国民经济和社会发展第十三个五年规划的建议》指出，“坚持绿色发展，必须坚持节约资源和保护环境的基本国策，坚持可持续发展，坚定走生产发展、生活富裕、生态良好的文明发展道路，加快建设资源节约型、环境友好型社会”，“促进人与自然和谐共生，构建科学合理的城市化格局、农业发展格局、生态安全格局、自然岸线格局，推动建立绿色低碳循环发展产业体系”。这对全国资源综合利用包括林业剩余物的综合利用提出了新的要求，要求从政策支持、技术研发与应用、标准制定和执行、商业模式构建全方位推进，推动建立绿色低碳循环发展产业体系。

③森林抚育和间伐剩余物、园林绿化废弃物、废弃木质材料等原料收集难度大，回收体系不健全。森林抚育和间伐剩余物、城市园林绿化废弃物、废弃木质材料等原料具有分散性的特点，目前原料收集主要依靠人工和小型机械，运输主要依靠通用运输工具，缺乏完整的专业化原料收集、运输、储存及供应体系，收储运效率低，难以满足林业剩余物资源综合利用、规模化利用的需要。同时，现场木片加工生产还需要加强。

④林业剩余物资源综合利用新技术推广力度不足，技术水平有待提高。一是现有新技术的示范推广不够，现有新技术未得到充分转化和应用；二是急需加强对森林抚育和间伐剩余物、园林绿化废弃物、废弃木质材料的原料化利用、能源化、肥料化利用新技术的研发，急需开发高附加值、功能性林业剩余物资源综合利用的新设备和新技术，提升产业发展机械化和自动化水平，急需加强林业剩余物饲料产品的生产技术研发，开拓资源综合利用新途径，急需加强林业剩余物热电联产、林业生物质联产技术集成及应用技术。

⑤林业剩余物资源综合利用产业标准体系不健全，很多急需的标准缺乏，市场监管和技术监督力度不足。森林抚育和间伐剩余物、园林绿化废弃物、废弃木质材料的原料化利用、能源化、肥料化利用项目的专业化市场化建设管理经验不足，产品、设备、工程建设和项目运行等方面的标准严重缺乏或滞后，检测认证体系建设滞后，缺乏市场监管和技术监督。而园林绿化废弃物的收集、运送、粉碎和制作过程都没有完善的标准体系和规范要求，废弃物加工产品也没有标准，急需制定。同时园林绿化废弃物综合利用就因为缺少相关新产品标准，导致不少新产品推广艰难。

⑥林业剩余物资源综合利用产业转型升级形势严峻。根据国家林业局《2015 年中国林业发展报告》的统计数据，2014 年我国商品木材产量为 8233 万立方米，锯材产量为 6836 万立方米，人造板产量为 2.73 亿立方米，木竹地板产量为 7.6 亿平方米。

2015 年 3 月 25 日北京园林绿化局决定，北京市自 2015 年起全面建立和完善禁烧园林绿化废弃物监管机制，将禁烧园林绿化废弃物也纳入各级园林绿化绩效管理考核和森林防火内容中，要求对园林绿化废弃物禁烧和进行综合利用。园林绿化废弃物禁烧和综合利用对改善大气环境质量、预防森林火灾、增加土壤养分等都具有积极作用。国内大中小城市园林绿化废弃物综合利用都面临着和北京一样严重的问题，必须加大力度利用这部分资源。

中国林业剩余物资源综合利用产业人造板、造纸基本都产能相对过剩，2015 年颁布实施的有“钢牙”的环境保护法提高了环保要求，加大了执法力度，对林业剩余物资源综合利用产业转型升级提出了更高的要求，严格的环境保护为林业剩余物综合利用带来了挑战，也带来了机遇，逼迫产业加快转型升级，加快产业洗牌。

⑦林业剩余物资源综合利用产业示范工程较少。为推进资源综合利用，“十二五”期间，国家将重点围绕“矿产资源综合利用、产业废物综合利用、废旧资源综合利用”三大领域，在全国培育和扶持发展 100 个资源综合利用示范基地和 100 家资源综合利用骨干企业，即“双百工程”。2012、2014 年第一批、第二批国家资源综合利用“双百工程”示范基地发布，两批共确定“双百工程”示范基地 43 个，“双百工程”骨干企业 50 个。林业领域第一批国家资源综合利用“双百工程”示范基地为零；2014 年第二批国家资源综合利用“双百工程”示范基地名单中有 2 个废弃木质材料利用企业名列其中，林业剩余物利用企业 1 个，占已发布示范基地总数 43 个的 4.65%，占已发布骨干企业总数 50 个的 2%。“江苏省泗阳县废弃木质材料综合利用示范基地”和“浙江湖州市南浔区废弃木质材料综合利用示范基地”被国家发展改革委列入了第二批国家资源综合利用“双百工程”示范基地，吉林森工集团被列为资源综合利用“双百工程”骨干企业。

截至目前，国家发改委批准的循环经济示范企业、示范园区中，属于林业的仅 3 家。国家发改委、国家林业局、各省市自治区批准的林业剩余物资源综合利用产业示范工程、示范企业较少，而森林抚育和间伐剩余物、园林绿化废弃物综合利用还没有示范工程、示范企业，缺少示范引领效应，产业发展缓慢。

九、中国“十三五”林业剩余物综合利用的政策支持及措施建议

①将林业剩余物综合利用纳入国家“十三五”循环经济发展规划，推动建立林业剩余物综合利用绿色循环发展产业体系。

坚决落实《中共中央关于制定国民经济和社会发展第十三个五年规划的建议》“推动建立绿色低碳循环发展产业体系”的要求，将林业剩余物综合利用纳入国家“十三五”循环经济发展规划中，重点加强对森林抚育采伐和间伐剩余物、园林绿化废弃物、废弃木质材料的综合利用。

②完善和健全原料收集体系，大力发展木片加工产业。支持企业探索建立合适的林业剩余物原料收集体系，提高原料保障程度，鼓励林业剩余物原料供应的专业化发展；鼓励

林区企业在林业剩余物产生地现场加工生产木片和木粒产品，减少运输成本。发展林业剩余物原料物流产业，促进林业剩余物产业健康发展。

③加强林业剩余物资源综合利用技术推广和研究，建立林业剩余物资源综合利用技术支撑体系。加强现有林业剩余物利用新技术推广和示范，支持林业剩余物资源综合利用新技术研发。建议加强城市园林废弃物综合利用新技术研究、林业废弃物综合利用新技术开发，木、竹、藤等林业废弃物开展热、电、油、林化产品等生物质联产技术研发，林业废弃物综合利用和废旧木材生产生物质材料、生物质能源等新技术研发，研发环保低毒无甲醛胶粘剂的制造与应用技术，完善林业剩余物资源综合利用技术体系。

④加强林业剩余物资源综合利用产业标准体系、市场监管和技术监督能力建设，推动产业转型升级。建立健全林业剩余物技术和产品标准体系及工程规范，开展急需的林业剩余物资源综合利用产业产品、方法和管理标准的制修订。对于废弃木质材料产业领域，急需制定《废弃木质材料回收利用术语》《回收木材产品标识》《废弃木质材料保管规程》《废弃木质材料加工技术规程》《木材中卤素的测定方法》等基础通用标准；急需制定《人造板用回收木材质量要求》《固体燃料用回收木材质量要求》《回收木材抽样及检验方法》等回收木材加工规程、质量要求、抽样和检验方法等标准；急需制定《木质固体燃料》等回收木材加工产品标准；对于园林绿化废弃物综合利用领域，急需制定园林绿化废弃物收集、运送、粉碎和制作过程规范和园林废弃物加工产品标准。

健全林业剩余物综合利用技术和产品检测认证体系，加强技术监督以及工程和产品质量管理。加强林业剩余物综合利用技术指导、工程咨询、信息服务等中介机构能力建设。

⑤完善市场机制和管理措施，加快林业剩余物资源综合利用产业转型升级。继续实施资源综合利用产品增值税即征即退政策；尽快将“胶合板、纤维板、刨花板”从国家环保部的高污染、高风险产品目录中删除；加强环境保护治理，淘汰环保不达标企业，消解产能过剩；对重点产业集群，组织开展清洁生产技术培训，提升产业环保水平；引导各类投资主体积极开发利用林业剩余物，积极培育壮大林业剩余物综合利用骨干企业。

⑥加强林业剩余物资源综合利用示范工程建设，推进资源综合利用产业发展。重点开展森林抚育与间伐剩余物、城市园林绿化废弃物、废弃木质材料的综合利用和循环利用示范工程、示范企业工作，发挥示范引领效应，推进资源综合利用产业的发展。

第六章　中国废弃木质材料的循环利用

第一节　废弃木质材料的分类与循环利用模式

废弃木质材料是指人们生产和生活过程中使用过后被当作垃圾或废旧物品而抛弃的木质材料、人造板与木质材料纤维制品、木制品、木家具等，如运输业及包装业产生的废弃木质托盘、废弃的包装箱及包装用木板、废弃的集装箱板等；房屋建筑与拆迁产生的各种废旧模板、废旧木门窗、废旧木地板、废旧木横梁、废旧木楼板、废旧木楼梯等；家庭及办公用木制品更新换代所产生的废旧家具等废旧木制品。

一、废弃木质材料的分类

废弃木质材料可按照加工处理方式、产生来源、基本形态进行分类。

1. 废弃木质材料按照加工处理方式分类

按照林业行业标准《废弃木材循环利用规范》（LY/T1822-2009）规定的加工处理方式，可将废弃木质材料分为 4 类，见表 6-1。

表 6-1　废弃木质材料分类

加工处理方式	利用方式	材料示例
Ⅰ类：只经过机械处理的	再利用 再生利用 能源利用	（1）未进行油漆、胶粘和化学处理的城市建筑及住房装饰装修产生的木质废弃料，如边角下脚料等。 （2）废旧建筑物上拆下的未经油漆、胶粘和化学处理的木构件，如横梁、檩条、木椽、楼板、隔板等。 （3）物流仓贮、会议展览等行业产生的未进行油漆、胶粘和化学处理的木质品废弃物，如包装箱、隔架、电缆电线盘等。 （4）建筑施工过程产生的未油漆、胶粘和化学处理的木制品，如跳板、脚手架等。 （5）一次性餐饮木质废弃物，如卫生筷子。 （6）其他

续 表

加工处理方式	利用方式	材料示例
Ⅱ类：被油漆过或经过胶合加工但不含任何卤素类有机混合物和防腐剂的	再利用 再生利用 能源利用	（1）含有油漆、胶粘剂的城市建筑及住房装饰装修产生的木质废弃料，如废弃的纤维板、胶合板、刨花板等。 （2）废弃旧建筑物中经过油漆、彩绘或经过胶合加工的门窗、木地板、横梁、檩条、木椽、楼板、扶梯、隔板等。 （3）家具更新换代过程中所废弃的只经过油漆或经过胶合加工的旧木制家具和木制品，如橱柜、椅凳、床、写字台、电脑桌、书橱等。 （4）物流仓贮等行业产生的经过油漆或经过胶合加工的废弃木质品，如人造板做的木质包装箱、广告牌、电缆电线盘等。 （5）建筑施工过程中产生的只经过油漆或经过胶合加工的木制品，如模板、跳板、脚手架等。 （6）其他
Ⅲ类：含有卤素类有机混合物且不含防腐剂的	再生利用 能源利用	（1）废弃建筑物中拆下的含卤素类有机混合物且不含防腐剂的木制构件。 （2）其他
Ⅳ类：含防腐剂的	再生利用 能源利用	含有防腐剂的废弃木质材料，如防腐枕木、防腐电杆、防腐结构材、户外景观用防腐材、户外防腐木座椅、栏杆及扶手，以及防腐木材生产过程中产生的废垃圾等

2. 废弃木质材料按产生来源不同分类

根据《废弃木质材料分类》（GB/T29408-2012）中的规定，废弃木质材料按产生来源不同可分为 7 类，详见表 6-2。

表 6–2　废弃木质材料林产品按来源分类

分类	产生来源	材料示例
1	建筑、装修和拆迁	建筑施工、装修过程中产生的各种木质模板以及木脚手架、木龙骨、端头、碎板、刨花等；拆迁过程中产生的废旧檩条、椽子、门窗、梁、柱、地板、天花板以及线条等
2	工农业生产	废弃木质矿用支护、农用支护、电力通信设施等
3	家居、办公等日常生活	在家居、办公等日常生活中产生的各类木质家具及部件，包括橱柜、沙发、桌椅、床、木筷、牙签、冰棒芯材、木质包装、木质游乐设施和玩具等
4	交通工具及设施	在汽车维修和报废过程中产生的车厢底板、顶棚板、车门板等； 列车维修过程中产生的车厢侧板、底板及座位用板等； 船舶制造和维修过程中产生的木质废弃物等； 交通设施维修和报废过程中产生的枕木、桥梁支柱等

续　表

分类	产生来源	材料示例
5	军工和文体	军工产品的包装、废旧木质军事设施和用品； 报废的各类木质文体用品，包括场馆废弃物、课桌椅、乐器等
6	物流	废弃木质包装材料、木托盘、集装箱底板等
7	景观和广告	公园及各类公共场合报废的木质亭台、木栅栏、木道板、木扶手等木质景观，木质揭示板及会议展板等

3. 废弃木质材料按基本形态分类

废弃木质材料按基本形态分类可分为 7 类，见表 6-3。

表 6–3　按基本形态分类的废弃木质材料林产品

分类	基本形态	材料示例
1	条状	（1）木材、人造板生产、加工过程中产生的废弃板皮、板条、板边等。 （2）建筑施工、装修过程中产生的木脚手架、木龙骨等。 （3）拆迁过程中产生的废旧檩条、椽子、门窗条、梁、柱、线条等。 （4）废弃木质矿用支护、农用支护、电力通信设施等。 （5）在家居、办公等日常生活中产生的木筷、牙签、冰棒芯材等。 （6）交通设施维修和报废过程中产生的枕木、桥梁支柱等。 （7）公园及各类公共场合报废的木扶手等
2	板状	（1）木材、人造板生产、加工过程中产生的废弃木板、碎单板等。 （2）建筑施工、装修过程中产生的木质模板、碎板等。 （3）拆迁过程中产生的废旧地板、天花板等。 （4）汽车维修和报废过程中产生的车厢底板、顶棚板、车门板等。 （5）列车维修过程中产生的车厢侧板、底板及座位用板等。 （6）在家居、办公等日常生活中产生的食品木质包装等。 （7）废弃木质包装材料、木托盘、集装箱底板等。 （8）公园及各类公共场合报废的木栅栏、木道板、木质揭示牌、会议展板等
3	块状	（1）木材、人造板生产、加工过程中产生的废弃碎料等。 （2）制材和木制品生产过程中产生的端头等。 （3）旧木质器具拆卸产生的废弃端头、木块等
4	纤维状	纤维板生产和加工等过程中产生的废弃纤维
5	颗粒状	木材、人造板生产、加工过程中产生的废弃刨花、锯末、碎料、颗粒等
6	粉状	人造板、木材及复合材料加工过程中产生的废弃砂光粉等
7	复杂形状	（1）林木采伐剩余物、树木修剪所产生的枝桠材、因病虫害死亡的树木和枝桠材。 （2）原木生产过程中产生的造材剩余物等。 （3）木材、人造板生产、加工过程中产生的复杂形状废弃木质材料。 （4）废弃的木质产品或器具。包括：废家具、木质包装箱、木质体育设施和用品、木质游乐设施和玩具等。 （5）船舶制造和维修过程中产生的木质废弃物等

二、废弃木质材料资源数量

根据国家发改委《中国资源综合利用年度报告（2014）》发布的数据，2013 年全国废弃木质材料总量为 7000 万吨，相当于木材 0.9 亿立方米。

在建筑和装修领域，近几年城市改造步伐加快，旧房拆卸过程中产生了大量的废旧建筑材料，如废旧梁、柱、地板、门窗以及线条等。2008 年陶以明等测算出当时我国的城市危房约为 3000 多万户，按照每户建筑面积 50 平方米，拆下废旧木料 0.5 立方米测算，约有 1600 万立方米废旧木材。在流通领域，需要消耗大量的包装箱、托盘、垫板、隔架、电缆电线盘等。在消费领域，随着政府机关、企事业单位、社会团体等办公条件的不断改善和居民生活水平的不断提高，各种家具更换的周期越来越短，每年产生了数量惊人的旧家具。还有大量的一次性使用木餐具，如木筷、牙签、雪糕棒、木质快餐盒等。

三、废弃木质材料循环利用原则与利用模式

（一）循环利用的原则

根据《中华人民共和国循环经济促进法》的规定，应在技术可行、经济合理和有利于节约资源、保护环境的前提下，按照减量化优先的原则进行废弃木质材料的再利用和循环利用。在废物再利用和资源化过程中，应当保障生产安全，保证产品质量符合国家规定的标准，并防止再次污染。

通过减量化能减少木材等原材料消耗，通过再利用、再循环可以扩大废弃木质材料的再利用和循环利用，扩大林产工业、生物质材料、生物质能源、林业生物产业的原材料来源，减少森林资源的采伐，从而保护森林，保持森林生态环境、保障国家生态安全，也能缓解森林资源与环境矛盾，促进森林工业的可持续发展。

1. 减量化原则

减量化原则要求消费较少的原料和能源来达到发展经济的目的，在经济活动的源头就注意节约资源和减少废弃物的排放，预防和抑制环境污染和环境破坏。从事工艺、设备、产品及包装物设计时，应当按照减少资源消耗和废物产生的要求，优先采用易回收、易拆解、易降解、无毒无害或者低毒低害的材料和设计方案，并应当符合有关国家标准的强制性要求。

2. 再利用原则

再利用原则要求制造产品和包装容器能够以初始的形式被反复使用。再使用原则要求抵制当今世界一次性用品的泛滥，生产者应该将制品及其包装当作一种日常生活器具来设计，使其像餐具和背包一样可以被再三使用。再使用原则还要求制造商应该尽量延长产品的使用期，而不是使其非常快地被更新换代。

国家鼓励各类产业园区的企业进行废物交换利用、能量梯级利用、土地集约利用、水的分类利用和循环使用，共同使用基础设施和其他有关设施。各级政府及其林业主管部门应当积极鼓励和支持企业对废弃木质材料进行再利用，提高木材综合利用率。

3. 再循环原则或资源化原则

再循环原则或资源化原则，要求生产出来的物品在完成其使用功能后能重新变成可以利用的资源，而不是不可恢复的垃圾。按照循环经济的思想，再循环有两种情况，一种是原级再循环，即废品被循环用来产生同种类型的新产品，如废旧人造板等；另一种是次级再循环，即将废物资源转化成其他产品的原料。原级再循环在减少原材料消耗上面达到的效率要比次级再循环高得多，是循环经济追求的理想境界。

4. 无害化原则

废弃木质材料利用的无害化原则是指经过适当的处理或处置，使废弃木质材料或其中的有害成分无法危害环境，或转化为对环境无害的物质。

（二）循环利用方式

废弃木质材料可进行原料化利用、能源化利用、肥料化利用和综合利用等。

1. 废弃木质材料原料化利用

对废弃木质材料采用机械加工、化学加工从而生产各种产品的利用方式。可生产的产品有人造板、生物质材料、生物质能源、活性炭、竹炭、酒精等产品。主要的产品如下所示。

机械加工产品：纤维板、刨花板、细木工板芯条、木塑复合材料、纸浆或纸制品、小木制品、木工艺品、燃香、园林绿地地面覆盖材料等。

化学加工利用产品：松香、松节油、活性炭、竹炭、栲胶、木醋液、竹醋液、阿拉伯半乳糖、生物质胶粘剂、生物质涂料、药品等。

（1）废弃木质材料直接利用

对于那些较粗大的废弃木料如梁、柱、板材、枕木、桥梁及货柜、包装木箱、电缆木盘和进口物资垫舱木、漂沉木、车船解体拆卸下来的材料，甚至大型的家具等，如果没有腐朽与虫蛀或局部健康完好，经适当的除污、去缺、修补及翻新等处理后，即可直接再利用，加工成家具、建筑材等进行再利用。

（2）废弃木质材料的循环利用

对废弃的木质材料与纤维资源进行粉碎、削片后再进行深加工利用，主要是加工成各种刨花板、纤维板、木塑复合材料等。

1）木塑复合材料

将木材纤维、木粉、废纸与塑料或废旧塑料采用高温熔化混合热成型、非气流铺装成型、挤塑成型、模压成型等工艺生产成各种木塑复合材料产品，用于室外家具、木塑托盘、汽车工业等方面。木塑复合材料是塑料和木材资源综合利用的新技术，已得到了国际上的重视和关注，在美国、欧洲的发展势头很猛。

2）湿法成型纸质人造板

有湿法和干法成型两种工艺。其中湿法成型纸质是用绝大多数回收的废纸做原料，其制造工艺类似于我国目前的湿法成型纤维板，但无热压工段。以目前美国市场较为有名的 Homasote 纸板为例，其制造工艺为：废纸—水池搅拌去除杂物—精磨—成型—脱水、烘干等。可根据需要在制造过程中加入胶粘剂、石蜡和阻燃剂。

而干法成型纸质板是采用气流铺装成型，原料大部分为废旧的新闻纸，其制造工艺和干法硬质纤维板类似。美国林产品试验室的一项研究表明，采用旧新闻纸和木材纤维混合后，混合比例为 50 ： 50，采用热固性树脂，施胶量为 7% 时，硬质板的性能就达到或超过了美国国家标准的要求。

3）湿法成型废纸—聚乙烯塑料（PE）复合板

该类板是利用湿法成型将废纸和 PE 复合后制成的。其优点是：纤维的形态，尤其是长度未受损失；纤维之间的氢键结合较好。制造过程中，废纸浆和颗粒状 PE 按一定比例混合后在网上成型，板坯铺装厚度约为 25 毫米。为了改善纤维和 PE 之间的相容性，可加入非离子型聚合物表面活化剂，以减少泡沫和增加纤维的分散。

4）纸质结构板

纸质结构板是美国公司研制成功的，原名为 Spaceboard（空间板），制造工艺也是采用湿法制造工艺，废纸纸浆进入模具后，利用真空将水分吸走，纤维在模具中被压成类似于蜂窝形状的平板。该类板可单独使用，也可将两块板对拼成厚板使用。该板的优点是原料来源广，废纸基本上无需清理和脱墨，并可根据需要调整板中的蜂窝尺寸。

5）再生刨花板

该刨花板是采用一部分废弃木质材料如废弃木质建筑物材料、废弃包装材和废弃包装箱等作为原料制成的。制造工艺和普通刨花板有所类似，但在原料制备工段有所不同。为了减少废弃木质材料中的铁钉、石块等对削片机、刨片机刀具的损坏，先采用无刀式锤式粉碎机将废弃木质材料粉碎，再利用磁选、水洗机和气流分选机对粗刨花进行一次或多次筛选，除去铁钉、石块等杂物后，进行削片、刨片等加工。利用废弃木质材料制成的刨花一般只能作为芯层材料使用，其用量最高可达到整个板材原料用量的 70%。

6）定向刨花板（OSB）

日本积水化学公司利用旧房和木材加工厂的边角废料等废弃木材制造了再生建筑材料，其强度与新木材大体相当。通过将废弃木材切成长 40 毫米、宽 5 ～ 15 毫米、厚 1 ～ 5 毫米的碎片，然后涂上胶粘剂，再进行蒸汽加热和压缩而成 OSB，以用作建筑材料。

7）无机胶结人造板

无机胶结人造板主要有两大类：水泥类，如水泥刨花板、水泥纤维板；石膏类，如石膏刨花板、石膏纤维板。上述产品在美国、日本、欧洲等国及东南亚一带应用得较多。产品同普通树脂类人造板相比，优点在于防水性和防火性好。该类产品也给废弃物利用提供了一条新途径。如利用造纸厂的废泥浆制造水泥人造板，一种是直接用泥浆取代一部分木纤维制成普通水泥人造板；另一种是制造三层结构的人造板，芯层为回收木质材料类和水泥，两表层为泥架和水泥的混合。

2. 废弃木质材料能源化利用

主要是以废弃木质材料为原料，生产各种生物质能源的产品或直接燃烧。主要生产的产品有：生物质固体成型燃料、生物柴油、生物质燃气、液化燃油、生物质发电等。表 6-1 中Ⅲ类和Ⅳ类废弃木质材料中不能用于物质循环利用的，通常都是作为燃料使用的，或生产为了其他生物质能源产品。

3. 废弃木质材料肥料化利用

将不能再循环利用的废旧木质材料及植物纤维资源在自然或人工条件下，降解或水解为肥料，进行使用。

4. 废弃木质材料综合利用

以废弃木质材料为原料，开展热、电、油、林化产品等生物质联产项目的利用方式。

四、废弃木质材料循环利用的安全、环保要求与效果评价

（一）废弃木材循环利用的安全、环保要求

①废弃木质材料循环利用过程以及生产的产品应符合国家标准《环境空气质量》（GB3095）、《城市区域环境噪声》（GB3096）、《造纸工业水污染物排放》（GB3544）、《地表水环境质量》（GB3838）、《污水综合排放》（GB8978）、《工业炉窑大气污染物排放》（GB9078）、《大气污染物综合排放》（GB16297）、《生产过程安全卫生要求总则》（GB12801）、《室内装饰装修材料人造板及其制品中甲醛释放限量》（GB18580）、《室内装饰装修材料木家具中有害物质限量》（GB18584）、《木材保管规程》（GB/T18959）等对环境空气质量、环境噪声、地表水环境、污水排放、废气排放、一般工业固体废物储存处置场污染控制等的要求。

②废弃木质材料的回收和循环利用应防火、防水、防霉烂，保证安全。

③废弃木质材料的回收和加工利用应遵守环境保护法，加工时要防止粉尘、废水污染和噪声污染。

④对于含防腐剂的废弃木质材料，为防止产生地下水、土壤等环境污染，不宜进行直接利用，应进行再生利用或能源化利用。

（二）废弃木质材料循环利用的效果评价

废弃木质材料循环利用的方式多种多样，每种循环利用方式都有其优点和不足之处，

其材料利用率也有所不同，对环境的影响也不同，不同种类和不同品质的废弃木质材料有各自适用的循环利用方式，因而有必要对废弃木质材料循环利用的效果进行评价。

《废弃木质材料回收利用管理规范》（GB/T22529-2008）规定了废弃木质材料回收利用前应进行相应的效果评价，效果评价内容包括：

①废弃木质材料回收、分类、再生及复用性。

②废弃木质材料的体积减少率。

③废弃木质材料清洗、干燥和再利用时的适应性。

④废弃木质材料进行再处理时，对能源、资源及化学物质的消耗减少率。

⑤废弃木质材料再利用时造成的二次污染程度。

⑥废弃木质材料作为材料资源的回用性。

⑦废弃木质材料的降解率。

⑧废弃木质材料在焚烧时提供的燃烧热能。

⑨废弃木质材料在焚烧时产生的副作用。

⑩废弃木质材料进行填埋的可能性。

⑪废弃木质材料填埋后产生的副作用。

第二节　国内外废弃木质材料循环利用的现状

一、国外发展现状

（一）国外废弃木质材料循环利用的法律法规与政策

为推动废弃木质材料循环利用，各国都出台了相应的法律法规来规范产业发展。

德国是世界上最早开展循环经济立法的国家，是世界上制定了多项法律、法规来推行废弃物减量化及资源化的国家之一，也是最早采用立法形式管理废弃物的国家之一。德国1972年制定了《废弃物处理法》，1978年推出了“蓝色天使”计划，1984年制定了《废弃物管理法》，1991年颁布了《废物减量法》，1996年实施了在世界上具有广泛影响的《循环经济与废弃物管理法》，1998年制定了《生物废弃物条例》，2000年制定了《可再生能源法》，2002年制定了《废弃木材处置条例》等多项法律。在欧洲，由于废弃木材以及废弃林产品处理费用十分高昂，所以废弃木材是免费送到废弃木材再利用工厂进行处理。在不少欧洲国家，废弃木材已成为生产刨花板的主要原料，或者作为优质的生物质燃料，具有很好的经济效益和环保效益。

为便于废弃木材的回收与利用，德国颁布了《废弃木材管理法令》，对废弃的木质材料进行了限定性分类：第一类，不含任何化学物质而只是经过机械处理的；第二类，被油过漆或木胶粘过但不含任何卤素类有机混合物和防腐剂的；第三类，含有卤素类有机混合物且不含有防腐剂的；第四类，含有防腐剂的木材，如采用CCA等防腐剂处理过的含有有毒物质等的木材。

美国1970年将1965年颁布的《固体废弃物处理法》修改为了《资源回收法》，1976年再次修改成为《资源保护回收法》，1980年和1984年又进行了两次修改、完善。为了使城市固体废弃物填埋场的风险最小化，美国国家环保署于1991年颁布了《城市固体废弃物填埋场标准》。20世纪90年代初期，美国科学家将目前使用之后的废弃木质材料，包括废纸、废纤维、废旧实木和废弃的人造板等称为“第四种森林资源”，并投资进行了资源化利用技术开发研究，利用废弃木质材料开发出了不少新产品。

日本十分重视废弃物的综合利用，把发展循环经济，建立循环型社会看作是实施可持续发展战略的重要途径和方式，依法促进了废弃物的综合利用。日本政府制定了废弃物处理和循环利用指导方针，提出通过减量化（Reduce）、再使用（Reuse）、资源化（Recycle）的资源利用3R原则，促进环境和经济的协调发展。该国的主要经验有：①依法推动，从20世纪90年代以来，先后颁布了《资源再生促进法》《容器包装再生法》《建设废材再生法》《资源有效利用促进法》《建筑废弃物再资源化法》《废弃物处理法》等法规，并于2000年颁布了《建设循环型社会基本法》，以全面促进资源的循环利用，并确立了21世纪新的生产生活方式；②在具体实施上通过贯彻生产者责任制原则，从产品制造的设计、生产源头上为其报废后的回收利用创造条件，并利用市场机制推动再生技术的开发；③十分重视科技的作用，在全面引进国外先进技术并消化吸收的基础上，大力进行科技创新，开发了许多废弃物利用新技术，促进了废弃物产业的发展。为了实现木材资源循环利用的目标，日本政府投入了大量资金进行循环经济技术开发，并且面向全社会开展了宣传教育活动。经过十几年的探索和努力，大大降低了废弃物的产生，提高了资源的有效利用水平。

（二）国外废弃木质材料循环利用现状

发达国家废弃木材回收利用方式主要以工业原料资源化利用为主，如利用城市废弃木材生产纤维板和刨花板。

废弃木质材料的应用可分为以下几个方面：原料化利用，废弃木质材料主要生产人造板及其他建筑材料；能源化利用，废弃木质材料作为燃料及进行化学加工；肥料化利用，废弃木质材料用于制造肥料等。

1. 废弃木质材料原料化利用

目前对废弃木质材料进行处理时一般采用机械分拣、再碎和热水分离技术。德国、意大利等利用数控设备进行削片、粉碎，很容易将废弃木材破碎成木片，而金属坚固件分离后会被排出破碎机。如意大利的工厂引进了德国迪芬巴赫和申克公司的设备和技术，以100%的城市废弃木材为原料生产出了高质量的顶级刨花板，工厂设计年产能为60万立方米，其废弃木材主要来自瑞士、法国、意大利等欧洲国家的大城市。德国的公司以回收的废旧木材为原料，将其除去铁块及其他杂质，送入破碎机，生产出了一定规格的单元，并通过多级清洁系统和除尘系统，保证了单元的清洁，使得木片成了制作刨花板很好的材料。

英国每年所产生的废弃木质材料大约为 600 万吨，其中板材占较大比例。废旧家具产品上的人造板有贴面或含有油漆，使其回收利用比实木困难。为此，一些公司研制开发了关于剥离贴面或涂料的新技术，如德国发明了一种回收反应器，在木材回收过程中，通过可变压力和真空的循环，在其间注入高压蒸汽和少量湿润剂，间歇搅动，大部分贴面、涂料等可实现大块剥离，通过这项技术，可以对木制品表面重新涂以贴面或涂料，使旧貌换新颜。

国外还使用废纸（废新闻纸和废胶印纸）和松木刨花生产石膏刨花板，其中木材刨花和石膏的比例保持在 0.25，通过冷压制得石膏刨花板。当加入的废新闻纸循环纤维含量为 0.4 时，制得的石膏刨花板质量最好。

防腐木材是为保护木材产品免于真菌和白蚁的侵害，为提高木材使用寿命，对木材采用各种化学的、物理的或生物的方法进行防腐朽、防真菌变色、防霉、防虫蛀处理而生产的新型木材。防腐木材中含有防腐剂，因此对废弃防腐木材如废弃的木轨枕的循环利用有很大的安全隐患。木材防腐剂铜铬砷（CCA）的使用已有 60 多年的历史，美国、欧洲各国废弃铜铬砷防腐木材数量很大，如 2002 年美国废弃铜铬砷防腐木材量达 1080 万立方米。由于废弃铜铬砷防腐木材中的重金属铬、砷会污染土壤和地下水，因此对废弃的铜铬砷（CCA）防腐木材进行循环利用时必须要防止二次污染。美国学者研究发现，对废弃铜铬砷（CCA）防腐木材进行的一种处理方式是生产水泥刨花板（CBP）。在实验室内采用经 CCA 处理的木材生产 CBP，当水泥、木材、水的比例为 1 ： 0.33 ： 0.6 时，CBP 将具有良好的弯曲强度、内结合强度和尺寸稳定性；另一种处理方式是用 PMID 树脂处理经 CCA 处理的废木材，其物理性能和内在结合强度可进一步提高，可生产防腐防虫刨花板。

用木质废料还可制造木质新材料。木陶瓷是一种由木材（或其他木质）在酚树脂中浸渍后在真空条件下炭化而成的新型多孔炭材料，具有优越的绝缘和热特性。加工后可以被广泛用于电极、绝热材料、过滤材料及耐腐蚀材料等，是 21 世纪一些不可再生材料的理想替代品。

美国以废弃木材和废旧塑料为原料，生产了木塑复合材料。木塑复合材料具有使用寿命长、可再生、造价低、防虫、防腐、可喷涂、比纯塑料制品硬度高等一系列优点，被广泛应用于建材、汽车工业、货物的包装运输、仓储业、装饰材料及日常生活用具等方面，同时由于植物纤维的可再生性、可被环境消纳性，是一种极具发展前途的绿色环保材料。

2001 年俄罗斯用木质废碎料，如砂光木粉、人造板边角料等作为生产工业碳的原料，这种新工艺以低温热化学裂化为原理，采用闭路循环对细散性含碳原料进行再加工，能降低能耗 50% ～ 70%，减少生产成本 50% ～ 70%。

废弃木材回收还可用于制浆。在制浆过程中，最常采用的是碱法蒸煮法。

这种化学制浆方法存在着污染严重、后处理困难等问题，人们正在研究采用有机溶剂和生物法制浆，以减少环境污染及后处理等操作，从而降低成本。主要的有机溶剂有醇类（乙醇、丁二醇等）、尿素、有机酸（醋酸）、酯类和醛类，其中以乙醇制浆法较为成熟，采用该法不仅可以生产纸浆，而且其新副产品——木聚糖等具有重要的应用价值。

2. 废弃木质材料能源化利用

在日本新能源产业技术开发机构（NED）的支持下，各企业纷纷利用废木材制取燃料乙醇，2007 年日本大阪市建成了世界首家利用废旧木材生产燃料用乙醇的工厂，该工厂由 5 家企业集团联合投资兴建，由大阪辖区内的日本关西乙醇企业（Ethanol Japan Kansai）负责经营。建设总投资额约为 37 亿日元（约合 310 万美元）。

生产乙醇的过程为：先回收拆除旧房屋的废旧木材（每年约 3 万吨），然后对废旧木材进行削片、溶解、发酵、浓缩、蒸馏等一系列加工处理，即可得到用作汽油添加剂的工业乙醇。他们还以废木材和废纸为原料，加入 75% 浓硫酸分解出废料中的纤维素，再加 30% 的硫酸将其分解为葡萄糖类，最后用微生物发酵后产出乙醇，回收率为 28%。该厂初期的生产规模为年产乙醇 140 万升，其后随着生产规模的扩大，年产量会提高至 400 万升。

2000 年美国林产品实验室以废木材为原料，研制成功了小规模能源系统，它可产生 5 ～ 15 千瓦的电和 209338 焦以上的热量。

英国学者研究发现，用木材废料发电，在去除设备投资、维修、保险、劳力费用及执照费后，每吨木材废料仍有 20 ～ 30 英镑的价值。英国用木材废料制作了木质球，于 2001 年 1 月开工生产，设计木质球年产量为 10 万吨，可用作家庭和工业供暖材料及动物饲养场垫层等。

对于小型木材加工私有企业，其可以通过锅炉房热力系统对加工过程中所产生的木质废料进行原料内部输送、保存和燃烧，并用旋风除尘器对气体进行无害处理，实现清洁生产。

3. 废弃木质材料肥料化利用

废弃木质材料可进行堆肥处理，生产肥料。日本废弃木质材料总量的 7% 作为了堆肥原料。2000 年美国学者研究发现，经 PF 处理的胶合板锯屑与鸡粪、牛粪、马粪、轧棉废物和无机肥料混合堆肥，可以降低毒性，最终产物可被用作土壤调节器。废弃木质材料堆肥可以减少填埋处理成本。

二、国内废弃木质材料循环利用现状

国内废弃木质材料循环利用的生产实践包括以下几个方面。

1. 废弃木质材料再利用

2006 年胡孙跃在《废旧木质家具材料的循环回收利用》一文中提到，除了古董家具和旧红木家具，买旧家具的人越来越少了。在北京的旧货市场，旧家具交易大量萎缩，导致了旧家具的处理问题日渐突出。在长沙，二手家具市场作为废旧家具的主要处理区，情况也不乐观，家具回收点以群落形式分布在各处，没有形成集中的废旧家具加工及展示拍卖场所。仅形成了“收购—再处理—销售”的简单模式，各个环节不完善，存在收购方式单一，销售渠道狭窄等缺点。规模小、地点偏僻，经营方式以实体店为主，回收来源主要是废品站、单位、公共场所以及小家具厂和小区居民等。回收方式主要为电话联系，规模较大的回收店采用网上收购和销售的模式。

居民在废旧家具的处理上，首选是送人，其次是转卖、丢弃或者用作柴火。丢弃的实木类家具基本上会被拆解而集中堆放在小区角落，而板式家具因受潮开裂的则被直接丢在垃圾堆。2011 年长沙市在创建卫生文明城市期间，以韶山南路三湘小区为例进行了废旧家具重复利用的介绍，居民将部分品相较好的废旧实木家具拆装重组变为公共场所的休憩家具，减少了资源浪费。对于像酒店之类的大型公共场所，家具更新周期短、更新规模大，大量的废旧家具采用招标、捐赠等方式进行了处理。近年来，由于以人造板为基材的板式家具日益增多，导致适合回收再利用的家具日益减少。

全国各地对废旧家具的处理都没有达到利用最大化。据估计，上海每天会产生 3000 套旧家具，每年有超过 100 万套的旧家具需要处理，由于缺少专业回收市场，不少被抛弃的旧家具成了环卫部门头痛的“垃圾”。郭晓慧在《北京市废弃木质材料的流通方向及利用方式》中指出，北京市每年因居民或企业单位搬迁而淘汰的旧家具和旧办公用品拆解产生的废弃木质材料等可达 8.5 万吨，这些废弃木质家具大部分被北京的二手市场回收再销售或经过翻新再销售，剩余的被拆散用于燃料燃烧或经过处理卖给细木工厂或刨花板厂。

废弃家具作为城市垃圾中回收最简便的固体废弃物之一，具有体积大、易清洁、好运输等特点。但家具在回收和再利用的机制上存在着很大的缺陷，如社会法律法规体系不健全、再生资源回收市场混乱、可收渠道不畅等问题。

近几年，越来越多的人意识到这部分资源的可再利用性，开始加强对废弃木质材料的回收工作。深圳市各区从 2015 年开始建立辖区废旧家具收运系统，采取市政清扫或清运服务企业收运、委托废旧家具处理企业预约上门回收等方式，统一收集废旧家具，经适当拆解破碎后投入生活垃圾收运渠道转运和处理，同时正积极探索推进废旧家具循环利用的方法。但是，与经济发达国家相比，我国在废弃家具木材的处理与利用方面才刚刚起步，还存在着许多具体问题，企业难以实际操作，因此，我国废弃家具木材的回收大部分还处于探索阶段，没有形成规模，我国需要对这方面进行进一步探讨。

海南省废弃林产品的循环利用最具特色的是海南黄花梨的利用，由于海黄价格是“按斤论价”的，基本上做到了完全充分利用。如老料的再利用，人们从民间收集老料，如房屋梁、柱子、屋顶板料、门板及旧家具等，将其翻新或利用现代工艺制作古典明清家具，奇货可居，一般都可作为收藏品。由于大料的稀缺和价格昂贵，黄花梨的树根和加工的下脚料被得以充分利用，小件的黄花梨工艺品如手串、笔筒、小雕刻摆件等受到了更多海黄爱好者的追捧，而黄花梨既是红木也是药材和香料，其挥发性精油是重要的定香剂，锯末被细心收集，供药厂抽提其中的抽提物降香，作为中药，可以治疗心血管病，锯末还可用来供制作高档佛香，价格不菲。

较大规格的废弃木质材料如梁柱、门框、木质包装箱等，应尽量利用其最大尺寸，来加工成实木地板、实木家具及其他实木制品。苏北最大的旧木交易市场也把大量在各地城市改造中拆下来的旧木、旧门窗等，经过重新加工后，变成了新的门窗和房屋建筑材料，全国各地均有此类利用方式（孙照斌等，2008）。

2. 废弃木质材料原料化利用

2004 年上海万象木业有限公司建成投产了年产为 15 万立方米的，以城市废弃木材为原料的环保型人造板线。该公司与上海环卫部门合作成立了上海万象木业有限公司，有序地收集上海的废弃木材资源，走出了一条木材节约和利用并举的可持续发展之路。2005 年公司在总投资 1.3 亿元的基础上追加投资 410 万元，通过生产工艺及设备改造，通过加强内部管理等方式，进一步改进和完善了公司的“城市废旧木材综合回收利用”系统，目前每年可处理上海市木质废弃物约 10 万吨。周边地区废旧木料、加工剩余物、小径材收购约 7 万立方米，由于运用了先进的设备和工艺，“废弃木料破碎处理系统”获得了成功。为缓解我国木材供需矛盾、保护生态环境、建立节约型社会发挥了作用。

广东佛山市沃德森板业有限公司立足于利用当地城市木质废料进行循环再生建设，建成了废弃木质材料回收体系工程、废弃木质材料资源化利用工程、废弃木质材料能源化利用工程。沃德森板业有限公司于 2010—2011 年建成了年产 15 万立方米的纤维刨花板生产线、年产 3.2 万立方米的环保型阻燃刨花板生产线、年处理为 30 万吨的废弃木材破碎清洁除杂线及辅助工程，年回收废弃木材 30 万吨，节约了木材资源 42 万立方米。

2006 年以来，福建福人木业有限公司通过工艺创新采取使用废旧木材生产纤维板或刨花板。由于森林资源日益短缺，原料供应成为制约企业发展的因素，为摆脱困境，该公司从林场、木材加工场收购废弃的下脚料，通过木材供应商来收购城市木质废料，并将其加工为木片，作为本公司的生产原料。另外，企业在纤维板生产过程中因木片筛选、纤维干燥分离、砂光等工序中所产生的 1.3 万吨废纤维、废木粉可通过工艺改造进行收集，作为生产用燃料，每年可节约煤炭 1.2 万吨。这样，通过企业的自行消化，生产过程中产生的废弃物就得到了充分利用，因此其被福建省政府认定为循环经济示范企业。

2008 年江苏大亚科技集团有限公司与南京林业大学合作研发了利用废旧木材制造中密度纤维板中试研究项目。鉴定委员会专家认为，该废旧木材综合利用项目符合国家产业政策导向，符合建材人造板企业的发展现状，符合建设资源节约型、环境友好型社会的要求，具有较好的市场前景。

3. 废弃木质材料能源化利用

2012 年河北丰宁洪森木业第二期年产 20 万吨生物质燃料生产线投产。公司是以生物质成型燃料（木煤）生产为主的专业化公司。该公司建立了中国首家最先进的全自动化带烘干设备的木煤生产线，该生产线可自动完成上料—粗粉碎—烘干—细粉碎—制粒—冷却—包装生产过程。

作为中国重要的木门生产企业，北京闼闼同创工贸有限公司于2014年建立并投产了年产2万吨的固体颗粒燃料生产线，以该工厂产生的板皮、边角料、刨花、刨屑、粉尘、废旧板材等剩余物为原料生产固体颗粒燃料。该生产线由粉碎工段、筛选工段、成型工段、冷却筛选工段、包装工段五个工段组成，已成为我国林业废弃物能源化利用的良好示范，将木质品加工废料变成了清洁环保的生物质燃料，实现了木材资源的循环利用，不但自给自足，节省了供热煤炭的开销，而且免除了厂房长期输送锯屑类废料的粉尘污染，同时，木质固体颗粒燃料为环保清洁能源，用固体颗粒燃料来代替工业煤炭，有效解决了环保部门对锅炉排放超标的检查。

第三节　中国废弃木质材料循环利用存在的问题及对策

一、中国废弃木质材料循环利用存在的主要问题

①法律法规体系的不完善，已有法律法规落实执行不到位，成为我国推进废弃木质材料循环利用的制约性因素。废弃资源具有社会公益环保性质。废物资源回收是地方政府的职责，这个概念在发达国家被认为是理所当然的。而我国目前的法律对各级地方政府的资源回收主体责任和具体职责划分不明确，政府相关管理体系复杂，政府在回收过程中如何发挥市场机制，发挥回收企业、社会团体、居民组织的作用和政府在回收的市场准入、投资收益、税收融资、宣传引导、知识普及、公众参与、运输储存等方面职责需要立法明确。

废纸和废弃木质材料的回收利用体系的建立是一项复杂的社会系统工程，也是一种全新的经济发展模式，涉及社会各个层面，也牵涉到了各方经济利益，因此必须要有一套相对完善、系统配套的法律法规体系做保证。

目前，很多政策文件将废弃木质材料列为城镇建筑垃圾的一部分，但建筑垃圾资源化管理制度也一直不全面不完善。2002年中华人民共和国住房和城乡建设部、国家环保总局、国家计委联合颁布了《关于推进城市污水、垃圾处理产业化发展的意见》，于2005年4月01日实施，2015年4月24日修订的《中华人民共和国固体废物污染环境防治法》将建筑垃圾纳入了法制化管理的轨道。除此以外，国务院、住房城乡建设部又发布了一系列的条例、规定等，共同构成了我国关于建筑垃圾循环资源化利用的法律法规体系。例如，目前国家已经颁布了《城市建筑垃圾管理规定》《再生资源回收管理办法》《资源综合利用企业所得税优惠目录（2015版）》《关于支持循环经济发展的投融资政策措施意见的通知》（发改环资〔2010〕801号）、《关于资源综合利用及其他产品增值税政策的通知》（财

税〔2008〕156号）等政策法规，但没有一项完整的建筑垃圾资源化的法律法规和管理政策，且相关法律法规及管理制度的可操作性和实施性不强。

2014年财政部发布了《资源综合利用产品及劳务增值税优惠政策目录》，其中将利用废纸生产再生纸浆和纸产品的造纸企业列入了增值税优惠的范围，这一政策对废纸利用率并不能产生明显的带动效应，造纸企业已经凭借进项发票抵扣了进项税额，再减免对提高企业用废比率的积极性作用不大。如果优惠主体为回收企业，则能大幅降低企业税收成本，从而降低销售价格，鼓励下游企业多用国内废纸，提高国内废纸回收率。

部分法规、条例的不系统性和部门化特征还极易造成相互之间的冲突，产生很大的协调成本，因而制约了废弃木质材料的循环利用。

②循环利用体系不健全，缺乏总体规划，导致产业发展缓慢。废弃木材数量巨大、来源广泛、品种繁杂，缺乏总体规划，回收利用的产业化和规模化循环利用体系没有形成，废旧木材的利用率较低且回收点处于零散状态，缺乏有效的引导和管理，导致产业发展缓慢。

废旧木材从回收、分拣、加工到销售这一整个循环体系还不健全，从而阻碍了废弃木质材料的合理流动。我国对废旧木材回收利用的认识程度并不高，还没有形成完善的生产和生活垃圾分类管理体系，社会化的木质材料废物回收系统也没有建立，使得废旧木材回收利用的成本较高。

目前，国内部分省区的废弃木质材料回收渠道较多，加工利用虽然相对集中，但还存在着缺乏宏观管理、缺乏宏观规划的问题。如河北省境内废旧木材“收购—运输—加工—销售—利用”一条龙服务的产业链已经形成，废旧木材交易市场已经初步自发形成。回收利用规模较大的是实木类木材、废旧水泥模板、残次纤维板。但废弃的刨花板及其家具板材几乎没有人收购，也不在市场上流通和进行再加工利用，其数量及加工途径有待深入研究和探讨。一次性木质品也基本没有回收和利用。一些低值的废旧木材出现了无人回收的现象，直接流入了城市垃圾收运体系中，大幅提高了垃圾处理的成本和填埋压力。

目前，我国废纸回收以自然形成的个体回收为主，回收网点规模小，回收环节多，废纸从居民手中到最终用户手中要经过多次转卖，增加了回收成本，主要特点包括准入门槛低、企业分散、规模小、数量多、技术落后，一些企业无照经营，竞争激烈，掺水、以次充好等行业弊病屡禁不止，缺少行业自律规则和信息化平台，缺少专业管理人才和标准化分拣打包设备。与发达国家废纸回收体系产业化、专业化、标准化、信息化相比，具有较大差距，没有统一回收行为、票据、物流规则、支付手段，难以做到最经济的储存和运输，废纸分拣专业知识急需要普及和提高。

根据商务部目前回收体系的建设思路，其提倡龙头企业在区域内发挥资源整合作用，规范管理一级回收站点，控制废品流向，保证废品质量和环境保护，最终通过龙头企业统一销售。这种模式是清晰合理的，但在实际执行中，由于龙头企业的运输、车辆、场地、人员、税收等经营成本过高，废纸贸易的利润微薄，大企业没有优势与个体经营者竞争，而多数个体经营者没有正规注册，游走在法规之外，以极低的成本抢夺了大部分资源，而其回收利用水平和能力有限，导致废弃木质材料利用水平低、利用率低。

相比国外的回收体系，我国的废纸回收体系从形式上看是完整的，但关键是相关法律、法规不健全，有些虽然有了相关法律、法规，但没有得到真正落实，导致回收体系的管理水平与发达国家相比差距较大。大部分回收商素质不高，盈利目的性过强，以次充好、掺水掺杂，造成国内废纸质量明显低于进口废纸。

废弃木质材料循环利用的产业规模越来越大，有较大的发展空间和市场需求，需要行业健康有序发展，为循环经济在该行业的发展提供正确的方向和合理的、科学的模式。

③技术、设备、工艺相对落后，规模化水平低，缺乏技术扶持，循环利用行业需进一步向规范化、规模化和差异化方向发展。我国目前在废旧木材回收利用方面与国外相比，技术、设备、工艺相对落后，废旧木材利用的技术含量低，产品档次不高，很难达到增值利用的效果。如我国目前一些利用废旧木材进行生产的企业大都还采用人工分拣法。还有一些小作坊式木材加工企业，利用废旧木材来生产一些不合格的人造板，不仅浪费了宝贵的木材资源，还给木制品和建筑装饰装修工程质量以及人身安全造成了隐患。

目前，我国废纸回收行业存在“散、乱、小”的特点。我国废纸年产生量约为 1 亿吨左右，回收利用率仅为 48%，还有很大一部分中小城市尤其是广大农村地区的废纸没有得到充分的回收、利用，造成了资源的浪费。因此，加大回收力度势在必行。废纸回收以自然形成的个体回收为主，主要特点为准入门槛低、企业分散、规模小、数量多、技术落后，缺少行业自律规则和信息化平台，缺少专业管理人才和标准化分拣打包设备，有规模的企业少，回收成本高。与发达国家废纸回收体系产业化、专业化、标准化、信息化相比具有较大差距，没有统一回收行为、票据、物流规则、支付手段，难以做到最经济的储存和运输，市场竞争无序，市场机制还不完善，市场拓展空间很大。

④循环利用产业化发展标准体系不健全，部分标准可操作性不强，很多急需的标准缺乏，市场监管和技术监督力度不足。废弃木质材料的原料化利用、能源化、肥料化利用项目的专业化市场化、建设管理经验不足，产品、设备、工程建设和项目运行等方面的标准严重缺乏或滞后，检测认证体系建设滞后，缺乏市场监管和技术监督。

废弃木质材料现行相关标准主要包括《废弃木质材料回收利用管理规范》（GB/T22529-2008）、《废弃木质材料分类》（GB/T29408-2012）、《木材综合利用规范》（LY/T1680-2006）、《废弃木材循环利用规范》（LY/T1822-2009）、《人造板生产用回收木材检验方法》（LY/T2558-2015）、《废旧木材破碎机》（LY/T2000-2011）以及安徽省地方标准《林木采伐、加工剩余物和废弃木材回收利用规范》（DB34/T1380-2011）等。国家标准《废旧人造板回收利用规范》即将颁布实施。商务部颁布的《废纸分类等级规范》（SB/T11058-2013）自 2014 年 12 月 1 日起实施。

但由于各方面原因，现行标准执行情况并不理想，仍然存在着市场监管和技术监督力度不足的问题。现行标准主要针对废弃木质材料的分类、利用途径等规定了废弃木质材料循环利用的基本原则，而对于各类废旧木材的回收和处理、不同用途回收木材加工产物的质量控制、抽样和检测方法等标准，还非常欠缺。GB/T22529-2008 中第 10 章，关于回收利用木材的效果评价，仅列出了评价内容，未提出具体的评价方法及评价指标，具体实施时难以操作。

2006 年国家颁布了《废纸再利用技术要求》（GB20811-2006），由于该标准只将废纸粗犷地分成了 11 类，跟不上工厂废纸验收要求。如废箱纸板只有 1 类，而工厂收购时已至少分为了 3 类。许多国家对废纸都有统一的标准，如美国有 51 种，日本有 25 种，欧洲有 5 组 57 种，按品种分选达标，购销按标准执行。由于废纸原料紧缺，大厂对废纸质量要求控制较严，质量差、分类不严、掺水掺杂的废纸不收，但小厂仍会低价收购，这就造成了各种（国家的、企业的）废纸回收分类标准难以执行，回收废纸质量难以整体提升。

现行标准普及宣传不够，可操作性差，导致回收分类缺乏科学方法和依据，影响了加工利用，影响了环境和人体健康。目前市场上回收的废旧木材以实木类、废弃水泥模板、废弃纤维板等为主，间或有少量细木工板、废弃胶合板单板。收购人员不知道相关标准的存在和要求，收购时以客户要求或主观判断为主，大多数人区分废旧木材时以木材外观的新旧程度或腐朽程度、材料尺寸大小、材料的可利用率等进行分级。木材树种，除常见的杨木、云杉、冷杉、红松等外，其他木材一般人员不能识别，对木材加工利用有一定的影响，无法使优质木材发挥其应有价值。在废旧纤维板中，中密度、高密度、低密度废旧板材均包含在内，树种混杂，无现场快速区分的鉴别方法，对原料分选、锯切、热磨等工序有较大影响。

有些品质较好的大规格木材（建筑板材）或部分使用年限不长的废旧木材，品质较好，可以用作高档用途或作高附加值利用，但由于不能正确区分，一般也被用于制造细木工板甚至制造刨花板，降低了其利用价值。废旧木材和废旧人造板品质不等，拣选分类不当，使其不能适材适用。

对于化学处理木材如防腐处理木材、阻燃处理木材，一般人员缺乏鉴别经验和鉴别手段，在收购、运输、存放、加工过程中处置不当，则可能对环境和人体健康造成不良影响。

⑤政府宏观管理不到位，有效监管和监督缺位，政策缺乏落脚点，市场集中度低，资源化产品缺少相关认证，市场销售秩序混乱。国家产业政策方向一直是支持鼓励再生资源行业健康发展，但由于废弃木质材料和废纸回收行业一直没有出台有效的监管办法，也没有严格的准入规范，企业的违规成本过低，规范经营的企业实际掌握不了市场资源，这种市场环境使管理部门不敢对行业采取扶持政策，也找不到规范的环节和企业作为政策落脚点。如此便陷入了“没政策，不规范；不规范，没政策”的恶性循环。

大企业缺位，市场集中度低，对于行业主体的个体经营者缺乏有效的监管，导致市场长期无序。我国的废纸打包厂多为个体经营，由于行业门槛低，进入者良莠不齐，大部分是经营量不足几百吨的小微打包厂年，回收量 100 万吨以上的企业不足 5 家。为了追逐利益，小微打包厂采取向废纸中掺杂掺水等手段降低成本，加上各地税收政策的不均衡，监管的缺位，导致正规回收企业在不公平竞争中失利，很多企业转型或逐渐退出，市场处于长期无序的状态。

目前，废旧木材回收大部分是个体户或小企业所为，个体户在收购废旧木材过程中不能出具收购凭证和税票，这使得再加工企业因缺乏进项发票就不能享受退税的税收抵扣。目前，我国对于废弃木质材料资源化的再生利用技术和设备已经有了一定的研究，但是对于再生产品缺少相关的技术、质量和安全认证，使得房地产开发商、建筑企业和社会大众等对其质量安全保持怀疑态度，影响了废弃木质材料资源化产品的供给力度，降低了废弃木质材料资源化再生利用率。

调查发现，木材原料短缺地区，使用废旧木质材料，其原料成本不一定低，因为加工处理废旧木材需增加相应的设备和进行除金属、除尘、除杂质，水洗或水热处理，生产工艺需调整，生产成本也会在一定程度有所增加。加之再生刨花板和再生纤维板无论从数量还是质量上都很难与原生刨花板和原生纤维板相匹敌，再生刨花板和再生纤维板只能以低价占领低端市场，甚至部分企业用其假冒大企业原生板材，严重扰乱了市场秩序。

⑥信息化网络化建设滞后，产业布局不合理，产业化示范工程较少。信息化、网络化建设已经深入到各行各业，再生资源行业已初现的交易模式主要有三类：物流交易中心、交易所、电子商务交易平台。2015 年是“互联网 +”渗透到各行业的一年，再生资源行业也不例外，出现了众多“互联网 + 回收”“互联网 + 交易”“互联网 + 金融”的新兴模式和企业，掀起了全国“互联网 + 再生资源”的狂热，最先出现的是旧手机回收平台“爱回收”，紧接着出现了专门收旧衣服的“回收通”、上门回收 + 上门销售的“再生活”，“废品回收 + 旧物管理的“9 贝壳”、全品种回收的“回收哥”和“帮到家”。截至 2015 年底，初步统计有运营的“互联网 + 回收”至少 30 家。国家发改委在刚刚公布的《“互联网 +”绿色生态三年行动实施方案》中再一次明确了对“互联网 +”创新再生资源回收模式的支持。废旧木材和废纸作为生产生活废弃物中数量最大产生频次最高的品类，将因互联网的介入改变原有的回收链条，中间商被挤出，废弃木质材料利用企业可以凭借在线回收直插社区超市等回收末梢，向全品种回收转型。

目前人造板的产品结构不尽合理，品种少且档次低。原材料要求较高的胶合板比重偏大，木材综合利用率较高的刨花板产量较低，企业偏少，各类企业分布不够合理，不利于木材综合利用率的提高，周边没有刨花板企业的地区，废旧木材回收利用率较低。

为推进资源综合利用，“十二五”期间，国家重点围绕“矿产资源综合利用、产业废物综合利用、废旧资源综合利用”三大领域，在全国培育和扶持发展了 100 个资源综合利用示范基地和 100 家资源综合利用骨干企业，即“双百工程”。2012 年、2014 第一批、第二批国家资源综合利用“双百工程”示范基地发布，两批共确定“双百工程”示范基地 43 个，“双百工程”骨干企业 50 个。林业领域第一批国家资源综合利用“双百工程”示范基地为零；2014 年第二批国家资源综合利用“双百工程”示范基地名单中 2 个废弃木质材料利用名列其中，林业剩余物利用企业 1 个，占已发布示范基地总数 43 个的 4.65%，占已发布骨干企业总数 50 个的 2%，“江苏省泗阳县废弃木质材料综合利用示范基地”和“浙江湖州市南浔区废弃木质材料综合利用示范基地”被国家发展改革委列入第二批国家资源综合利用“双百工程”示范基地、吉林森工集团被列为了资源综合利用“双百工程”骨干企业。废弃木质产品循环利用示范基地明显太少。

二、中国废弃木质材料和废纸循环利用的对策

①强化政府在废弃木质材料和废纸循环利用产业方面的宏观调控作用，加强法律体系和制度政策建设。建议国家林业局强化林业产业管理职能，增加地方林业厅、局产业管理人员编制，制定全国林业循环经济发展总体规划，将废弃木质材料和废纸利用纳入其中。建议中国再生资源回收利用协会、中国林产工业协会、中国家具协会等机构，积极调研本行业废弃木质材料和废纸循环利用实际情况，了解企业的呼声和诉求，并积极向政府相关部门提出废弃木质材料循环利用产业需要的法律法规和制度方面的意见或建议，推动和促进相关法律体系和制度政策体系的建设。

在颁布的《中华人民共和国循环经济促进法》《中华人民共和国节约能源法》《中华人民共和国清洁生产促进法》《中华人民共和国再生资源回收管理办法》《城市建筑垃圾管理规定》的基础上，加快《中华人民共和国循环经济促进法》及相关单项法律如废弃木质材料和废纸循环利用等的立法进程,并建议在拟创设的法律中包括四个方面的法律制度:即必要的行政强制措施；经济激励手段和措施；其他激励民间自愿行动的手段和措施；政府和有关主体的责任和义务等。在具体的制度方面应包括如下几个方面：发展废弃木质材料和废纸循环利用的规划制度、科技支撑和示范制度、林产品生产者责任延伸制度、制定废弃木质材料和废纸加工利用激励制度等。制定完整的废弃木质材料循环利用的法律法规和管理政策，并保证相关法律法规及管理制度的可操作性和实施性。

通过林业产业政策、税收政策和投融资等政策的制定和调整，引导企业积极自愿回收加工利用废弃木质材料。第一，制定合理的林业产业政策，鼓励综合发展利用废弃木质材料的企业、低消耗高附加值的企业。第二，调整和落实投资政策，要把发展废弃木质材料循环利用作为政府投资的重点领域，对一些重大项目进行直接投资或资金补助、贷款贴息等支持，并发挥好政府投资对社会投资的引导作用，特别是要引导各类金融机构对有利于促进循环型木材工业发展的重点项目给予贷款支持。第三，深化改革价格政策，研究并落实促进资源节约型木材工业发展的价格和收费政策，积极调整资源性产品与最终产品的比价关系，完善自然资源价格形成机制，通过水价、电价等价格政策的调整，可以更好地发挥市场配置资源的基础性作用。第四，完善财税政策，调节财政支出结构，扶持综合利用木材工业的企业，在税收上，对废弃木质材料进口关税、国内废弃木质材料收购增值税执行优惠或减免政策。第五，深化林业企业改革，鼓励企业根据社会化分工和产品生产的内在联系，研究制定有利于建立符合循环经济要求的工业链，增强关联度，提高资源利用效

率，减少废弃物排放，为推进节约型木材工业发展奠定良好基础。

②建立健全废弃木质材料和废纸循环利用产业体系，开展重点示范工程、示范企业工作，推进废弃木质材料高效高附加值循环利用。坚决落实《中共中央关于制定国民经济和社会发展第十三个五年规划的建议》中“推动建立绿色低碳循环发展产业体系”的要求，将废弃木质材料的循环利用纳入国家“十三五”循环经济发展规划中，建立废弃木材循环利用产业体系。

《中共中央国务院关于加快推进生态文明建设的意见》《中国制造 2025》《国务院关于化解产能严重过剩矛盾的指导意见》《绿色建筑行动方案》等重要政策文件相继发布，均明确要求大力发展绿色建材，工信部组织的工业绿色发展专项行动也将其列为重点工作。

通过建立废旧木材和木制品回收、分拣、加工、销售循环利用体系和管理体系，促进新旧木材及其制品的合理流动，实现全部木材资源的循环利用。支持企业探索建立合适的废弃质材料回收体系，提高原料保障程度。从废弃木质材料对环境的影响而言，其产生、运输、处置的全过程都应该被列入管理的范畴。如在废弃物产生的过程就给予源头上的控制，即对废弃物进行分类堆放、资源化回收、再生利用等方面的管理和开发等。

规范废旧木材的回收渠道，建立废旧木材和废弃木质材料的回收、加工、利用体系。在有条件的地区和大中城市周边地区培育废弃木质材料交易市场，尽快在部分地区开展废弃木质材料回收利用试点，实施回收利用示范工程，积极推进废弃木质材料循环利用产业化进程。

积极实施再生资源与城市垃圾收运“两网合一”，使回收行业重新定位。广州率先走出了将不易回收利用的废弃木质材料等低值废弃物纳入城市垃圾处理工作当中的重要一步，用政府购买服务的形式委托第三方企业对低值废弃物进行回收利用，从而实现垃圾减量。北京也在积极探索再生资源回收与城市环卫“两网合一”的模式，北京环卫集团打造的“京环模式”便是借助自身的环卫资源整合再生资源回收网络，并向下延伸至造纸、废旧纺织品利用等生产环节，形成从社区到工厂的逆物流链。再生资源回收本属于商贸服务业，而随着经济的发展，回收成本将越来越高，从事回收的人员将逐渐减少，这时再生资源的经济属性将弱化，取而代之的是环保属性凸显，再生资源回收作为公共性服务必须由政府买单。而能够有资格承担政府委托任务的一定是经营规范、回收网络健全、销售渠道通畅的大型回收企业。

重点开展废弃木质材料的综合利用和循环利用示范工程、示范企业工作，发挥示范引领效应，推进资源综合利用产业发展。可在综合利用较好的区域建立废旧木材回收利用和制造人造板区域性示范基地，如在河北邢台、山东临沂、浙江嘉善等地建立利用废旧实木木材制造细木工板区域性示范基地，选择典型企业（刨花板、细木工板）建立典型产品示范基地，以示范方式传播国家方针、政策以及先进的加工技术、综合利用技术。带动和引导废旧木材回收利用产业健康、有序、科学地发展。

③加强废弃木质材料和废纸循环利用的设备、技术、工艺等支撑体系建设，加强废弃

木材和废纸循环利用的研究和技术推广，积极引导企业走规范化发展、规模化发展和差异化发展道路。加强现有废弃木材循环利用新技术推广和示范，支持废弃木材循环利用新技术研发。加强废弃木材循环利用新技术研究和开发，开展热、电、油、林化产品等生物质联产技术研发，废旧木材生产生物质材料和生物质能源等新技术研发，完善废弃木材循环利用技术体系。引导各类投资主体积极开发利用废弃木材，积极培育壮大废弃木材循环利用骨干企业。对重点产业集群组织开展清洁生产技术培训，提升产业环保水平。针对化学处理木材含有氯、硫、重金属、防腐剂等化学污染物的问题，应结合我国的实际情况，对回收木材中化学污染物限量等关键技术指标及取样、检测方法进行研究。

建议对各类废旧人造板产品进行合理分类，对贴面或涂饰人造板如何科学合理机械化分离或除掉、废旧纤维板破碎和热磨技术等进行相关工艺、设备的专题研究，对贴面或涂饰材料对再生人造板制造工艺和产品性能的影响进行专题研究，对各类再生人造板产品进行质量检测和分析，提高废旧人造板回收利用水平和产品质量。

国外的技术和设备虽然很先进，对国外的政策法规也可以进行借鉴参考，但其未必适合中国国情。如国外的大型废旧木材破碎设备可以直接破碎较大规格的废旧木材或人造板，但国内较大规格的废旧实体木材基本上被用于制造细木工板芯条，而不是直接破碎制造刨花板，规格较小的实体木材和锯末等才被用于制造刨花板。为此，应积极研发适合中国国情的，先进的工艺、技术和设备，推动产业发展。

在加强废弃木质材料循环利用研究和技术推广的同时，积极引导企业进一步走规范化发展、规模化发展和差异化发展道路。规范化发展首先要规范企业经营行为，明确相关监管部门职责，使相应规范得以有效执行，以保障正规企业权益，提高规范经营的积极性，引导行业有序发展。废纸行业的规模化，是要淘汰 500 吨 / 月以下的打包厂，使 3000 吨 / 月规模的打包厂成为市场主要力量。每个中等城市（500 万人口）布局 10 家左右 3000 吨 / 月回收规模的打包企业，在全国布局 2 ～ 3 家年交易量超过 100 万吨的区域废纸交易中心，全国形成 15 家年回收量 100 万吨以上的大型废纸回收集团，从而形成梯度合理、布局有序的废纸回收加工体系。差异化发展包含产品差异化和经营差异化，产品差异化是提升产品质量，从而获得更高的利润；经营差异化是寻找具有竞争优势的领域，如为机构产废者提供综合环境服务，获得低价优质废弃木质材料资源，或者引入新的交易模式和交易平台，营造新的盈利模式。

④加强废弃木质材料和废纸利用产业标准体系、加强市场监管和技术监督能力建设。建立健全废弃木质材料技术和产品标准体系及工程规范，开展急需的废弃木质材料利用产业产品、方法和管理标准的制修订，急需制定《废弃木质材料及其制品评价标识管理办法实施细则》《废弃木质材料回收利用术语》《回收木材产品标识》《废弃木质材料保管规程》《废纸分拣加工行业准入条件》《废弃木质材料分拣加工经营管理规范》《废弃木质材料加工技术规程》《木材中卤素的测定方法》等基础通用标准；急需制定《人造板用回收木材质量要求》《固体燃料用回收木材质量要求》《回收木材抽样及检验方法》等回收

木材加工规程、质量要求、抽样和检验方法等标准；急需制定《木质固体燃料》等回收木材加工产品标准。

针对现行我国废弃木材回收利用标准的现状，应加强不同标准管理部门之间的合作，统一和规范废弃木材回收利用标准的术语、分类；对于含有防腐剂等有害物质的回收木材，应结合我国国情进行再利用的风险评估，以决定其可能的利用途径，增强标准的可操作性。如目前国家标准《废纸再利用技术要求》（GB20811-2006）分类过于简单，并不能满足造纸厂的实际要求，应尽快制定出符合造纸厂废纸回收要求并切实可行的废纸回收标准。

急需制定《废纸分拣加工行业准入条件》《废弃木质材料分拣加工经营管理规范》，从土地、厂房、设备、管理、规模、产能、行业信誉等方面对废纸分拣加工企业进行规范。

构建“中国废弃木质材料循环利用行业循环经济指标体系”，健全废弃木材物综合利用技术和产品检测认证体系，加强技术监督以及工程和产品质量管理。加强废弃木质材料的综合利用技术指导、工程咨询、信息服务等中介机构能力建设。

相关职能部门应积极进行再生产品相关的技术、质量和安全认证，制定《再生木质产品技术和质量安全认证》，取得社会大众对其质量安全的认可，敢于积极使用废弃木质材料资源化再生产品，提高废弃木质材料资源化再生利用率。

技术监督部门、质检部门以及工商部门应积极实施已经出台的废弃木质材料回收、分类、加工利用等标准，无标准的要尽快出台标准，同时加强市场监管力度，加强技术监督能力建设，积极打击违法行为。

⑤加强宣传和培训，增强全社会的资源忧患意识和节约资源、保护环境的责任意识。推进废弃木质材料和废纸循环利用是一项涉及各行各业、千家万户的事业，需要政府、企业和社会各界的共同努力。创新宣传方式，普及推广循环经济理念、技术和模式。组织开展形式多样、喜闻乐见的废弃木质材料和废纸循环经济宣传教育活动，建设废弃木质材料和废纸循环经济教育示范基地，重点宣传废弃木质材料和废纸资源化利用、加工副产物综合利用、生产节能减排等技术模式和循环经济发展典型经验及成果。总结凝练一批典型模式，加大示范推广力度。

建议各地区、各有关部门要组织开展形式多样的宣传培训活动，通过举办专题讲座、研讨会、经验交流会、成果展示会、印发宣传品等方式，运用广播电视、报纸杂志、互联网等手段进行广泛宣传，把节约资源、回收利用废弃物等活动变成全体公民的自觉行为，逐步形成节约资源和保护环境的生活方式和消费模式。

各级政府的相关职能部门应该有所为，有所不为，应进行规划和管理，进行政策和技术引导，在废旧木材和废纸回收利用过程中，少占农田和土地，科学加工，高效利用，同时保护环境不受影响。

相关职能部门应联合科研院所、高校、县乡镇管理部门，针对废旧木材循环利用进行研讨，编写简单明了的宣传册，对从事废旧木材和废纸收购、加工、利用的各类人员进行相关培训或进行相关政策、知识的传授，使之了解废旧木材的性质、识别、加工利用方法以及加工工艺、加工设备的相关知识，促进他们积极提高木材综合利用率和提高产品质量以及产品附加值。

⑥加强废弃木质材料和废纸循环利用网络化、信息化发展。随着网络信息时代的快速发展，网络化已成为信息快速传输的主要途径，建立废弃木质材料循环利用网络管理系统，能够解决我国废弃木质材料和废纸循环利用产业中信息流通不畅和滞后的问题。网络化管理的实施，从废弃木质材料的产生到最后运送到填埋场或者消纳场，所有过程信息都能够通过网络快速得到。建立废弃木质材料循环利用网络管理系统，有助于政府全面了解和掌握废弃木质材料状况，如产地、规模、处理时间、产生企业和资源化利用企业等信息，合理分配和规划厂址，审批企业数量和规模等，对废弃木质材料的回收、运输和资源化产品销售等环节进行网络化信息公布和跟踪确认，监督、管理和引导废弃木质材料和废纸循环利用产业中各参与主体间的相互协调、支持和配合，提高其循环利用处理速度和再生利用率。

同时，网络化能够使得产业参与主体之间相互监督、相互制约、相互协调、明确责任，以防后期责任不明，造成处理责任空白或模糊争执的现象。国外学者早已借助计算机模拟仿真系统对建筑垃圾资源产业化进行了模拟，对此我国可以予以借鉴，即要大力利用现代网络信息计算机技术，节约人力、物力等成本，使得废弃木质材料和废纸循环利用产业走高端技术。

积极发挥物流交易中心、交易所、电子商务交易平台作用，如利用再生资源与城市垃圾收运“两网合一”功能，以及利用一定规模的大连再生资源交易所、重庆再生资源交易中心等，实现在线交易功能，还可借助交易过程中产生的仓单和信用数据进行仓单质押等。通过高效的废弃木质材料资源信息、资金信息、物流信息等信息服务为废弃木质材料循环利用行业注入新的发展机遇。

参考文献

[1] 邓和平，李正月，肖建武．基于循环经济的林业产业设计 [M]．北京：化学工业出版社，2012．

[2] 郭建斌，黄海峰，高农农．环保产业与循环经济 [M]．北京：中国轻工业出版社，2010．

[3] 韩涛．现代农业与循环经济　技术篇 [M]．北京：中国轻工业出版社，2010．

[4] 姜国刚．东北地区循环经济发展研究 [M]．北京：中国经济出版社，2007．

[5] 李珂．发展循环经济理论、政策与实践研究 [M]．北京：中国政法大学出版社，2013．

[6] 李世东．现代林业与生态文明 [M]．北京：科学出版社，2011．

[7] 彭荔红．循环经济与新型工业化城市发展模式 [M]．厦门：厦门大学出版社，2010．

[8] 彭镇华．北京林业发展战略 [M]．北京：中国林业出版社，2007．

[9] 钱静，律江．京郊生态—循环—立体型都市现代农业 [M]．北京：中国农业科学技术出版社，2007．

[10] 曲向荣，李辉，王俭．循环经济 [M]．北京：机械工业出版社，2012．

[11] 王少枋，李贤．循环经济理论与实务 [M]．北京：中国经济出版社，2014．

[12] 王治国，张云龙，刘徐师，等．林业生态工程学——林草植被建设的理论与实践 [M]．北京：中国林业出版社，2000．

[13] 徐国祯．林业系统工程 [M]．北京：中国林业出版社，2010．

[14] 杨加猛，张智光．林业产业链理论与应用研究 [M]．北京：中国林业出版社，2011．

[15] 张鼎华．城市林业 [M]．北京：中国环境科学出版社，2001．

[16] 张建国，吴静和．现代林业论 [M]．北京：中国林业出版社，1996．

[17] 段新芳，周泽峰，刘亚楠，等．我国林业循环经济产业体系及其发展重点 [J]．中国人造板，2017（12）：1-4．

[18] 赵雅洁．当代林业循环经济发展的理论与实践 [J]．现代园艺，2016（6）：210-212．

[19] 徐萌．林业绿色经济发展评价指标体系研究 [D]．北京林业大学，2015．